中国国际经济交流中心重大课题资助项目

从经济大国迈向经济强国

魏礼群　林兆木　张占斌/等著

人民出版社

国家行政学院课题组

顾　问：魏礼群　林兆木

组　长：张占斌

成　员：董小君　樊继达　王海燕　周跃辉　张茉楠　时红秀

　　　　冯俏彬　马小芳　黄　锟　孙志远

目　录

导　论　由经济大国到经济强国的发展战略

魏礼群[*]

党的十八大站在时代的制高点和用历史的宽广眼光，确立了我国在中国共产党成立一百年时全面建成小康社会，新中国成立一百年时建成富强、民主、文明、和谐的社会主义现代化国家的宏伟奋斗目标，并做出了重大的战略部署。这个"双百"目标，提出了我国"2013—2020 年、2021—2050 年"两个战略发展阶段，明确了 2020 年和 2050 年这两个战略节点，这为新的历史条件下夺取中国特色社会主义新胜利，实现中华民族伟大复兴指明了方向。以党的十八大为标志，我国现代化建设进入了新的发展阶段，根据对我国经济发展现实状况和未来走势的研判，在我国现代化建设新阶段的一个基本任务，就是全力打造中国经济升级版，实现由经济大国向经济强国的历史性转变。深入研究由经济大国到经济强国的发展战略，是我国新的发展阶段所面临的重大课题。

一、我国已经成为经济大国

我国改革开放 30 多年来，始终不渝地坚持以经济建设为中心，积极应对

＊　魏礼群，经济学家，中国国际经济交流中心执行副理事长，曾任国务院研究室主任、党组书记，国家行政学院党委书记、常务副院长等职。

前进道路上的各种矛盾、问题和风险，取得了举世瞩目的成就。据统计，与1978 年相比，2012 年的国内生产总值（GDP）增长了 142.5 倍，贸易进出口总额增长了 187.3 倍。从经济总量、部分省市人均 GDP、制造业产值、贸易进出口总额、外汇储备等综合指标看，我国已成为名副其实的经济大国。

经济总量跃居世界第二。经济强国首先是经济大国，经济大国首先要有世界排名靠前的经济总量。据统计，1978 年我国 GDP 只有 1482 亿美元，居世界第十位。经过 30 多年的快速发展，2011 年我国 GDP 达到 73011 亿美元，跃居世界第二位，经济总量仅次于美国；2012 年我国 GDP 超过 74260 亿美元，继续位居世界第二位。

部分省市经济总量或人均 GDP 已接近或超过中等发达国家水平。2012 年我国人均 GDP 为 6094 美元，在世界上的排名较为靠后，但从我国东部沿海部分发达省市来看，一些省市的经济总量或人均 GDP 已经接近或超过世界上一些中等发达国家的水平，这是我国已成为经济大国的重要标志之一。据统计，2012 年广东省、江苏省和山东省的 GDP 总量分别为：57067.9 亿元、54058.2 亿元和 50013.2 亿元，按现行汇率计算，这三个省的 GDP 总量均达到 9000 亿美元左右，这个数值已经接近或超过荷兰、瑞士等一些中等发达国家的经济总量；2012 年天津、北京、上海三市的人均 GDP 分别为：15069 美元、13967 美元和 13565 美元，这个数值已接近或超过波兰、匈牙利等一些欧美中等发达国家的水平。

制造业产值位居世界第一。制造业产值是衡量一个国家经济实力的重要标准。根据联合国统计，2011 年我国制造业产值为 2.05 万亿美元，首次超过美国，跃居世界第一。到 2012 年年底，我国钢、煤、水泥、棉布等 200 多种工业品产量居世界第一位，我国制造业大国的地位基本确立。

贸易进出口总额跃居世界第二。经济大国是一个国家与世界经济联系的表现结果，贸易进出口总额则集中反映了一个国家对世界经济的影响程度。据统计，2003—2011 年间，我国货物出口贸易年均增长 21.7%。2012 年我国贸易进出口总额为 38668 亿美元，位居世界第二，并连续四年成为世界最大出口国和第二大进口国，我国的贸易大国地位进一步得到巩固。

外汇储备位居世界第一。外汇储备是一个国家经济实力的重要组成部分。据统计，我国外汇储备规模自 2006 年超过日本，已连续六年稳居世界第一位。1978 年我国的外汇储备仅为 1.67 亿美元，而到 2012 年年底，已达到 33116 亿美元，这对于我国继续运用外汇储备支持国家战略物资储备、支持企业做大做强、支持整个改革和发展，进一步增强我国的经济实力，具有重要意义。

同时，必须清楚地看到，虽然我国已成为经济大国，但发展中不协调、不稳定、不可持续的问题依然突出。长期以来，我国经济发展走着高投入、高消耗、高污染、低产出、低效益的路子，经济建设虽取得了巨大成就，但按照经济强国的内涵和要求来判断当前的经济发展，依然还存在着人均收入偏少、科技创新能力不足、产业结构层次低、城市化发展滞后、金融体系不完善等方面的问题，迈向经济强国之路依然任重道远。

二、经济强国的内涵和目标

（一）经济强国的内涵

大体说来，经济强国的内涵可从以下几个方面来理解。

第一，世界排名靠前的经济规模和较高的人均收入。党的十八大报告提出，到 2020 年实现国内生产总值和城乡居民人均收入比 2010 年翻一番。这个目标从经济规模和人均收入两个方面，对我国未来经济发展做了战略部署。一国成为经济强国的前提首先必须是经济大国，没有一定的经济规模，即使一国的国际竞争力再强也不能称之为经济强国。按照国际惯例，一个国家步入经济强国的门槛条件之一，是一国的经济总量至少应占到世界经济总量的 6%。据统计，2007 年年末，我国经济总量已经占到世界经济总量的 7.9%，应当说已经迈过最低门槛了。据 IMF 的统计，2012 年我国人均 GDP 为 6094 美元，按照高收入国家的人均收入标准来衡量（人均收入达到 1 万美元），我国的人均收入水平已进入中等收入国家行列。如何在经济规模扩大的基础上实现人均收入的明显增加，则是我国迈入经济强国行列的重要任务。

第二，具有很强的科技创新能力，掌握相当一批核心关键技术。科技创新是提高社会生产力和综合国力的战略支撑，在一个国家的经济发展中具有全局的核心作用。一个经济强国必然是一个科技创新强国，往往在科技创新、产品创新、产业创新、商业模式创新和品牌创新方面具有比较优势，而科技创新处于核心地位。美国、日本、德国等国家之所以被称为经济强国，最主要的原因在于这些国家具有强大的科技创新能力，掌握一批核心关键技术，并具备把这些科研成果与关键技术转化为产品的体制和机制。当前，我国已进入全面建成小康社会的决定性阶段，正处在由经济大国迈向经济强国的阶段性进程中，重视科技创新、实施创新驱动发展战略是我国改革发展的一个重大抉择，也是走向经济强国的必然要求。

第三，具备高端化和生态化的产业结构，在全球产业分工中占据有利地位。从根本上说，现代国际经济的竞争是国与国之间产业优势的竞争。具备高端化与生态化的产业结构，并能够在全球产业分工中占据有利地位，是经济强国的基本内涵之一。高端化的产业结构能使一个国家牢牢掌控全球产业链和价值链的高端环节，而生态化的产业结构则可以破解能源资源约束和缓解生态环境压力。目前，全球经济格局深度调整，产业竞争异常激烈，尤其在国际金融危机爆发后，世界主要经济强国纷纷提出"再工业化"战略，试图在新的技术平台上提升制造业、发展新兴产业，并试图继续以核心技术和专业服务牢牢掌控全球产业链和价值链的高端环节。从国内来看，产业结构调整的高端化不够，产业竞争力在全球价值链中处于低端环节，依然是我国经济结构性矛盾最为突出的表现之一。通过产业结构的转型升级，提高产业创新能力和技术水平，改变产品附加值低、产能过剩、高端产品供给不足的状况，将生态文明建设与产业结构调整结合起来，发展资源节约型、环境友好型产业，以破解环境与资源的双重约束，达到产业结构的高端化与生态化，同样是实现经济强国的内涵要求之一。

第四，具有高度的城市化，并形成一批具有国际影响力的城市群。具有较高的城市化率，并形成一批具有国际影响力的城市群，是经济强国的基本内涵。城市是一个国家社会生产力的重要载体，世界发达国家成为经济强国的过程就是其城市化率不断提高的过程。随着城市化的推进，一方面能带动大量农民转化为市民，带动消费水平的提高并引发巨大的消费需求；另一方面，城市化需要大量的基础设施和公共服务投资，从而引发巨大的投资需求，并能引导经济结构优化升级。因此，城市化是一个国家实现经济强国目标的"发动机"。经济强国普遍形成了一个或几个具有国际影响力的城市群，这些城市群成为拉动区域或者国家经济发展的"火车头"，如以纽约为中心的美国东北部大西洋城市群、以东京为中心的日本太平洋沿岸城市群、德国的莱茵—鲁尔城市群等世界性大城市群，成为这些经济发达国家生产力的重要载体。

第五，具有可自由兑换的国际货币，发达稳健的金融体系。本国货币是可自由兑换的货币，能够被国际交易所接受，并成为其他国家的外汇储备货币，同时拥有较大规模的金融资产和发达稳健的金融体系，是一个国家可称之为经济强国的重要内涵。从世界经济强国崛起的历程中可看出，完成工业革命后的英国确立了以英镑与黄金进行自由兑换的国际金本位制度，伦敦成为当时世界的贸易和金融中心，英镑成为当时名副其实的国际货币，为英国成为经济强国提供了金融支撑与便利条件。20 世纪 30 年代末金本位制崩溃以后，"布雷顿森林协定"实际上建立了以美元为中心的国际货币体系，为美国成为经济强国奠定了坚实的基础。当前国际金融在牙买加体系下，虽然国际货币呈现多元化的倾向，但是美元、日元、欧元等作为主要的国际货币，大宗商品定价权的掌控等等，极大地巩固了这些国家的经济强国地位。因此，党的十八大提出的逐步实现人民币资本项目可兑换、推进金融创新、维护金融稳定的战略部署，反映了我国坚定不移推进金融改革开放发展，迈向金融支撑的经济强国的客观要求和必然选择。

第六，在国际经济体系中具有重要地位，拥有较强的国际影响力。一个经济强国能够以强大的经济实力在国际组织和国际事务中发挥影响力，能够在世界经济发展方向上对各国有影响并体现其重要性，能够支撑这个国家在国际格局中应有的战略地位。首先，要拥有一批跨国公司与国际知名品牌。跨国公司是经济全球化的主角，自主品牌则是占领国际竞争制高点的重要象征。其次，要能够在一些重要的国际经济组织中占据有利地位。如世贸组织、经合组织、世界银行、国际货币基金组织等国际性经济组织在全球的经济事务中发挥着越来越重要的作用，美国等国家正是利用这些经济组织不断巩固其经济强国的地位。再次，要能够主导区域性的经济组织。区域经济组织是区域经济一体化的载体，如美国、日本和德国等经济强国分别在北美自由贸易区、亚太经合组织和欧盟等区域经济组织中占据主导地位，这些组织为维护这些国家的区域经济利益提供了平台。最后，还要在国际经济规则制定方面起着重要作用。一个国家能否在国际贸易规则、国际金融规则等制定过程中发挥重要作用，是判断其是否具有国际地位和国际影响力的重要标志。

（二）经济强国的目标

按照以上经济强国的内涵，可以用国内生产总值的世界占比、科技创新水平指数、服务业产值占比、城市化率和国际储备货币占比这五个综合指标来量化经济强国。研究经济强国的规律，目的是要为我国实现由经济大国到经济强国转变设计目标和路径，换句话说，可以通过综合比较世界上现有经济强国的指标体系与衡量标准，来为中国的经济强国之路设定具体目标。

国内生产总值的世界占比。这是衡量一个国家是否为经济强国的门槛条件，一个经济强国首先必须是经济总量大国。据世界银行的统计，2011年美国、中国、日本、德国、法国等国家的国内生产总值占世界GDP的比重分别为：25.7%、12.0%、9.6%、5.3%、4.1%。从对比数据可知，经济规模上迈过经济强国门槛条件的有美国、中国、日本和德国四个国家。

科技创新水平指数。具有强大的科技创新能力是由经济大国迈向经济强国的关键因素。科技创新水平指数可以通过从事研发的科学家数量、发明专利数量、科技期刊发表论文数量和研发经费这四个指标进行加权平均计算得到。据统计，按照2011年的相关数据进行综合比较，科技创新水平指数全世界排名前五位的国家分别是：美国、日本、德国、韩国、英国，中国的科技创新能力排名为第18位。我国近些年来的科技创新能力有了很大提高，但与科技创新强国相比还有较远的距离。

服务业产值占比。现代经济强国都具有高度化与生态化的产业结构。可以用服务业产值高低占比来测度是否为经济强国。一般认为，一个具有高度化产业结构的经济强国，服务业产值占 GDP 的比重应在 70％左右。据世界银行的统计，2012 年美国、日本、德国、法国的服务业产值占 GDP 比重分别为：79.7％、71.4％、71.1％、79.8％，中国的服务业产值占比仅为 43.7％。从服务业产值占比来看我国与经济强国地位，的确还有相当的距离。应当说，推动服务业特别是现代服务业发展壮大、推动新兴产业、先进制造业等产业发展、培育一批跨国企业和世界知名品牌，是我国未来产业结构调整的战略方向。

城市化率。城市化是一个国家现代化的重要内容，也是衡量一国现代化水平的重要标志，一个经济强国必须具有较高的城市化率。据世界银行统计，2011 年美国、日本、德国的城市化率分别为：82.4％、91.1％、73.9％，我国的城镇化率目前仅为 51.3％。按照国际衡量标准，一般认为发达国家的城市化率普遍超过 70％，照此标准，我国的城市化率还有待进一步提高。我国正处于城镇化进程的加速阶段，这对于实现经济强国目标具有战略意义。当然，鉴于我国特殊的基本国情，可不必追求其他发达国家过高的城市化率。

国际储备货币占比。一个国家的本国货币能被世界上其他国家作为流通、计价、结算货币，尤其作为储备货币，则无可置疑地反映了这个国家在国际经济体系中地位和影响力，是一个国家经济实力强大的集中体现。按照一般的衡量标准，一国货币能在世界储备货币中占到 4％左右，可被认为是一种国际化货币。据 IMF 的统计，2010 年美元、欧元、英镑和日元在国际储备货币中的占比分别为：62％、26％、4％、4％，而人民币在国际储备货币中的占比还不到 1％。换句话说，人民币的国际化程度比较低，国际商品市场较少使用人民币进行计价和结算，我国在国际金融市场上的大宗商品定价权非常有限，距离金融强国支撑的经济强国还较远。

因此，经济强国可认为是指在经济总量、科技创新、产业结构、城市化发展、国际金融等领域在世界上占据主导地位的国家。通过经济总量、人均 GDP、制造业产值、贸易进出口总额和外汇储备五个指标可表征一个国家是否是经济大国，可用国内生产总值的世界占比、科技创新水平指数、服务业产值占比、城市化率、国际储备货币占比这五个量化指标来表征经济强国的特征。这十个指标就形成一个完整的指标体系，可清晰勾画出一个国家由经济大国向经济强国转变的战略目标。当然，经济大国和经济强国的内涵还可从不同的角度进行量化。比如，衡量一个国家的国际贸易与国际金融实力，有学者提出可以用国际储备货币占比、FDI 净流量、对外贸易占 GDP 比重等指标加权平均得到开放度水平指数来计算，这值得进一步研究。我们选取的判断经济强国的指标，既充分考虑了体现经济强国的基本内涵，又基于易于计算和便于理解的原则。

根据这一套指标体系，按照党的十八大提出的"双百"目标，可以明确我国建设经济强国的战略步骤和目标。据中国社科院的报告，在 2020 年这个战略节点上，我国的经济总量将超越美国，居世界第一，占世界 GDP 的 12% 左右。党的十八大提出，在新中国成立一百年时，实现建成富强、民主、文明、和谐的社会主义现代化国家的奋斗目标。在那个时候，可以认为我国迈入了世界经济强国的行列。因此，我国建设经济强国的战略步骤和目标可表述为"两步走"：第一步，在中国共产党成立一百年时，我国国内生产总值达到 15 万亿美元左右，人均收入超过 1 万美元，城镇化率达到 60% 左右，实现全面建成小康社会的目标。第二步，在新中国成立一百年时，我国国内生产总值的世界占比达到 20% 左右；科技创新水平指数迈入世界前五名国家的行列；服务业产值占 GDP 的比重达到 60% 左右；具有一批跨国企业与世界知名品牌；城镇化率达到 70% 左右，形成一批具有国际影响力的城市群；人民币成为国际货币，并在国际储备货币中的占比达到 4% 左右。到那时，我们可以圆满实现经济强国目标与中华民族伟大复兴的中国梦。

三、世界上经济强国崛起的历程与启示

经济强国在世界经济中占据主导地位，在全球经济的利益分配中处于优势地位，这种主导与优势地位的获得，是在世界经济政治格局的变迁中形成的，

有其特定的历史背景与发展路径。通过对国内生产总值的世界占比、科技创新水平指数、服务业产值占比、城市化率和国际储备货币占比这五项综合指标的比较，可以认为：美国、日本和德国是当今世界上名副其实的经济强国。回顾世界经济强国崛起的历程，对于我国抓住"两个"战略发展阶段，到 2050 年时胜利实现经济强国和中华民族伟大复兴的战略目标具有重要的借鉴意义。

（一）经济强国崛起的历程

以史为鉴，可以知兴替。15 世纪以来，先后有葡萄牙、西班牙、荷兰、英国、法国、德国、日本、俄罗斯和美国这九个国家成为世界性的经济大国，美国、日本和德国则是当今世界上名副其实的经济强国。15 世纪的葡萄牙拉开了人类航海的序幕，将海上探险和殖民贸易结合起来，成为人类历史上第一个真正意义上的全球性经济大国。16 世纪的西班牙在地理大发现之后，凭借殖民美洲与亚洲所获财富，很快成为世界性的经济大国。17 世纪的荷兰依靠金融创新、殖民扩张和海外贸易，迅速确立了其海上霸主的地位，并替代了葡萄牙和西班牙的经济大国地位。18 世纪中后期，工业革命首先在英国发生，随后，德国、美国和日本等国家紧紧跟上工业革命的浪潮，实现了国家的现代化与经济强国的目标。

英国。1688 年英国发生的"光荣革命"建立了现代的民主政治制度，形成了有利于自由市场经济发展的制度框架，为英国持续的经济社会变革奠定了体制基础。经济自由主义理论的传播，为英国走上自由市场经济道路起了引导作用，推行自由贸易政策为英国成为贸易强国奠定了基础。英国政府鼓励技术创新，并制定了世界上第一部正式而完整的专利法，使得技术发明与改进成为推动工业革命的重要引擎。18 世纪发生在英国的工业革命，直接促进了英国成为世界经济强国。据统计，1860 年英国经济总量的世界占比为 19.9%，生产了世界工业产品的 40%—50%，对外贸易总额占世界贸易总量的 40%，英镑成为在金本位制度下的国际货币。从经济综合指标来看，英国是世界上第一个真正意义上的经济强国。

美国。18 世纪的美国经济在英国的殖民统治下缓慢发展。19 世纪后半期美国跟上第二次工业革命的浪潮，促成了一系列新兴工业部门的建立，带动了经济总量的迅速扩张。第二次世界大战改变了世界的经济与政治格局，美国成为世界头号的经济大国。二战后布雷顿森林体系的形成，确立了美元的国际货币地位，并成为美国确立其经济强国地位的最主要标志。联合国、世界银行、国际货币基金组织等国际性组织的建立，为美国参与和主导全球事务、实现经济扩张奠定了基础。20世纪以来，美国在科技创新领域取得了一系列突破性的进展，半导体材料、计算机、互联网等科技革命都首先发生在美国。据统计，2011年美国GDP总量为15.09万亿美元，占世界经济总量的25.7%。美国是世界上科技创新能力最强的国家。2011年美国的服务业产值占比达到79.6%。美元是国际货币，是世界各国主要的外汇储备资产。

日本。1868年的明治维新，为日本确立了市场经济的制度框架，为其走上市场经济道路奠定了基础。二战后的日本在废墟上重建经济，日本在面积仅为37万多平方公里的国土上，创造了实现国家现代化与经济强国的奇迹。日本政府重视对经济的干预，通过制定经济发展计划与扶持重点产业，为战后经济的繁荣做出了重要贡献。日本注重教育，重视人力资本的投资与积累，这成为其经济起飞的关键因素。日本重视高效率的技术引进和研究开发，善于学习和利用世界上的先进科学技术，并在此基础上建立起自主创新体系。日本是世界上第三大经济体，具有世界领先的科技创新能力，拥有索尼、松下、丰田等一大批跨国企业和世界知名品牌。日元是国际货币。

德国。德国是欧洲最重要的国家。19世纪中后期，德国首相俾斯麦以"铁血政策"使德国获得了统一，并建立了统一的币制和度量衡，大力发展科学技术，创立了统一的国内市场，为德国建立完善的工业体系奠定了基础。20世纪20—30年代，第一次世界大战战败的德国接受了美国"道威斯计划"提供的大量贷款，积极引进并大力发展科学技术，并主动和苏联、美国等经济大国改善关系，使德国经济在很短的时间内有了飞速发展。二战后，德国从战争的废墟中崛起，创造了"社会市场经济"的发展模式，并成为以内燃机和电子电气为特征的第三次工业革命的领导者。据统计，2011年德国GDP总量为3.29万亿美元，占世界经济总量的5.3%，为世界第四大经济体。德国是全球发达的服务贸易大国，机械制造、汽车等产业具有极强的国际竞争力，拥有西门子、宝马等众多跨国企业和世界知名品牌。德国的科技创新能力位居世界前列。德国是欧元区成员，也是欧洲最重要、最强大的经济实体，是拉动欧盟经济的"火车头"。

（二）有益的启示

当前，我国经济发展所面临的国际条件和历史环境已经发生了根本性的变化。纵观这些经济强国崛起的历程，殖民扩张和财富掠夺等暴力方式伴随着每一个经济强国的崛起，在今天经济全球化和世界格局多极化的大背景下，依靠对外殖民扩张之路实现经济崛起已不可复制。同时，我国是社会主义国家，我们不能走对外扩张的老路，只能走和平发展之路。但是，研究总结世界上经济强国崛起的历史进程，还是有必要的，可以得到有益的启示。从世界上已成为经济强国的国家发展进程看，大体上说都有以下"七个重视"。

第一，重视世界历史的发展机遇。从公元 1500 年前后的地理大发现算起，纵观在这 500 多年中世界经济强国走过的发展道路与留下的经验教训会发现：每一个经济强国的崛起都是在特定的背景条件下，紧紧地抓住历史与现实赋予的战略发展机遇，实现了经济社会的跨越式发展。葡萄牙、西班牙和荷兰等国家借助地理大发现的巨大历史机遇，广泛进行殖民扩张和海外贸易，建立起庞大的经济版图，实现了国家的崛起。而其他没有抓住这一历史机遇的国家，则被抛在了后头。每一次产业革命都意味着新的发展机遇。美国、日本、德国等工业化后起之国，紧紧地抓住第二次工业革命、第三次工业革命这些千载难逢的战略机遇期，顺应历史发展潮流，充分利用全球资源，从而实现了经济强国的目标。当前，世界经济政治格局正处于深刻的调整时期，第三次工业革命正掀起人类波澜壮阔的科技革命浪潮，全球新一轮技术革命方兴未艾，我国应紧紧利用好这一次重要的战略机遇期。

第二，重视科学技术的创新。科学技术是第一生产力。世界经济强国崛起的历程雄辩地证明：科技创新在经济强国的崛起过程中扮演了重要角色，唯有依靠不断推进科学技术创新，并不断地将科学技术转化为实际生产力，才是一个国家崛起的必由之路。以瓦特发明的蒸汽机为先导，英国在 18 世纪掀起了一轮技术发明与改进的浪潮，为英国的工业化和经济崛起奠定了坚实的技术基础。以爱迪生的发明为先导，美国成为 19 世纪电气革命和 20 世纪电子信息革命的发源地。美国建立了完善的鼓励技术创新与科技发明的体制机制，各种发明如雨后春笋般出现，美国依靠其强大的科技实力，在全球经济中独占鳌头。日本依靠技术引进及改良创新，建立了自主的科学技术体系，并依靠科技的力量迅速赶超先进国家水平。德国则非常重视基础科研与应用科学创新，正是强大的科技创新能力为机械制造、汽车、化工等成为具有极强全球竞争力的行业奠定了基础。

第三，重视人力资本的投资。美国经济学家舒尔茨在 20 世纪 60 年代提出了人力资本理论后，受到西方国家的普遍重视。美国、日本、德国等经济强国无一不是依靠巨大的人力资本投资，创建高水平的教育体系，培养出高素质的人才，为科技创新提供源源不断的动力源泉，为实现经济崛起提供有力支撑与必备条件。美国是经济强国，同时也是人力资源强国，美国的高水平大学、高端科研机构的数量在全球都处于领先地位。日本能够在第二次世界大战后的废墟上迅速重建经济，其奥妙之一就是日本政府对教育的高度重视，重视人力资本的投资与积累，为实现经济起飞奠定了人才基础。德国在二战之后，依靠政府对教育的巨大投入，使得基础科学和应用科学迅速得到了发展，为实现经济崛起提供了人才和智力支撑。

第四，重视城市化的持续推进。纵观经济强国崛起的历程，城市化的持续推进是实现经济崛起的必经之路。在经济强国崛起的过程中，城市化与工业化、现代化相伴而行、相互促进，能够为经济发展提供持续的内在动力。葡萄牙、西班牙和荷兰的自由市场经济萌芽于城市的原始形态——城堡之中，崛起于城市的扩张与发展之中。19 世纪的英国率先完成了工业革命，庞大的铁路交通网络使得城市规模迅速扩张，到 1861 年，英国城市化水平已达到 61.3%，高度城市化为英国实现经济崛起提供了源源不断的动力。19 世纪后期到 20 世纪的美国，紧紧抓住第二次工业革命、第三次工业革命的浪潮，使得美国发展成为发达的现代市场经济国家，在雄厚的物质条件支撑下，美国着力发展大城市群、合理布局中小城镇，为经济的崛起提供了广阔的发展空间。二战后的日本、德国着力推行政府主导的城市化模式，通过领导城市的规划与发展、优先发展大城市、引导产业集群与集聚等战略措施，保障经济的可持续发展。

第五，重视体制机制的变革。一般地说，一个国家的经济发展取决于资源禀赋、科学技术、人力资本等生产要素。但是，如果没有不断变革的体制机制有力保证，那么生产要素就必定无法发挥出应有的经济效率。经济强国崛起的历程充分表明，经济社会发展中的体制机制变革，是一个国家崛起的先决条件之一。无论是葡萄牙对航海探险基金机制的创新，还是西班牙对个人产权制度的改革；无论是荷兰对金融制度与金融体系的创新，还是英国"光荣革命"对民主政治制度的改革；无论是美国对自由市场经济体制的确立，还是德国对社会市场经济体制的探索，都有力地证明了不断进行体制机制的改革与创新是经济强国崛起的重要条件。

第六，重视实施海洋强国战略。纵观世界强国的发展史，其实质就是海洋强国的发迹史。海洋是连接世界各个经济体的血脉和桥梁。葡萄牙、西班牙和荷兰等国家的崛起无一不是依靠海洋上力量的优势，都高度重视海外贸易和殖民扩张，都是在重视海洋强权的战略中形成了对世界经济的主导权，确立了其经济大国的地位。18世纪的英国，正是依仗其当时世界上最强大的海上力量，击败了荷兰的海上有生力量，并将海洋军事、殖民扩张与国际贸易这三者结合起来，成就了"日不落帝国"。此后的美国、日本和德国等经济强国都是以海立国、以海兴国，先盛于海洋，后盛于世界。当今的美国更是重视发展航空母舰、潜艇等海洋军事力量，并积极控制海上战略要地和建立海洋战略基地，将经济、政治、军事等方面紧紧与海洋强国战略捆绑在一起，为巩固其经济强国地位做出了巨大贡献。

第七，重视扩大对外开放。世界经济强国崛起的历程表明，没有一个国家能够在封闭的经济体系中崛起。从葡萄牙、西班牙、荷兰、美国等经济大国崛起的历程可以看出，开放的全球市场和自由贸易的深入发展、世界经济体系的形成与国际产业结构的联动是影响大国崛起的重要外部因素。18世纪的英国通过实行自由贸易政策，积极开拓国际新兴市场，将工业化生产出来的产品倾销到世界各地。美国利用在世界产业分工中的有利地位，在全球范围内进行资源配置，并利用在国际金融、国际政治中的强势地位，不断巩固其经济强国地位。德国和日本都是以发展外向型经济为主的国家，并积极参与世界分工体系和全球经济的治理，不断适应世界市场体系的变化，为国家的崛起铺平了道路。

四、我国由经济大国到经济强国的机遇和挑战

总结世界经济强国崛起的历程和启示，对于正确认识我国当前所面临的机遇和挑战具有借鉴意义。进入新世纪新阶段以后，世界上发生了一系列具有全局性和战略性影响的重大事件，对国际经济与政治格局都产生了重大而深远的影响。从总体上看，我国正处于全面建成小康社会的决定性阶段，世情、国情、社情继续发生深刻变化，经济发展正处于由经济大国到经济强国的历史性转变中。可以说，我国仍然处于可以大有作为的重要战略机遇期，具有迈向经济强国的许多有利条件，同时也面临着诸多严峻挑战和不利条件。

（一）战略机遇

战略机遇期一般是指对国家发展全局产生重大而深远影响的一段时期，是有利于战略实施的历史阶段及大的背景、环境和条件。战略机遇期的形成，往往是国际、国内条件发展的综合结果。从经济强国崛起的经验来看，能否抓住有利的发展机遇是一个国家崛起的关键。客观地讲，我国发展面临的国际机遇和挑战都在增多，但今后一个时期我国仍处于重要战略机遇期不会变，"2013—2020年、2021—2050年"两个战略发展阶段不会变，2020年和2050年这两个战略节点不会变，我国实现社会主义现代化和中华民族伟大复兴的决心与意志不会变。

从国际方面来看：

第一，经济全球化深入发展，促进共同发展的有利因素在增加。资本、商

品、技术、信息和劳务的国际间流动正在加快，各国都在调整产业结构。世界经济强国正加快将传统产业和现代服务业向劳动力素质较好、成本较低的发展中国家转移，这有利于我们在世界范围内优化资源配置，可以更多地从外部获得生产要素，以促进我国产业结构优化与技术进步。同时，经济全球化有助于我国的产品走向国际市场，提高企业的国际竞争力，增强我国的综合国力，对提高我国的经济规模、扩大国际影响力具有重要意义。

第二，世界科学技术日新月异，有助于我国发挥后发优势。从世界史看，每一次经济危机都孕育着新的科技革命，而新的科技革命必然带来新的产业革命。当前，以信息技术为主导并由此带动的新能源、新材料、生物技术、海洋技术等新科技革命方兴未艾，必将在不远的将来形成新的科技进步浪潮。随着经济全球化的发展，我国通过引进、再创新等途径吸收消化发达国家的一些关键技术，并大幅度提高我国的自主创新能力。在此背景下，我国就有可能发挥后发优势，顺应世界经济科技发展潮流，实施建设创新型国家、人力资源强国、海洋强国等强国战略，实现科学技术、人力资源和生产力更大规模和更高质量的发展。

第三，国际金融危机引发世界政治经济格局深刻变化。在国际金融危机和债务危机的巨大冲击下，欧美等经济强国经济实力相对下降，经济也呈现出缓慢复苏趋势，而我国等新兴经济体率先回升，并成为世界经济增长的主要引擎。国际金融危机的爆发，世界各经济体尤其是新兴经济体对以美元等货币为主导的国际金融体系提出了挑战，要求对世界货币体系进行改革的呼声日渐高涨，这为人民币走出国门，加快人民币的国际化步伐，提高我国金融的开放程度，建立发达稳健的金融体系提供了重要机遇。

第四，国际形势总体稳定。具有较强的国际影响力是成为经济强国的必备条件之一。当前，虽然局部战争时有发生，但和平与发展仍是时代主题，维护和平、制约战争是全世界人民的心愿，新的世界大战短期内打不起来，我们有可能争取到较长时间的和平国际环境。国际货币基金组织、世界银行等世界经济组织的治理结构改革已经迈出重要步伐。可以说，相对稳定的国际政治经济形势，有利于我国积极参与全球经济治理，推动全球治理机制变革，为我国从经济大国迈向经济强国提供了一个较好的外部环境。

从国内方面来看：

第一，我国经济具备更大发展的实力。从经济总量看，我国已经成为仅次于美国的第二经济大国。从外汇储备看，我国已成为世界第一外汇储备大国。国家的综合实力不断增强，能够抵御国际国内市场的经济风险、持续扩大经济规模与人均收入水平。

第二，经济发展的物质技术基础更加坚实。经过新中国成立60多年特别是改革开放30多年以来的建设和发展，我国经济实力和综合国力大为提升，保障可持续发展的物质技术基础和内生动力不断增强。目前，我国产业体系比较完整，培育和发展新兴产业取得积极成效；基础设施日益完善，能源保障和交通运输能力显著提高；财政金融体系运行稳健，社会资金相对充裕，人力资本积累水平快速提高等等，都为我国迈向经济强国奠定了坚实的物质技术基础。

第三，城镇化能够为经济发展提供内生动力。我国城镇化进入到新的发展阶段。城镇化是保持我国经济持续发展的强大支撑，是我国扩大内需的巨大潜力所在。城镇化进程的持续发展，有利于带动国内消费和投资，带动产业结构转型升级，通过资源整合和优化配置、聚集人力资源等，增强创新动力和能力，促进科技进步，推动我国由经济大国向经济强国转变。

第四，对外开放程度不断提高。在全球经济一体化不断加强和国内开放政策有效发挥的情况下，我国"走出去"面临许多有利的机遇。不少国家受到金融危机的冲击后资金匮乏，与我国扩大投融资合作的意愿增强，在一些领域对我国放宽了投资的限制，使我国企业处于较有利的投资地位。我国对外开放领域正在消除部分开放领域的"玻璃门"、"弹簧门"现象，努力提高开放型经济水平，形成更加适应转变对外经济发展方式的制度、规则和标准。

第五，政治优势充分发挥将为经济发展开辟广阔道路。经过长期的艰辛探索，在中国共产党领导下，已经形成了中国特色社会主义理论体系，成功地开辟了中国特色社会主义道路，建立了中国特色社会主义制度。全国人民凝聚着道路自信、理论自信和制度自信的无穷力量，这种力量可以攻坚克难，可以攀登高峰，可以创造人间奇迹。

（二）严峻挑战

当然，必须清醒地看到，我国由经济大国迈向经济强国之路不会是平坦的。

从国际上看：

第一，世界现有经济强国的制约因素在加剧。我国在经济总量超过日本成为世界第二大经济体之后，世界现有的以美国、日本等经济强国对我国发展的制约因素正在增加。发达国家为了保持其在国际经济体系中的秩序红利、格局红利，不愿看到一个强大中国的崛起，会不惜代价试图掣肘我国经济的发展。反倾销起诉、干涉中国企业的对外投资等事件频频发生，国际贸易摩擦日渐加剧，"中国威胁论"、"唱衰中国论"、"贸易保护论"等大有抬头的趋势。这是制约我国经济发展的重要因素。

第二，全球经济市场竞争日趋激烈。国际金融危机对全球经济发展形成严重冲击，全球供给结构和需求结构都发生着深刻变化，无论是发达国家还是发展中国家都面临调整经济结构的巨大压力。美欧等经济强国相继提出"再工业化"、"2020 战略"、"重生战略"等措施；发展中国家都在努力调整发展模式，重塑和加快发展具有比较优势的产业，抢占国际分工的制高点。这些必然导致全球市场争夺更加激烈，各种形式的保护主义更加严重，并从贸易向投资、技术、就业等各个领域扩散，我国面临的外部经济环境的挑战日趋严峻。

第三，外部需求短期内难以有明显好转。国际金融危机的深层次影响还在不断显现，世界经济复苏的不稳定性、不确定性上升，下行压力和潜在风险有所加大。欧洲主权债务危机仍在发酵之中，甚至可能向更多成员国蔓延。因此，欧元区有可能出现财政金融风险与经济衰退恶性循环的局面，从而严重影响世界经济复苏进程。在短时期内，新兴工业化国家经济同样很难有大的改观，这对我国稳定出口提出了严峻挑战。

第四，全球性的各种问题交织显现。近些年来，世界传统和非传统安全问题，包括气候变化、粮食安全、能源资源安全、大规模杀伤性武器扩散、重大自然灾害、重大传染性疾病等全球性问题交织显现，反映出现有的国际体系不能有效地应对国际社会所面临的新威胁新挑战。近年来，中亚、北非等地区政局动荡不安，气候变化等因素带来的全球生态与环境的压力，给我国经济发展的总体外部环境提出了新的挑战。

从国内来看：

第一，经济结构调整进展缓慢。尽管近些年结构调整不断推进，但我国第一产业基础不稳、第二产业核心竞争力不强、第三产业比重过低的问题仍然突出。随着我国经济增速的回落，产业结构、需求结构、区域结构等经济结构不合理的问题将进一步暴露。产能过剩问题突出，我国长期依靠外需拉动经济的发展方式难以为继，城乡之间、区域之间发展的差距不断扩大，亟待加以解决。

第二，科技创新能力有待进一步提高。我国整体的科技创新能力偏低，产业技术水平有待进一步提高。近些年来，我国建设创新型国家成效显著，载人航天、探月工程、高速铁路等实现重大突破，但是原创性的发明、关键核心技术的掌握还与世界经济强国有不少差距。我国产学研相结合的技术创新体系尚不健全，自主知识产权和名牌产品不多，新兴产业的带动作用还不强，科技成果直接转化为生产力的能力较弱。

第三，资源环境的约束日渐突出。多年来，我国走着高投入、高消耗、高污染、低产出的经济发展路子，原油、原煤、天然气、铁矿石等重要资源的供给制约因素在加剧。与经济强国相比，我国单位产值所消耗的能源、废水排放量等指标都有很大差距。同时，我国环境压力进一步加大，雾霾等天气频频发生，这是对走传统发展路子的惩罚。转变经济发展方式，提高经济增长的质量与效益，势在必行，刻不容缓。

第四，制约科学发展的体制机制障碍较多。经济关系中政企不分、政资不分、政社不分、政事不分的现象仍比较突出，财税体制弊端凸显，税制不合理，中央和地方的财力与事权不匹配，现代金融体系有待完善，所有制结构和收入分配结构出现不少新矛盾，社会主义民主法治建设存在一些薄弱环节，社会体制改革、生态文明制度建设都有待深化。原有体制的一些弊端和体制转型过程中出现的新问题，都在制约着我国经济社会的科学发展。

五、由经济大国到经济强国的发展战略

我国当前正处于全面建成小康社会的决定性阶段，党的十八大已制定未来时期我国社会主义现代化建设的战略部署，要求全面推进经济建设、政治建设、文化建设、社会建设、生态文明建设和体制改革，打造中国经济升级版。纵览国际国内大环境的机遇与挑战，要使我国顺利实现由经济大国向经济强国的历史性转变，需要实行以下"六大战略"。

（一）实行经济持续健康发展战略，着力提高经济增长质量和效益

在未来相当长的发展阶段中，必须继续坚持以经济建设为中心不动摇。持续扩大经济总量，不仅是实现经济强国的重要条件，更是增加社会财富、改善人民生活、促进社会进步的必然要求。因此，一是要努力保持经济长期稳定增长。同时，必须把提高经济增长质量和效益放在首位，在注重提高经济增长质量和效益的基础上，不断扩大经济总量，推动经济更有效率、更加公平、更可持续发展。党的十八大报告提出国内生产总值十年翻一番的目标要求，同时又提出要把经济发展的立足点转到提高质量和效益上来。这表明一方面要保证经济总量的持续增长，另一方面要在提高经济质量和效益上下更大的功夫。必须切实转变经济发展方式，这是贯彻落实科学发展观的内在要求。要坚持扩大内需为主的方针，改善需求结构，努力扩大消费需求，促进经济发展良性循环。二是要加快推进中国特色新型工业化、信息化、城镇化、农业现代化，促进"四化"协调发展、良性互动。三是要积极稳妥推进城镇化，着力提高城镇化质量，逐步形成一批具有国际影响力的城市群，使其成为带动区域与全国经济发展的"火车头"。四是要把握好国内和国际两个大局，努力开拓国内和国际两个市场，为扩大经济总量提供广阔的发展平台。五是要推动能源资源的生产和消费革命，着力提高能源资源利用效率和效益，有效控制能源资源消费总

量，降低能源资源消耗，使经济发展更多依靠节约能源资源和循环经济的推动，从而实现经济长期可持续发展。

（二）实行优化经济结构战略，着力推进产业结构优化升级

大力推进经济结构战略性调整，包括产业结构、技术结构、企业结构、区域结构。一是坚持把解决好农业、农村和农民问题作为全国经济工作的重中之重。加快发展现代农业，增强农业综合生产能力，确保国家粮食安全和重要农产品的有效供给，这是在十三亿多人口大国推进现代化建设必须始终抓好的头等大事。二是要大力促进第一、二、三产业协调发展，着力构建现代产业发展新体系，坚持大力发展制造业特别是先进制造业，加快传统产业转型升级，不失时机发展新兴产业，坚持合理布局建设基础设施和基础产业。要大力推动服务业特别是现代服务业的发展壮大。注重发挥工业在实体经济中的主体作用，促进我国从工业大国向工业强国转变。加强财税、金融、投资政策与产业政策的协调配合，发挥国家政策的导向作用。三是要坚持把生态文明建设作为优化产业结构的基本要求，使经济发展更多依靠现代服务业和新兴产业带动，大力发展环保产业，着力推进绿色发展、循环发展、低碳发展。继续实施区域发展总体战略，充分发挥各地区比较优势，推动区域协调发展。

（三）实行创新驱动发展战略，着力建设创新型国家

具有强大的科技创新能力是迈向经济强国的战略支撑，必须摆在建设经济强国的核心位置。一是要坚持走中国特色自主创新道路，以全球视野谋划和推动创新，提高原始创新、集成创新和引进消化吸收再创新能力，更加注重协同创新，加强技术集成和商业模式创新。二是要深化科技和教育体制改革，加快建设国家创新体系，着力构建以企业为主体、市场为导向、产学研相结合的国家创新体系。着力提高教育质量，统筹各类创新人才发展，建设人才强国和人力资源强国。三是要完善知识创新体系，强化基础研究、前沿技术研究、社会公益技术研究，提高科学研究水平和成果转化能力，抢占科技发展战略制高点。四是要完善科技创新评价标准、激励机制、转化机制。

完善科技创新政策环境，深入实施知识产权战略，加大知识产权保护，不断健全创新的法治环境，促进创新资源高效配置和综合集成，把全社会智慧和力量凝聚到创新发展上来。

（四）实行加快体制改革战略，着力构建有利于科学发展的体制机制

深化体制改革，推动机制创新，破除一切阻碍科学发展的体制机制，是我国由经济大国向经济强国转变重要而紧迫的任务。在全面深化经济体制改革的同时，还需要推进政治体制、社会体制、文化体制、生态文明体制等改革创新。一个经济体只有具备良好的体制机制，才能保证市场的有序竞争，保证各种生产要素平等参与市场交换，才能最大限度地激发市场主体的活力，充分调动广大干部群众干事创业的积极性、创造性。一是要按照党的十八大提出的到 2020 年构建系统完备、科学规范、运行有效的制度体系，使各方面制度更加成熟更加定型的目标要求，加快体制改革步伐。二是要加快完善社会主义市场经济体制，完善以公有制为主体、多种所有制经济共同发展的基本经济制度，完善按劳分配为主体、多种分配方式并存的分配制度，更大程度更大范围发挥市场在资源配置中的基础作用，完善宏观调控体系和开放型经济体系。三是特别要加快财税体制改革，着力支持创新发展，形成有利于结构调整、促进科学发展的财政税收制度。四是要深化金融体制改革，稳步推进利率和汇率市场化改革，推进外汇储备管理体制改革，逐步实现人民币资本项目的可兑换，稳步推进金融创新和金融开放，为人民币成为国际货币奠定基础。五是要积极稳妥推进政治体制改革，加快推进社会主义民主政治制度化、规范化、程序化，从各个层次各个领域扩大公民有序政治参与，建设社会主义法治国家，实现国家各项工作法治化。六是要加快社会体制改革、文化体制改革，健全生态环境保护体制机制。扎实推进社会主义文化强国建设，加强和创新社会管理，推动社会主义和谐社会建设，加快生态文明建设，为我国建设经济强国创造良好的政治、经济、文化、社会环境。通过加快改革步伐和转变发展方式，把我国经济发展活力和竞争力提高到新的水平。

（五）实行建设海洋强国战略，着力开拓我国经济发展空间

党的十八大报告提出，"提高海洋资源开发能力，发展海洋经济，保护海洋环境，坚决维护国家海洋权益，建设海洋强国"。这是国家一个前所未有的重大发展战略，必须全面贯彻实施。我国有辽阔的海洋国土，实行建设海洋强国战略是突破资源约束和市场约束的重要途径。建设海洋强国不仅关系到我国对海洋资源的合理开发，而且关系到我国的国土安全和经济社会的可持续发展。据统计，我国对外贸易运输量的90%是通过海上运输完成的，我国已成为高度依赖海洋的开放型经济，海上运输通道安全直接关系着我国的经济命脉和经济安全。着力实施海洋强国战略，一是要提高海洋资源开发能力，加大海洋资源特别是海底资源的调查与开发，大力发展海洋经济，成为海洋经济强国。二是要坚持保护海洋生态环境。海洋生态文明是我国生态文明建设不可或缺的重要组成部分，要保障海洋资源的可持续利用。三是要有效管理、控制部分海域，提高海洋维权执法能力，坚决维护国家海洋权益。提高海洋军事实力，建设强大的海军，为维护我国的海洋权益保驾护航。四是开展多方面的国际海洋合作，维护中国国际贸易的海上通道安全，以确保我国海外战略资源的利用和经济安全。五是要加强海洋行政管理体制和海上执法体制建设，要强化海上维权执法协调机制。通过海洋管理体制机制的改革和创新，为建设海洋强国提供有力的保障。

（六）实行更加积极主动开放战略，着力提高开放型经济水平

我国30多年对外开放的伟大实践，在"引进来"和"走出去"的战略指导下，我国的开放型经济取得了快速发展，有力地增强了我国的国际地位与影响力。我们要使我国经济在国际经济体系中具有更加重要地位和更大国际影响力。在迈向经济强国的征程中，我国要进一步适应全球化新形势，扩大对外开放，不断完善开放型经济体系。一是要创新开放模式，深化沿海开放，扩大内陆开放，统筹沿海内陆沿边开放，打造分工协作、优势互补、均衡协调的区域开放新模式。二是要培育一批世界水平的跨国公司，着力打造一批世界知名品

牌，支持各类大型企业和相关企业在全球范围内优化资源配置。三是要坚持出口与进口并重，形成以技术、品牌、质量、服务为核心的出口竞争新优势，加快加工贸易的转型升级，促进加工贸易从组装逐步向研发、设计等产业链高端拓展。四是要提高利用外资的综合优势和总体效益，拓宽利用外资渠道，优化外资使用结构，加强和改进对利用外资的宏观引导与管理。五是要通过壮大经济实力和发展资本市场，努力逐步使人民币成为国际货币，成为国际经济体系和货币体系的重要组成部分。六是要加快"走出去"的步伐，积极扩大对外投资力度，合理利用国家的外汇储备，充分发挥我国一些行业的比较优势，鼓励企业到境外投资办厂。七是要创新与发达国家的合作模式，完善合作机制，拓展合作领域，创新对外援助方式，加快实施自由贸易区战略，加快建设贸易强国的步伐。同时，要提高抵御国际经济风险能力，使我国经济能够在世界经济的风云变幻中始终奋力前行，实现建成世界经济强国的宏伟目标。

（原文载《新华文摘》2013 年第 18 期，首发于《全球化》2013 年第 6 期）

总　论　坚定不移走从经济大国迈向经济强国之路

　　党的十八大站在时代的制高点和用历史的宽广眼光，确立了我国在中国共产党成立一百年时全面建成小康社会，新中国成立一百年时建成富强、民主、文明、和谐的社会主义现代化国家的宏伟奋斗目标，并做出了重大的战略部署。这个"双百"目标，提出了我国"2013—2020 年、2021—2050 年"两个战略发展阶段，明确了 2020 年和 2050 年这两个战略节点，这为新的历史条件下夺取中国特色社会主义新胜利，实现中华民族伟大复兴指明了方向。

　　党的十八届三中全会审议通过了《中共中央关于全面深化改革若干重大问题的决定》，对我国下一阶段如何全面深化改革做出了顶层设计，这是我国在从经济大国迈向经济强国征程中一次重要的战略部署。党的十八届四中全会以"依法治国"为主题，提出了"运用法治思维和法治方式推进改革能力和水平"的重要方针，将为加快建设经济强国提供可靠的法治保障。当前，我国的现代化建设进入到了一个新的发展阶段，根据对我国经济发展现实状况和未来走势的研判，在我国现代化建设新阶段的一个基本任务，就是全力打造中国经济升级版，实现由经济大国向经济强国的历史性转变。深入研究由经济大国到经济强国的发展战略，坚定不移走从经济大国迈向经济强国之路，是我国新的发展阶段所面临的重大课题。

一、从经济大国到经济强国的历史起点与现实基础

党的十八大提出的"两个百年"奋斗目标有其深刻的历史根源，这个目标沉淀了中华民族集体记忆的屈辱和苦难，也彰显了我们党带领全国人民走向全面小康、带领国家走向民族伟大复兴的坚定意志和决心。我们截取自 18 世纪中叶以来到改革开放前的几个历史节点，进行横向与纵向地比较，可更加清晰地看到从经济大国走向经济强国的历史起点。

首先看 1750 年，即 18 世纪中叶，这个时期正处于康乾盛世的高峰。这个时期，我国经济社会的基本特征是国家统一、社会安定、经济繁荣、国力强大。这一年，中国 GDP 总量占世界份额的 32%，居世界首位，而欧洲英、法、德、俄、意的国内生产总值共占全球的 17%，这五国的 GDP 只有中国的一半稍多。① 此时正是中国封建专制发展到顶峰的时候，皇帝对内独揽大权，对外闭关锁国，而欧洲国家虽然经济总量远远低于中国的经济总量，但欧洲国家已经走到了近代化的起跑线上。18 世纪中叶以后，英国开始产业革命，随着 1769 年蒸汽机的发明，英国开始带领人类社会进入工业化时代，欧洲开始领跑世界，而中国还在农业社会中缓慢演进，这种盛世已是"落日的辉煌"。

其次看 1830 年，这一年是道光十年。自从 18 世纪以来，世界格局迅速发生巨大变化。英国走上了工业革命的道路，法国爆发了资产阶级大革命，美国经历了独立战争，而中国的康乾盛世已成为了明日黄花。从 GDP 总量看，我国的 GDP 总量虽然仍占到世界经济总量的 29%，仍居世界首位，但人均 GDP 已经远远低于英国。这一年英国 GDP 占世界经济总量的 9.5%，但产业结构与中国完全不一样。此时的英国钢铁产量不断增加，机器制造迅猛发展，英国开始向西欧各个国家输出蒸汽机及各种技术设备，而中国的 GDP 总量则主要来自农产品和手工业品。直到 1840 年，英国用产业革命带来的坚船利炮打开了

---

① 戴逸：《18 世纪中叶以来中国与世界各大国国力的比较》，载《思考中国》，红旗出版社 2010 年版，第 32 页。

中国的国门，中国开始沦为半殖民地半封建国家。

再次看 1900 年，这一年是光绪二十六年。这一年中国的 GDP 一落千丈，国内生产总值占世界生产总值已降到 6%。清朝政府在 1898 年进行了戊戌变法，但由于封建势力的强大，变法改革很快就遭到了失败。而日本在 19 世纪下半叶通过明治维新，很快登上了近代化的列车，并开始步入世界经济强国的行列。这一年美国、英国、法国、德国、俄国、意大利、日本的 GDP 占全球经济总量的比重分别为：23.6%、18.5%、6.8%、17.9%、8.8%、2.5%、2.4%，这七个国家占世界生产总值达到 80.5%，而此时的中国已从世界经济大国衰落为贫穷落后的国家。

从近代中国经济发展历程来看，我国在乾隆终年之际（1799 年），全国耕地约为 10.5 亿亩，粮食产量达到 2040 亿斤。当时随马戛尔尼使团来中国的巴罗估计，中国的粮食收获率高出英国，麦子的收获率为 15：1，而在欧洲居首位的英国为 10：1。[①] 康乾盛世时我国的手工业也得到了长足发展，手工劳动的分工进一步细化，商品市场得到了较大程度的发育。同时，到 18 世纪末，中国的对外贸易急剧增长，单英国东印度公司每年从中国购买茶叶的贸易额就高达 400 万两白银。在此"盛世辉煌"的背景下，"康乾盛世"的统治者们关起了国家大门，妄自尊大、拒绝开放、反对变革，同时又固步自封，特别是限制工商业、蔑视科学技术，并加强集权和禁锢思想的做法，愈加严重地制约着经济社会的发展。落后就要挨打。清朝政府自恃"天朝物产丰富，无所不有"而拒绝开放、拒绝变革，其结果只能是在 100 多年的盛世之后进入衰退的轨迹。随着鸦片战争的爆发，中国逐渐变成半殖民地半封建社会，经济社会发展陷入全面危机之中。太平天国运动、戊戌变法、义和团运动、辛亥革命等一次次的抗争，但终究未能改变我国从世界经济大国衰落并遭受经济强国屈辱的历史状况。

到新中国成立初期，以 1952 年的统计数据来看，我国人口总量占世界总

---

① 张芝联等：《中英通使两百周年学术讨论会论文集》，中国社会科学出版社 1996 年版，第 188 页。

人口的 22.3%，而经济总量只占到世界生产总值的 4.6%，同世界人均 GDP 水平相比，我国的人均 GDP 仅为世界平均值的 23.8%。百废待兴的中国，开始了"第二个百年"的奋斗目标历程。新中国建立之初，我国选择了社会主义国家苏联的发展模式，即为了在短时间里赶上经济发达的资本主义国家，加强国防力量以抵御军事威胁和侵略，选择了重工业优先发展战略。从经济发展角度讲，此时的重工业优先发展战略为我国奠定了社会主义建设的经济基础，在比较短的时间里提高了国防和军事预防能力，大大加深了我国对工业化的认识，但也付出了多年的沉重代价。[①] 到 1978 年，我国占世界总人口的 22.3%，这一年的国民生产总值占到世界 GDP 的 4.9%，比 1952 年提高 0.3 个百分点。从人均 GDP 水平来看，这一年我国人均 GDP 仅为世界平均值的 22.1%，比 1952 年还少了 1.7 个百分点。[②] 新中国建立以来，党带领人民探索中国经济社会发展的道路，有凯歌行进的岁月，也有曲折发展的时期，更经历了十年大动乱的年代。这些艰辛的探索，为我国改革开放后经济社会的发展奠定了基础。

刚刚从十年动乱走出来的中国，痛定思痛，党的十一届三中全会作出了"将全党工作转移到社会主义现代化建设上来"的战略决策，提出对我国权力过于集中的经济管理体制和经营管理方法进行改革，并在自力更生的基础上积极发展同世界各国平等互利的经济合作，提高农业产量和人民生活水平。自此，我国开启了改革开放的航程，开始在"两个百年"奋斗征程中实现"由衰到大"的历史性转变。改革开放 30 多年来，我国始终不渝地坚持以经济建设为中心，积极应对前进道路上的各种矛盾、问题和风险，取得了举世瞩目的成就。据统计，与 1978 年相比较，2012 年的经济总量增长了 127.8 倍，贸易进出口总额增长了 108.9 倍[③]。从经济总量、部分省市人均 GDP、制造业产值、

[①] 张占斌：《中国优先发展重工业战略的政治经济学解析》，载《中共党史研究》2007 年第 4 期。

[②] 安格斯·麦迪森著，武晓鹰、马德斌译：《中国经济的长期表现——公元 960—2030 年》，上海人民出版社 2008 年版，第 57 页。

[③] 本书部分数据主要根据国家统计局、联合国、世界银行、IMF 等机构的相关研究成果计算得出。

贸易进出口总额、外汇储备等综合指标看，我国改革开放30多年创造了世界经济史上的"增长奇迹"，已成为名副其实的经济大国，具备迈向世界经济强国的现实基础。

第一，我国经济总量已跃居世界第二。经济强国首先是经济大国，经济大国首先要有世界排名靠前的经济总量。据统计，1978年，我国GDP只有1482亿美元，居世界第十位。经过30多年的快速发展，2011年我国GDP达到7.3万亿美元，跃居世界第二位，经济总量仅次于美国；2013年我国GDP达到9.18万亿美元，继续位居世界第二位。

第二，我国部分省市经济总量或人均GDP已接近或超过中等发达国家水平。从我国东部沿海部分发达省市来看，某些省市的经济总量或人均GDP已经接近或超过世界上一些中等发达国家的水平，这是我国已成为经济大国的重要标志之一。据统计，2013年广东省、江苏省和山东省的GDP总量分别为：62163.97亿元、59161.80亿元、54684.3亿元，按现行汇率计算，这三个省市的GDP总量均已超过9000亿美元，其经济总量已经分别接近或超过荷兰、瑞士等一些中等发达国家的经济总量；2013年天津、北京、上海等省市的人均GDP已分别接近或超过波兰、匈牙利等一些欧美中等发达国家的水平。

第三，我国的制造业产值已位居世界第一。制造业产值是衡量一个国家经济实力的重要标准。根据联合国统计，2011年中国制造业产值为2.05万亿美元，首次超过美国，跃居世界第一。到2013年年底，我国钢、煤、水泥、棉布等200多种工业品产量居世界第一位，中国制造业大国的地位基本确立。

第四，我国的贸易进出口总额已跃居世界第二。经济大国是一个国家与世界经济联系的表现结果，贸易进出口总额则集中反映了一个国家对世界经济的影响程度。据统计，2003年至2011年间，中国货物出口贸易年均增长21.7%。2013年中国贸易进出口总额超过4万亿美元，超过美国位居世界第一，并连续五年成为世界最大出口国和第二大进口国，我国的贸易大国地位进一步得到巩固。

第五，我国的外汇储备稳居世界第一。外汇储备是一个国家经济实力的重要组成部分。据统计，我国外汇储备规模自 2006 年超过日本，已连续六年稳居世界第一位。1978 年我国的外汇储备仅为 1.67 亿美元，而到 2013 年年底，我国外汇储备已达到 3.84 万亿美元，这对于我国继续运用外汇储备支持国家战略物质储备、支持企业做大做强、支持整个改革和发展，进一步增强我国的经济实力具有重要意义。

二、从经济大国到经济强国的基本内涵与指标体系

对研究对象概念的内涵、外延的科学界定是一切研究工作顺利进行的首要前提条件，"经济强国"问题也不例外，只不过现阶段中国学者对经济强国的基本内涵尚未形成一致看法，因此在研究中往往表现出一定的概念逻辑不统一问题。结合目前学术界关于经济强国问题的研究成果，从整体上看，经济强国的内涵可从以下几个方面来理解。

第一，世界排名靠前的经济规模和较高的人均收入。党的十八大报告提出，到 2020 年实现国内生产总值和城乡居民人均收入比 2010 年翻一番。这个目标从经济规模和人均收入两个方面，对我国未来经济发展做了战略部署。一国成为经济强国的前提首先必须是经济大国，没有一定的经济规模，即使一国的国际竞争力再强也不能称之为经济强国。按照国际惯例，一个国家步入经济强国的门槛条件之一，是一国的经济总量至少应占到世界经济总量的 6%。据统计，2007 年年末，我国经济总量已经占到世界经济总量的 7.9%，应当说已经迈过最低门槛了。据 IMF 的统计，2013 年，我国人均 GDP 已超过 6000 美元，按照高收入国家的人均收入标准来衡量（人均收入达到 1 万美元），我国的人均收入水平已进入中等收入国家行列。如何在经济规模扩大的基础上实现人均收入的明显增加，则是我国迈入经济强国行列的重要任务。

第二，具有很强的科技创新能力，掌握相当一批核心关键技术。科技创新是提高社会生产力和综合国力的战略支撑，在一个国家的经济发展中具有全局

的核心作用。一个经济强国必然是一个科技创新强国，往往在科技创新、产品创新、产业创新、商业模式创新和品牌创新方面具有比较优势，而科技创新处于核心地位。美国、日本、德国等国家之所以被称为经济强国，最主要的原因在于这些国家具有强大的科技创新能力，掌握一批核心关键技术，并具备把这些科研成果与关键技术转化为产品的体制和机制。当前，我国已进入全面建成小康社会的决定性阶段，正处于由经济大国迈向经济强国的阶段性进程中，重视科技创新、实施创新驱动发展战略是我国改革发展的一个重大抉择，也是走向经济强国的必然要求。

第三，具备高端化和生态化的产业结构，在全球产业分工中占据有利地位。从根本上说，现代国际经济的竞争是国与国之间产业优势的竞争。具备高端化与生态化的产业结构，并能够在全球产业分工中占据有利地位，是经济强国的基本内涵之一。高端化的产业结构能使一个国家牢牢掌控全球产业链和价值链的高端环节，而生态化的产业结构则可以破解能源资源约束和缓解生态环境压力。目前，全球经济格局深度调整，产业竞争异常激烈，尤其在国际金融危机爆发后，世界主要经济强国纷纷提出"再工业化"战略，试图在新的技术平台上提升制造业、发展新兴产业，并试图继续以核心技术和专业服务牢牢掌控全球产业链和价值链的高端环节。从国内来看，产业结构调整的高端化不够，产业竞争力在全球价值链中处于低端环节，依然是我国经济结构性矛盾最为突出的表现之一。通过产业结构的转型升级，提高产业创新能力和技术水平，改变产品附加值低、产能过剩、高端产品供给不足的状况，将生态文明建设与产业结构调整结合起来，发展资源节约型、环境友好型产业，以破解环境与资源的双重约束，达到产业结构的高端化与生态化，同样是实现经济强国的内涵要求之一。

第四，具有高度的城市化，并形成一批具有国际影响力的城市群。具有较高的城市化率，并形成一批具有国际影响力的城市群，是经济强国的基本内涵。城市是一个国家社会生产力的重要载体，世界发达国家成为经济强国的过程就是其城市化率不断提高的过程。随着城市化的推进，一方面能带动大量农民转化为市民，带动消费水平的提高并引发巨大的消费需求；另一方面，城市化需要大量的基础设施和公共服务投资，从而引发巨大的投资需求，并能引导经济结构优化升级。因此，城市化是一个国家实现经济强国目标的"发动机"。经济强国普遍形成了一个或几个具有国际影响力的城市群，这些城市群成为拉动区域或者国家经济发展的"火车头"，如以纽约为中心的美国东北部大西洋城市群、以东京为中心的日本太平洋沿岸城市群、德国的莱茵—鲁尔城市群等世界性大城市群，成为这些经济发达国家生产力的重要载体。

第五，具有可自由兑换的国际货币，发达稳健的金融体系。本国货币是可自由兑换的货币，能够被国际交易所接受，并成为其他国家的外汇储备货币，同时拥有较大规模的金融资产和发达稳健的金融体系，是一个国家可称之为经济强国的重要内涵。从世界经济强国崛起的历程中可看出，完成工业革命后的英国确立了以英镑与黄金进行自由兑换的国际金本位制度，伦敦成为当时世界的贸易和金融中心，英镑成为当时名副其实的国际货币，为英国成为经济强国提供了金融支撑与便利条件。20 世纪 30 年代末金本位制崩溃以后，"布雷顿森林协定"实际上建立了以美元为中心的国际货币体系，为美国成为经济强国奠定了坚实的基础。当前国际金融在牙买加体系下，虽然国际货币呈现多元化的倾向，但是美元、日元、欧元等作为主要的国际货币，大宗商品定价权的掌控等等，极大地巩固了这些国家的经济强国地位。因此，党的十八大提出的逐步实现人民币资本项目可兑换、推进金融创新、维护金融稳定的战略部署，反映了我国坚定不移推进金融改革开放发展，迈向金融支撑的经济强国的客观要求和必然选择。

第六，在国际经济体系中具有重要地位，拥有较强的国际影响力。一个经济强国能够以强大的经济实力在国际组织和国际事务中发挥影响力，能够在世界经济发展方向上对各国有影响并体现其重要性，能够支撑这个国家在国际格局中应有的战略地位。首先，要拥有一批跨国公司与国际知名品牌。跨国公司是经济全球化的主角，自主品牌则是占领国际竞争制高点的重要象征。其次，要能够在一些重要的国际经济组织中占据有利地位。如世贸组织、经合组织、世界银行、国际货币基金组织等国际性经济组织在全球的经济事务中发挥着越来越重要的作用，美国等国家正是利用这些经济组织不断巩固其经济强国的地位。再次，要能够主导区域性的经济组织。区域经济组织是区域经济一体化的载体，如美国、日本和德国等经济强国分别在北美自由贸易区、亚太经合组织和欧盟等区域经济组织中占据主导地位，这些组织为维护这些国家的区域经济利益提供了平台。最后，还要在国际经济规则制定方面起着重要作用。一个国家能否在国际贸易规则、国际金融规则等制定过程中发挥重要作用，是判断其是否具有国际地位和国际影响力的重要标志。

基于以上关于经济强国基本内涵的研究，课题组在借鉴吸收国际国内关于综合国力评估、国家竞争力等评价模型以及上海社科院世经所的经济强国指标体系等现有成果的基础上，提出一个较为简洁的指标评价体系来量化经济强国。

应当说，经济强国的内涵可从不同的角度进行量化，比如衡量一个国家的国际贸易与国际金融实力，有学者提出可以用国际储备货币占比、FDI净流量、贸易占GDP比重等指标加权平均得到开放度水平指数来计算，这值得进一步研究。[①] 我们基于充分考虑体现经济强国的基本内涵，又基于易于计算和便于理解的原则，从以下五个指标进行设计。

第一，国内生产总值的世界占比。其中"世界排名靠前的经济规模和较高的人均收入"的基本内涵，可以用一个国家GDP的世界占比来表征。这个指标既能够反映一个国家的经济总量，同时还能够反映这个国家的经济总量在世界所有国家的份额占比，即既反映总量水平，又反映相对水平。从整体上看，国内生产总值的世界占比是衡量一个国家是否是经济强国的门槛条件，一个经济强国首先必须是经济总量大国。按照现有的衡量标准，根据专家调查法的研究结果认为：世界经济强国的入门条件之一是一个国家的经济总量应占到世界经济总量的6%左右。

第二，科技创新水平指数。具有强大的科技创新能力是由经济大国迈向经济强国的关键因素。"具有很强的科技创新能力"的基本内涵可以用"科技创新水平指数"来衡量，根据数据的可得性原则，我们用从事研发的科学家数

---

① 魏礼群：《由经济大国到经济强国的发展战略》，载《新华文摘》2013年第18期。

量、发明专利数量、科技期刊发表论文数量和研发经费这四个二级指标来描述和刻画科技创新水平指数。其具体的计算方法为，通过查阅 WDI 数据库，分别得到某一个国家从事研发的科学家数量、发明专利数量、科技期刊发表论文数量和研发经费的具体数据，再将这些数据进行加权平均计算得到科技创新水平指数。

第三，服务业产值占比。现代经济强国都具有高度化与生态化的产业结构。从经济强国的基本内涵出发，表征一个国家的生态化产业结构较为困难。我们用服务业产值在整个国内生产总值的所占比重，来衡量经济强国应"具备高端化和生态化的产业结构"这一基本特征。当然，用"服务业产值占比"并不一定能够非常全面而准确地表达"高端化"与"生态化"这两个内涵关键词，比如，现代战略性新兴产业就代表"高端化"的产业方向，这就无法用"服务业产值占比"表现出来。因限于理论研究的不完善与数据的可得性，我们暂且用这一指标进行一个经济强国产业结构的大致估计。根据专家调查法的研究结论：一个具有高度化与生态化产业结构的经济强国，服务业产值占 GDP 的比重应在 70% 左右。

第四，城市化率。城市是一个国家社会生产力的重要载体，城市化是一个国家现代化的重要内容，也是衡量一国现代化水平的重要标志，一个经济强国往往具有较高的城市化率。城市化率一般是指一个国家的城市人口占该国家全部人口的比重，这个指标容易理解，也较容易获得。值得指出的是，因中国有户籍制度这一特殊制度安排，中国的城市化率指的是城市常住人口在总人口中的占比，如果按户籍人口计算的话，中国的城市化率目前只有 36% 左右。在 WDI 的数据库中，只要输入某个国家的名称，就能够直接得到这个国家在某个时间节点上的城市化率。按照专家调查法的研究结果，一般认为发达国家的城市化率普遍超过 70%。

第五，国际储备货币占比。一个国家的本国货币能被世界上其他国家作为流通、计价、结算货币，尤其作为储备货币，则无可置疑地反映了这个国家在国际经济体系中地位和影响力，是一个国家经济实力强大的集中体现。当前，我国学术界和政策界在热议的有关"人民币国际化"问题，其中人民币在国际储备货币中的占比高低就是要衡量人民币是否达到国际化目标的重要指标。从整体上看，美元、欧元、英镑和日元是当今世界上的四大国际储备货币，这些国际货币的具体占比数值，可以在世界货币基金组织（IMF）公布的《外汇储备构成（COFER）》研究报告中找到。按照专家调查法的研究结果认为：一国货币如果能在世界储备货币中占到4%左右，则可被认为是一种国际化货币。

若再结合世界经济大国的相关理论研究成果，我们可以用经济总量、人均国内生产总值、制造业产值、贸易进出口总额、外汇储备总额这五个指标来表征世界经济大国，那么，就可以与经济强国指标体系形成一个比较和对照。世界经济大国与经济强国的指标体系比较如表1所示。

表1　世界经济大国与经济强国的指标体系比较

	世界经济大国	世界经济强国	迈入经济强国的理论阈值 **
一级指标体系 *	经济总量	国内生产总值的世界占比	超过6%
	人均国民生产总值	科技创新水平指数	世界前五强
	制造业产值	服务业产值占比	超过70%
	贸易进出口总额	城市化率	超过70%
	外汇储备总额	国际储备货币占比	超过4%

资料来源：参考了 IMD、WEF 等机构关于进行国际竞争力定量分析的相关指标。

* 为简化起见，该表格未列出二级指标体系。

** 该理论阈值以世界经济强国指标为参考标准。

三、从经济大国到经济强国的国际比较

以史为鉴，可以知兴替。15世纪以来，先后有葡萄牙、西班牙、荷兰、英国、法国、德国、日本、俄罗斯和美国这九个国家成为世界性的经济大国，美国、日本和德国则是当今世界上名副其实的经济强国。15世纪的葡萄牙拉开了人类航海的序幕，将海上探险和殖民贸易结合起来，成为人类历史上第一个真正意义上的全球性经济大国。16世纪的西班牙在地理大发现之后，凭借殖民美洲与亚洲所获财富，很快成为世界性的经济大国。17世纪的荷兰依靠金融创新、殖民扩张和海外贸易，迅速确立了其海上霸主的地位，并替代了葡萄牙和西班牙的经济大国地位。18世纪的中后期，工业革命首先在英国发生，随后，德国、美国和日本等国家紧紧跟上工业革命的浪潮，实现了国家的现代化与经济强国的目标。

我们可运用经济强国指标体系来做进一步的量化比较分析。世界经济强国相关指标的数据来自世界银行的世界发展指标（WDI）数据库和世界货币基金组织（IMF）的研究报告等。其中，世界发展指标（WDI）数据库共有超过575个的经济与社会发展指标，涵盖了世界上220多个国家从1996年至今的数据，包括经济、社会、金融、自然环境、环境等几十个大类的指标。这个数据库既可以通过购买数据库光盘获得，也可以在世界银行的网站上进行浏览查阅。我们研究经济强国指标体系样本的选取的原则是，以国内生产总值的世界占比能否占到6%左右作为甄选条件。因2013年世界各国的GDP虽基本都已公布，但考虑到这些国家可能还会对2013年的数据进行调整，故本文采用2012年的经济总量数据。

课题组采用的是"专家调查法"来确定一个国家迈入经济强国的理论阈值。专家调查法又称"专家打分法"或"专家评估法"，是相关领域专家作为索取信息的对象，由专家通过调查研究对某一问题做出判断、评估和预测的一种方法，这种方法通常应用于较难量化的社会科学研究领域。[1]

"专家调查法"研究认为，一个国家迈入经济强国的门槛条件有五个：一是国内生产总值的世界占比至少要达到6%；二是科技创新水平指数要进入世界前五名的行列；三是服务业产值占比要超过70%；四是城市化率不能低于70%；五是国际储备货币占比要超过4%。值得指出的是，我们在评估一个国家是否是经济强国时，并不一定要求这个国家在这五项指标上都迈过理论阈值。通过"专家调查法"进一步得到研究结论：在迈入经济强国理

---

[1] 本书编写组：《打造中国经济升级版》，国家行政学院出版社2014年版，第226页。

论阈值的五项指标中，有四项或四项以上符合门槛条件，就可称之为"经济强国"。

从国内生产总值的世界占比、科技创新水平指数、服务业产值占比、城市化率、国际储备货币占比这五个指标看，其中内生产总值的世界占比、服务业产值占比、城市化率、国际储备货币占比这四个指标可以直接从数据库或者研究报告中获得，而科技创新水平指数则是一个综合指标，需要由从事研发的科学家数量、发明专利数量、科技期刊发表论文数量和研发经费这四个二级指标综合加权计算才能得出。因此，在计算科技创新水平指数时，我们必须首先对其四个二级指标进行标准化处理。

对从事研发的科学家数量、发明专利数量、科技期刊发表论文数量和研发经费二级指标的标准化处理，我们借鉴了联合国人类发展指数的指数分析方法。[1] 该分析方法中标准化数据的具体计算公式如下：

$$指数值 = \frac{X_i - X_{min}}{X_{max} - X_{min}} \times 100$$

其中，X_i 是基础数据库中的原始指标值，X_{min} 是该指标样本数据中的最小值，X_{max} 是该指标样本数据中的最大值。经过该数据标准化处理之后，得到的标准化子数据均为无量纲，具有可比性，且指标值严格在 [0，100] 之间，这样计算出来的指数值能够更好地进行纵向和横向的比较。

从国内生产总值的世界占比看，我国已迈过经济强国的门槛要求。经济规模是衡量一个国家是否是经济强国的重要前提，一个经济强国首先必须是经济总量大国。根据世界银行 WDI 数据库的数据进行核算，2012 年，美国、日本、德国等国家的国内生产总值分别为：16.24 万亿美元、5.99 万亿美元、3.43 万亿美元，各个国家占世界 GDP 总量的比重分别为 21.2%、8.2%、5.0%，其中中国国内生产总值为 8.23 万亿美元，该数值的世界占比为 10.2%（见图 1）。

---

① 具体参见联合国开发计划署：《2001 年人类发展报告》，中国财政经济出版社 2001 年版。

而其他所有在这项指标上无法迈过经济强国所要求的基本阈值要求。从这项指标来看，我国已经具备了迈入经济强国的经济总量门槛条件，但这是经济强国的必要而非充分条件。

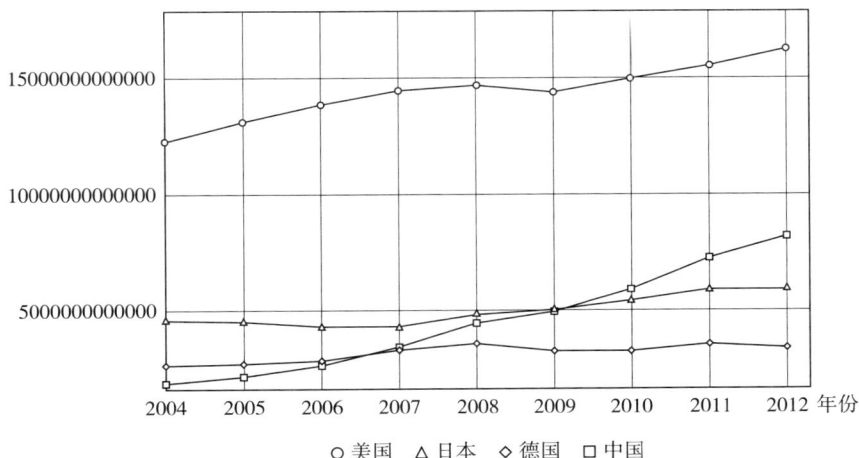

图1　美国、日本、德国、中国的国内生产总值（2004—2012年）

资料来源：世界银行WDI数据库。http://data.worldbank.org.cn/indicator/NY.GDP.MKTP.CD/countries/US-JP-DE-CN?display=graph。

从科技创新水平指数看，我国离经济强国的阈值要求还有较远距离。具备强大的科技创新能力是世界经济强国的核心竞争力所在。科技创新水平指数可以通过从事研发的科学家数量、发明专利数量、科技期刊发表论文数量和研发经费这四项二级指标进行计算得到。按照2012年的相关数据进行分析，科技创新水平指数全世界排名前五位的国家分别是：美国、日本、德国、韩国、英国。而中国的科技创新能力排名仅为第14位，与以科技创新强国支撑的经济强国还有很远的路要走。

值得指出的是，2014年3月份由世界知识产权组织最新发布的2012年度PCT国际专利申请情况报告显示，在2012年全球PCT国际申请排行榜中，位居前列者依次为美国、日本、德国，而中国排名第四，紧随当今世界三大经济强国之后。应当说，我国近些年在科技创新方面已经有了长足进展，我们只要按照党的十八届三中全会提出的关于"深化科技体制改革"战略部署，一步一步实施创新驱动战略，未来一段时期，我国一定会在"科技创新指数"这个指标上得到很大的提升。

从服务业产值占比看，我国的产业结构调整还有很大空间。当今的世界经济强国都走完了工业化的进程，产业结构呈现出高端化的特征，经济理论界一般用"服务业产值占比"指标来表征这一特征。世界银行的统计数据表明，2012 年美国、日本、德国、英国、法国等国家的服务业产值占 GDP 的比重分别为：78.6%、71.4%、71.1%、77.7%、79.8%，而中国的服务业产值占比仅为 44.6%。

《2013 年国民经济和社会发展统计公报》的最新数据显示：2013 年，我国第一产业增加值占国内生产总值的比重为 10.0%，第二产业增加值的比重为 43.9%，第三产业增加值的比重为 46.1%。虽然，我国第三产业增加值占比首次超过第二产业，但第一产业基础不稳、第二产业核心竞争力不强、与世界经济强国相比第三产业比重过低等问题仍然比较突出。从这项指标来分析，我国离经济强国所应具备的产业结构特征的确还有一定距离。

从城市化率看，我国的城市化还有很大的空间。城市化是一个国家现代化的重要内容，一个经济强国必定具有较高的城市化率。据世界银行统计，2012 年美国、日本、德国的城市化率分别为：82.6%、91.7%、74.1%，而我国统计城市化率为 52.6%，户籍城市化率仅有 35%。一般认为，发达国家的城市化率普遍超过 70%，按此标准，我国城市化率有待进一步提高。此外，我国还缺少具有国际影响力的城市群，这也是我国同世界经济强国的重要差距。

当然，基于我国的基本国情，城市化率并不一定要完全比照发达国家的水平，但客观上讲，较高的城市化率是一个经济强国的重要特征之一。我们还需要进一步加快发展中国特色新型城镇化，加紧实施《国家新型城镇化纲要（2014—2020 年)》，稳步提高城镇化的水平和质量。

从国际储备货币占比看，我国离经济强国的占比要求还有较远距离。经济强国往往具备发达稳健的金融体系，其国家货币往往被世界上其他国家作为流通、计价、计算货币，尤其作为储备货币。按照一般的衡量标准，一国货币在世界储备货币中占到 4%，可被认为是一种国际化货币。世界货币基金组织（IMF）美国季度公布的《外汇储备构成（COFER）》报告是研究国际储备货币最权威的数据。

根据 IMF 的《外汇储备构成（COFER）》的最新研究报告显示：截止到 2013 年第四季度，美元、欧元、英镑和日元在国际储备货币中的占比分别为：61.2%、24.4%、4.0%、3.9%，而人民币在国际储备货币中的占比还不到 1%（具体见图 2、图 3）。因此，人民币的国际化程度还比较低，我国距离金融强国支撑的经济强国还较远。

2013–Q4

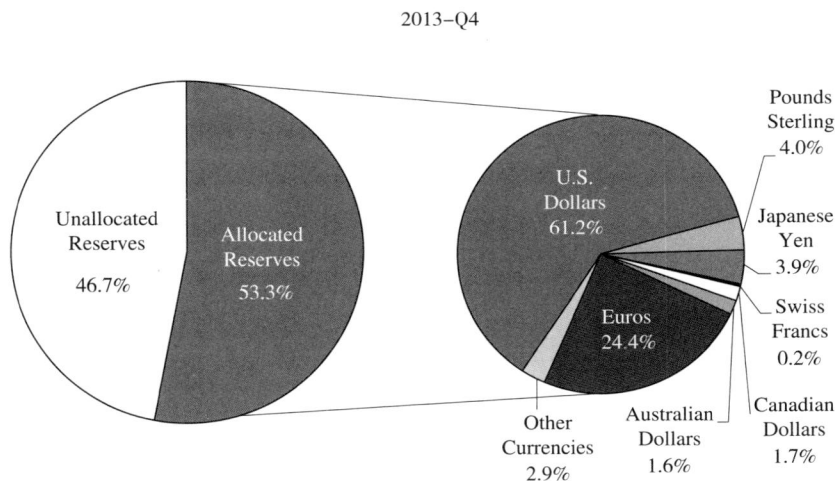

图2　国际储备货币构成示意图（2013年第四季度）

资料来源：世界货币基金组织（IMF）网站，http://www.imf.org/external/np/sta/cofer/eng/。

Billion of US$

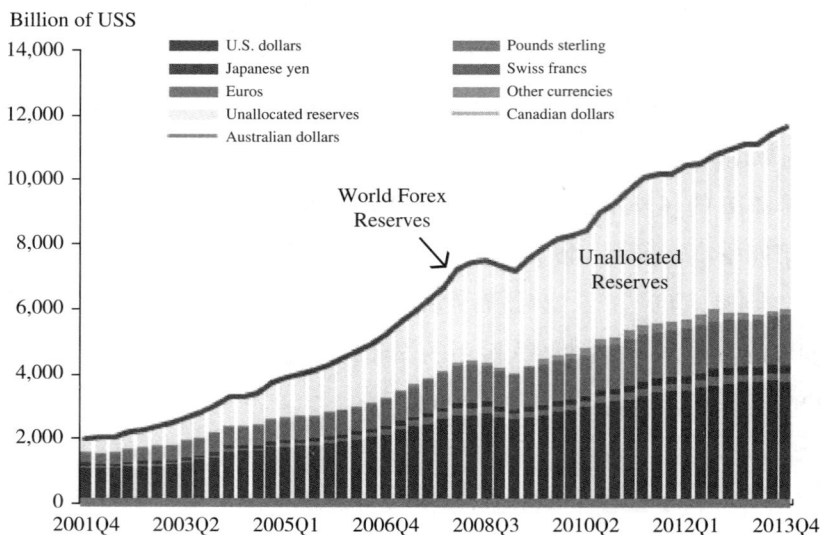

图 3　国际储备货币构成趋势图（2001 年第一季度—2013 年第四季度）

资料来源：世界货币基金组织（IMF）网站，http://www.imf.org/external/np/sta/cofer/eng/。

四、从经济大国到经济强国的国际国内环境分析

15 世纪以来，先后有葡萄牙、西班牙、荷兰、英国、法国、德国、日本、俄罗斯和美国这九个国家成为世界性的经济大国。本报告以上的研究表明，世界性经济强国具有六个方面的内涵和特征：一是具有世界排名靠前的经济规模与较高的人均收入；二是具有很强的科技创新能力，掌握核心关键技术；三是具备高水平和生态化的产业结构，在全球产业分工中占据有利地位；四是具有高度的城市化，并形成一批具有国际影响力的城市群；五是具有可自由兑换的国际货币，发达稳健的金融体系；六是在国际经济体系中具有重要地位，具有很强的国际影响力。[1]

---

① 魏礼群：《由经济大国到经济强国的发展战略》，载《新华文摘》2013 年第 18 期。

2013 年，我国人均 GDP 已超过 6000 美元，按照世界银行的标准，已进入上中等收入国家行列，但离经济强国还有很远的路要走。站在新的历史发展起点上，我们必须准确研判当前国际国内形势，清醒认识我国跨越"中等收入陷阱"的各种挑战与机遇，加快释放大国红利，为早日实现经济强国目标提供有利条件。

从我国面临的各种挑战来看，国际方面的不利因素主要有：

第一，全球性的各种问题交织显现。除了良好的国际经济环境之外，稳定的国际政治环境，也是我国释放大国红利，实现经济强国梦的重要条件之一。近些年来，世界传统和非传统的安全问题，包括气候变化、粮食安全、能源资源安全、大规模杀伤性武器扩散、重大自然灾害、重大传染性疾病等全球性问题交织显现，反映出现有的国际体系不能有效地应对国际社会所面临的新威胁新挑战。近年来，中亚、北非等地区政局动荡不安，气候变化等因素带来的全球生态与环境的压力，给我国加快从经济大国走向经济强国的总体外部环境提出了新的挑战。

第二，世界现有经济强国的制约因素在加剧。中国在经济总量超过日本成为世界第二大经济体之后，世界现有的以美国、日本等经济强国对中国发展的制约因素正在加剧。发达国家为了保持其在国际经济体系中的秩序红利、格局红利，不愿看到一个强大中国的崛起，不惜代价试图掣肘中国经济的发展。反倾销起诉、干涉中国企业的对外投资等事件频频发生，国际贸易摩擦日渐加剧，"中国威胁论"、"唱衰中国论"、"贸易保护论"等大有抬头的趋势。这是制约我国释放大国红利，加快实现经济强国的重要外部因素。

第三，全球经济市场的竞争日趋激烈。当前，国际金融危机对全球经济发展形成严重冲击还未根本消除，全球供给结构和需求结构都正在发生着深刻变化，无论是发达国家还是发展中家都面临调整经济结构的巨大压力。美欧等经济强国相继提出"再工业化"、"2020 战略"、"重生战略"等措施，发展中国家都在努力调整发展模式，重塑和加快发展具有比较优势的产业，抢占国家分工的制高点。这必然导致全球市场争夺更加激烈，各种形式的保护主义纷纷出台，从贸易向投资、技术、就业等各个领域扩散，我国经济发展所面临的外部经济环境挑战日趋严峻。

第四，外部需求短期内难以有明显好转。开放经济既有可能促进一个经济体掉入"中等收入陷阱"，同时也是帮助一个经济体跨越"中等收入陷阱"，实现经济强国的强大推动力。应当说，国际金融危机的深层次影响还在不断显现，世界经济复苏的不稳定性、不确定性上升，面临的下行压力和潜在风险有所加大。欧洲主权债务危机仍在发酵之中，甚至可能向更多成员国蔓延，因此，欧元区有可能出现财政金融风险与经济衰退恶性循环的局面，从而严重影响世界经济复苏进程。新兴工业化国家在短时期内，经济同样很难有很大的改观，这对我国经济发展的外在动力提出了严峻挑战。

国内方面的不利因素主要有：

第一，科技创新能力有待进一步提高。经济研究的基本理论告诉我们："技术创新能力不够，导致投入产出效率低下"是一些经济体掉入"中等收入陷阱"的首要基本特征。而一个经济体若掉入"中等收入陷阱"，那么，实现经济强国之路就无从谈起。从整体上看，我国的科技创新能力偏低，产业技术水平有待进一步提高。近些年来，我国建设创新型国家成效显著，载人航天、探月工程、高速铁路等实现重大突破，但是原创性的发明、关键核心技术的掌握还与世界经济强国有不少差距。我国产学研相结合的技术创新体系尚不健全，自主知识产权和名牌产品不多，新兴产业的带动作用还不强，科技成果直接转化为生产力的能力较弱。国家行政学院经济学部"从经济大国迈向经济强国发展战略"课题组的研究表明：2012年，以从事研发的科学家数量、发明专利数量、科技期刊发表论文数量和研发经费这4项二级指标核算得到的科技创新水平指数，我国在全世界排名仅为第14位。

第二，经济结构调整进展缓慢。"经济过度依赖外需，导致经济无法平稳发展"是一些国家和地区陷入"中等收入陷阱"的基本特征之一，也是制约这些国家迈向经济强国的重要因素之一。从我国的经济运行实际情况看，我国长期依靠外需拉动的经济增长模式，在一系列旨在扩大内需的有力政策支持下，已经有了重大调整。但值得指出的是，现有研究表明：从2000—2013年，我国经济增长中的消费率一直呈现出下降的趋势，而投资率始终处于高位。应当说，扩大内需尤其是扩大消费需求的长效机制还没有建立起来。此外，尽管近些年我国的产业结构调整在不断推进，但第一产业基础不稳、第二产业核心竞争力不强、第三产业比重过低的问题仍然突出。随着我国经济增速的回落，产业结构、需求结构、区域结构等经济结构不合理的问题将进一步暴露。产能过剩问题突出，城乡之间、区域之间发展的差距不断扩大，同样亟待加以解决。

第三，资源环境的约束日渐突出。世界经济史的研究表明：世界上大多数经济体最初的经济增长，都是依靠利用本地区的资源比较优势，依靠短期内大量地增加生产要素投入而形成的。但任何一个国家或地区的劳动力、土地等资源供给都不可能是无限的，到了一定阶段必定会受到瓶颈制约。多年来，我国走着高投入、高消耗、高污染、低产出的经济发展路子，原油、原煤、天然气、铁矿石等重要资源的供给约束因素在加剧。与经济强国相比，我国单位产值所消耗的能源、废水排放量等指标都有很大差距。同时，我国的环境压力进一步加大，雾霾等天气频频发生，这是对传统发展路子的惩罚。转变经济发展方式，提高经济增长的质量与效益，势在必行，刻不容缓。

第四，制约科学发展的体制机制障碍较多。人力资本积累不足、国民收入分配不公等原因，是许多经济体经济发展停滞的重要原因，而这些原因背后的实质是体制机制的严重落后，束缚了这些经济体的快速发展。从我国的实践来看，经济关系中政企不分、政资不分、政社不分、政事不分的现象仍比较突出，财税体制弊端凸显，税制不合理，中央和地方的财力与事权不匹配，现代金融体系有待完善，所有制结构和收入分配结构出现不少新矛盾。比如，在改革进程中，一部分群体如失地农民、农业转移人口等，不能共享改革所带来的红利而引起社会和人民的不满，其中因土地征用、房屋拆迁等利益冲突引发的群体事件时有出现。此外，社会主义民主法治建设还存在一些薄弱环节，社会体制改革、生态文明制度建设都有待深化，这些问题都在制约着我国进一步释放大国红利，加快建设经济强国的进程。

从国际方面的有利因素来看：

第一，经济全球化深入发展，促进共同发展的有利因素在增加。开放经济对于一个经济体来讲是一把"双刃剑"，如果利用得好能极大地助推这个经济体迅速跨越"中等收入陷阱"。当前，全球资本、商品、技术、信息和劳务的国际间流动正在加快，各国都在调整产业结构。世界经济强国正加快将传统产业和现代服务业向劳动力素质较好、成本较低的发展中国家转移，这有利于我们在世界范围内优化资源配置，可以更多地从外部获得生产要素，以促进我国产业结构优化与技术进步。同时，在经济全球化的背景下，有助于我国的产品走向国际市场，提高企业的国际竞争力，增强我国的综合国力，对我国进一步释放市场红利、规模红利和制度红利都具有重要意义。

第二，世界科学技术日新月异，有助于我国发挥后发优势。强大的科技创新能力是帮助一个经济体迈向经济强国的第一推动力。从世界经济史看，每一次经济危机往往都孕育着新的科技革命，而新的科技革命必然带来生产力的巨大提高和新的产业革命浪潮。当前，以信息技术为主导并由此带动新能源、新材料、生物技术、海洋技术等新科技革命方兴未艾，必将在不远的将来形成新的科技浪潮，而以信息技术和新能源技术相结合的"第三次工业革命"已经迎面向我们扑来。随着经济全球化的发展，我国通过引进、再创新等途径吸收消化发达国家的一些关键技术，并大幅度提高我国的自主创新能力已是大势所趋。在此背景下，我国就有可能发挥后发优势，顺应世界经济科技发展潮流，实施建设创新型国家、人力资源强国、海洋强国等强国战略，加快提升科技创新能力和加强人力资本积累，为加快释放大国红利提供强大的内生动力。

第三，国际金融危机影响深远，世界经济格局深度调整。从研判国际宏观形势的角度看，当前，在国际金融危机和债务危机的巨大冲击下，欧美等经济强国经济实力相对下降，经济也呈现出缓慢复苏趋势，而中国等新兴经济体率先回升并引领世界经济复苏，并成为世界经济增长的主要引擎。2008年国际金融危机的爆发，世界各经济体尤其是新兴经济体对以美元等货币为主导的国际金融体系提出了挑战，要求对世界货币体系进行改革的呼声日渐高涨，这为我国加快推进国内金融体系改革，加速迈向世界经济强国提供了难得的历史机遇。

第四，和平发展仍是时代主题，国际形势总体稳定。我国释放大国红利，加快实现经济强国梦的重要条件之一就是要有一个比较稳定的国际经济与政治环境。从目前的国际政治形势看，虽然局部战争时有发生，但和平与发展仍是时代主题，维护和平、制约战争是全世界人民的心愿，新的世界大战短期内打不起来，我们有可能争取到较长时间的和平国际环境。国际货币基金组织、世界银行等世界经济组织的治理结构改革已经迈出重要步伐。我国利用上合组织、博鳌论坛等全球性对话平台，有力地促进了我国参与全球经济治理，推动全球治理机制变革的进程。应当说，国际形势的总体稳定，为我国加快迈向经济强国提供了一个良好的外部环境。

从国内方面看我国迈向经济强国的机遇，主要有以下几个方面：

第一，我国经济具备更大发展的实力。从经济总量看，2011 年我国 GDP 达到 7.30 万亿美元，跃居世界第二位，经济总量仅次于美国；2013 年我国 GDP 超过 9.18 万亿美元，继续位居世界第二位。从人均收入看，2013 年天津、北京、上海等省市的人均 GDP 已接近或超过波兰、匈牙利等一些欧美中等发达国家的水平。从外汇储备看，我国的外汇储备总量已连续七年稳居世界第一。从整体上看，国家的综合实力不断增强，能够抵御国际国内市场的经济风险、持续扩大经济规模与人均收入水平，这是我国实现经济强国梦的重要基石。

第二，经济发展的物质技术基础更加巩固。世界著名经济史学家安格斯·麦迪逊认为，物质资本积累是决定一个经济体人均产出持续高增长的四大因素之一。回顾我国的经济发展史，经过新中国成立 60 多年特别是改革开放 30 多年以来的建设和发展，我国经济实力和综合国力大为提升，保障可持续发展的物质技术基础和内生动力不断增强。目前，我国产业体系比较完整，培育和发展新兴产业取得积极成效；基础设施日益完善，能源保障和交通运输能力显著提高；财政金融体系运行稳健，社会资金相对充裕，人力资本积累水平快速提高等等，都为我国进一步释放大国红利奠定了坚实的物质技术基础。

第三，城镇化建设能够为经济发展提供内生动力。从一般理论来看，城镇化虽然不是直接帮助一个经济体跨越"中等收入陷阱"，迈入经济强国行列的主要因素，但是其却是一个综合影响因素。城镇化这张"王牌"，如果利用得好，就有可能帮助我国带来提升科技创新、加强人力资本积累等有利因素；如果利用得不好，就有可能带来"贫民窟"、激化社会矛盾而掉入"中等收入陷阱"等负面影响。当前，我国城镇化已经进入到新的发展阶段，城镇化不仅是保持我国经济持续发展的强大支撑，也是我国扩大内需的巨大潜力所在。城镇化进程的持续发展，有利于带动国内消费和投资，带动产业结构转型升级，通过资源整合和优化配置、聚集人力资源等，增强创新动力和能力，促进科技进步，推动我国进一步释放大国红利。

第四，政治优势的充分发挥为经济发展开辟广阔道路。中国社会主义的政治优势和制度决策优势，是我国迈向经济强国的坚强后盾和有利因素。决策果断是我国高层决策机制的最大特点，这与我国的政治体制优势有密切联系。经过长期的艰辛探索，在中国共产党领导下，已经形成了中国特色社会主义理论体系，成功地开辟了中国特色社会主义道路，建立了中国特色社会主义制度。全国人民凝聚着道路自信、理论自信和制度自信的无穷力量，这种力量可以攻坚克难，可以攀登高峰，可以创造人间奇迹，也可以帮助加快从经济大国走向经济强国。

五、从经济大国到经济强国的战略目标

研究从经济大国到经济强国的战略目标，首先要考虑经济总量目标问题。我们运用 2012 年的中国和美国的经济总量数据，并依据一定的经济增长率，对我国的经济总量趋势做一简要的分析和估计。在此基础上提出从经济大国到经济强国的战略目标。根据数学基本原理，经济增长是以复指数的形式进行增长的，故经济总量的计算公式可以表示为：

$$GDP_t = GDP_s \times (1 + 年经济增长率)^{s-t}$$

其中，GDP_s 是指一个国家在某个基期的经济总量，GDP_t 是指当期的经济总量。从经济总量的计算公式可以看出，估计未来某一个时间节点的经济总量，最关键的是确定年经济增长率。

首先，分析中国未来一段时期的经济增长率。从目前我国的经济增长和发展结构看，我国长期积累的结构性矛盾已经在逐步凸显，内需结构、产业结构、城乡结构、区域结构、收入分配结构这"五大结构"的失衡，使得我国经济发展的结构性矛盾日益突出。随着我国深入实施建设科教兴国战略、创新型国家战略、人才强国战略等有利于经济结构调整的发展战略，我国及时主动调整经济增长预期与增长速度，我国经济开始逐步由高速转向中高速增长。

因此，课题组的研究认为：从 2014 年到 2050 年，我国经济增长率的数值估计可以分为四个阶段，第一阶段是从 2014 年到 2020 年，我国经济增长先从高速转入中高速，增长速度控制在 7% 左右，这个阶段是我国第一个百年奋斗目标的战略机遇期，这样的增长速度能够为全面建成小康社会提供有力保障。第二阶段是从 2020 年到 2030 年，我国经济增长从中高速转入中速增长，增长速度预计在 6% 左右。第三阶段是从 2030 年到 2040 年，这个阶段的经济增长速度估计在 5% 左右。第四阶段是从 2040 年到 2050 年，经济增长速度预计在 4% 左右，届时经济总量将达到 63.65 万亿美元左右（见表 2）。

表 2　2014—2050 年中国经济总量预测表

年份	预计年均经济增长率	预计经济总量（万亿美元）
2014—2020 年	7%	14.74
2020—2030 年	6%	26.40
2030—2040 年	5%	43.00
2040—2050 年	4%	63.65

再次，看美国未来一段时期的经济增长率。根据美国政府发布的《2013 年第四季 GDP 修正报告》显示，2013 年第四季度，美国经济增长率为 2.4%，较第三季度的 3.2% 下降 25%，也低于市场预期的经济增长率。从近几年美国的经济增长的贡献构成及经济增长率的实际数据来看，其数值基本维持在 3% 左右（具体见图 4）。因此，课题组将从 2013 年到 2015 年美国经济增长率的数值估计为 3%。

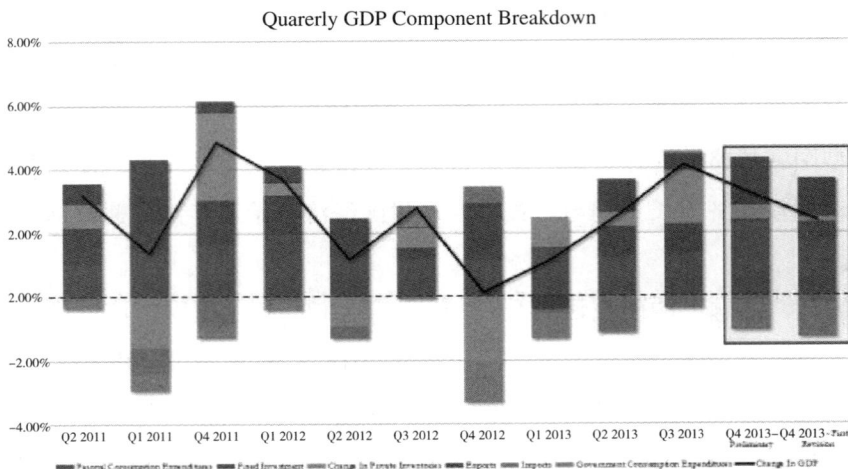

图 4　自 2011 年以来美国经济增长的贡献构成与经济增长率

资料来源：http://www.freepatentsonline.com/article/Business-Economics/54035910.html。

按照 2012 年美国的经济总量为 16.24 万亿美元，中国的经济总量为 8.23 万亿美元作为基数，预期到 2020 年的节点上，分别以 3%和 7%的经济增长率进行核算的话，美国和中国的经济总量分别为：20.57 万亿美元、14.74 万亿美元；在 2020 年的基础之上，美国和中国若分别以 3%和 6%的经济增长率来进行核算的话，预期到 2030 年的节点上，两国的经济总量分别为：27.64 万亿美元、26.40 万亿美元。故如果按本文提出的经济增长公式和经济增长率进行估算的话，到 2050 年这个时间节点上，中国的经济总量将会远远超过美国。依据本文提出的计算方法，我们研究认为：预计到 2030 年左右，中国经济总量将会与美国的经济总量大体上持平；估计在 2035 年左右，中国经济总量将会超过美国，成为世界第一大经济体。

根据以上研究，我国建设经济强国的战略步骤和具体目标可表述为"两步走"：

第一步：在中国共产党成立一百年时，我国国内生产总值达到 20 万亿美元左右，人均收入超过 1.5 万美元，城镇化率达到 60%左右，实现全面建成小康社会的目标。

第二步：在新中国成立一百年时，我国国内生产总值达到 60 万亿美元左右，经济总量的世界占比达到 20%左右；科技创新水平指数迈入世界前五名国家的行列；服务业产值占 GDP 的比重达到 60%左右；具有一批跨国企业与世界知名品牌；城镇化率达到 70%左右，形成一批具有国际影响力的城市群；人民币成为国际货币，并在国际储备货币中的占比达到 4%左右。到那时，我们可以圆满实现经济强国目标与中华民族伟大复兴的中国梦。

六、从经济大国到经济强国的战略任务

我国当前正处于全面建成小康社会的决定性阶段，党的十八大已制定未来时期我国社会主义现代化建设的战略部署，要求全面推进经济建设、政治建设、文化建设、社会建设、生态文明建设和体制改革，打造中国经济升级版。纵览国际国内大环境的机遇与挑战，要使我国顺利实现由经济大国向经济强国的历史性转变，需要抓紧落实以下"八大战略任务"。

战略任务一：实行经济持续健康发展战略。在未来相当长的发展阶段中，必须继续坚持以经济建设为中心不动摇。持续扩大经济总量，不仅是实现经济强国的重要条件，更是增加社会财富、改善人民生活、促进社会进步的必然要求。因此，一是要努力保持经济长期稳定增长。同时，必须把提高经济增长质量和效益放在首位，在注重提高经济增长质量和效益的基础上，不断扩大经济总量，推动经济更有效率、更加公平、更可持续发展。党的十八大报告提出国内生产总值十年翻一番的目标要求，同时又提出要把经济发展的立足点转到提高质量和效益上来。这表明一方面要保证经济总量的持续增长，另一方面要在提高经济质量和效益上下更大的功夫。必须切实转变经济发展方式，这是贯彻落实科学发展观的内在要求。要坚持扩大内需为主的方针，改善需求结构，努力扩大消费需求，促进经济发展良性循环。二是要加快推进中国特色新型工业化、信息化、城镇化、农业现代化，促进"四化"协调发展、良性互动。三是要积极稳妥推进城镇化，着力提高城镇化质量，逐步形成一批具有国际影响力的城市群，使其成为带动区域与全国经济发展的"火车头"。四是要把握好国内和国际两个大局，努力开拓国内和国际两个市场，为扩大经济总量提供广阔的发展平台。五是要推动能源资源的生产和消费革命，着力提高能源资源利用效率和效益，有效控制能源资源消费总量，降低能源资源消耗，使经济发展更多依靠节约能源资源和循环经济的推动，从而实现经济长期可持续发展。

战略任务二：实行优化经济结构战略。大力推进经济结构战略性调整，包括产业结构、技术结构、企业结构、区域结构。一是坚持把解决好农业、农村和农民问题作为全国经济工作的重中之重。加快发展现代农业，增强农业综合生产能力，确保国家粮食安全和重要农产品的有效供给，这是在十三亿多人口大国推进现代化建设必须始终抓好的头等大事。二是要大力促进第一、二、三产业协调发展，着力构建现代产业发展新体系，坚持大力发展制造业特别是先进制造业，加快传统产业转型升级，不失时机发展新兴产业，坚持合理布局建设基础设施和基础产业。要大力推动服务业特别是现代服务业的发展壮大。注重发挥工业在实体经济中的主体作用，促进我国从工业大国向工业强国转变。加强财税、金融、投资政策与产业政策的协调配合，发挥国家政策的导向作用。三是要坚持把生态文明建设作为优化产业结构的基本要求，使经济发展更多依靠现代服务业和新兴产业带动，大力发展环保产业，着力推进绿色发展、循环发展、低碳发展。继续实施区域发展总体战略，充分发挥各地区比较优势，推动区域协调发展。

战略任务三：实行创新驱动发展战略。具有强大的科技创新能力是迈向经济强国的战略支撑，必须摆在建设经济强国的核心位置。一是要坚持走中国特色自主创新道路，以全球视野谋划和推动创新，提高原始创新、集成创新和引进消化吸收再创新能力，更加注重协同创新，加强技术集成和商业模式创新。二是要深化科技和教育体制改革，加快建设国家创新体系，着力构建以企业为主体、市场为导向、产学研相结合的国家创新体系。着力提高教育质量，统筹各类创新人才发展，建设人才强国和人力资源强国。三是要完善知识创新体系，强化基础研究、前沿技术研究、社会公益技术研究，提高科学研究水平和成果转化能力，抢占科技发展战略制高点。四是要完善科技创新评价标准、激励机制、转化机制。完善科技创新政策环境，深入实施知识产权战略，加大知识产权保护，不断健全创新的法治环境，促进创新资源高效配置和综合集成，把全社会智慧和力量凝聚到创新发展上来。

战略任务四：实行加快体制改革战略。深化体制改革，推动机制创新，破除一切阻碍科学发展的体制机制，是我国由经济大国向经济强国转变重要而紧迫的任务。在全面深化经济体制改革的同时，还需要推进政治体制、社会体制、文化体制、生态文明体制等改革创新。一个经济体只有具备良好的体制机制，才能保证市场的有序竞争，保证各种生产要素平等参与市场交换，才能最大限度地激发市场主体的活力，充分调动广大干部群众干事创业的积极性、创造性。一是要按照党的十八大提出的到2020年构建系统完备、科学规范、运行有效的制度体系，使各方面制度更加成熟更加定型的目标要求，加快体制改革步伐。二是要加快完善社会主义市场经济体制，完善以公有制为主体、多种所有制经济共同发展的基本经济制度，完善按劳分配为主体、多种分配方式并存的分配制度，更大程度更大范围发挥市场在资源配置中的基础作用，完善宏观调控体系和开放型经济体系。三是特别要加快财税体制改革，着力支持创新发展，形成有利于结构调整、促进科学发展的财政税收制度。四是要深化金融体制改革，稳步推进利率和汇率市场化改革，推进外汇储备管理体制改革，逐步实现人民币资本项目的可兑换，稳步推进金融创新和金融开放，为人民币成为国际货币奠定基础。五是要积极稳妥推进政治体制改革，加快推进社会主义民主政治制度化、规范化、程序化，从各个层次各个领域扩大公民有序政治参与，建设社会主义法治国家，实现国家各项工作法治化。六是要加快社会体制改革、文化体制改革，健全生态环境保护体制机制。扎实推进社会主义文化强国建设，加强和创新社会管理，推动社会主义和谐社会建设，加快生态文明建设，为我国建设经济强国创造良好的政治、经济、文化、社会环境。通过加快改革步伐和转变发展方式，把我国经济发展活力和竞争力提高到新的水平。

战略任务五：实行建设海洋强国战略。党的十八大报告提出，"提高海洋资源开发能力，发展海洋经济，保护海洋环境，坚决维护国家海洋权益，建设海洋强国"。这是国家一个前所未有的重大发展战略，必须全面贯彻实施。我国有辽阔的海洋国土，实行建设海洋强国战略是突破资源约束和市场约束的重要途径。建设海洋强国不仅关系到我国对海洋资源的合理开发，而且关系到我国的国土安全和经济社会的可持续发展。据统计，我国对外贸易运输量的90%是通过海上运输完成的，我国已成为高度依赖海洋的开放型经济，海上运输通道安全直接关系着我国的经济命脉和经济安全。着力实施海洋强国战略，一是要提高海洋资源开发能力，加大海洋资源特别是海底资源的调查与开发，大力发展海洋经济，成为海洋经济强国。二是要坚持保护海洋生态环境。海洋生态文明是我国生态文明建设不可或缺的重要组成部分，要保障海洋资源的可持续利用。三是要有效管理、控制部分海域，提高海洋维权执法能力，坚决维护国家海洋权益。提高海洋军事实力，建设强大的海军，为维护我国的海洋权益保驾护航。四是要开展多方面的国际海洋合作，维护中国国际贸易的海上通道安全，以确保我国海外战略资源的利用和经济安全。五是要加强海洋行政管理体制和海上执法体制建设，要强化海上维权执法协调机制。通过海洋管理体制机制的改革和创新，为建设海洋强国提供有力的保障。

战略任务六：实行人力资源强国战略。1979年，诺贝尔经济学奖获得者舒尔茨最早提出了"人力资本"的概念。具体地讲，人力资本是指对人力进行投资所形成的资本，是人的体能、技能、知识和经验的综合体现。随着全球经济一体化和知识经济时代的到来，人力资本的重要性已经越来越被认识和接受，人力资本日益成为一国的核心竞争力，对政治、经济、社会、文化和生态的发展具有关键作用，是一个国家由经济大国迈向经济强国的重要支撑力量。我国是人口大国，但不是人力资源强国。要实现"两个百年"的奋斗目标，实现经济强国梦，必须加快实施人力资源强国战略。一是要加快实施科教兴国战略，深化教育领域综合改革，创新高校和科研院所人才培养体制机制，大力促进教育公平与教育普及。二是要逐步调整完善生育政策，促进人口长期均衡发展，进一步深入研究预防性优生学和进取性优生学，加强遗传咨询、检查、筛查、诊断等服务，为推动人力资源积累提供优质人口基础。三是要进一步提高我国医疗保健水平，促进优质医疗资源纵向流动，加强区域公共卫生服务资源整合，逐步理顺医药价格体系，提高我国人口的营养补给水平，为造就高素质的劳动力提供医疗保健支撑。四是要加强农民工职业技能培训，使工人的技术素质有大幅度提高，并深化农民工随迁子女教育体制改革，为创造新人口红利创造条件。五是要积极应对老龄化趋势，加快建立社会养老服务体系和发展老年服务产业，积极研究和审慎对待推迟退休年龄制度建设，挖掘早期老年人的劳动力资源潜力。

战略任务七：实行人民币国际化战略。2008 年金融危机的爆发和蔓延，不仅深刻影响并改变着世界经济版图，而且将现行国际货币体系的内在缺陷暴露无遗。从长远看，中国要完成经济大国向经济强国的转变，客观上对人民币国际化提出要求。可以说从制造业博弈到货币博弈，是从有形的产品之争到无形的货币之争，这是中国未来三十年经济发展模式的"颠覆性"革新，是国之利器的解构与重铸。国际经验表明，一国或一个区域的货币成为国际货币本位币主要依靠该区域的综合实力。课题组建议人民币国际化的"路线图"可概括为：30 年两个"三步走"。其一，在人民币崛起的使用范围上，第一个十年是"周边化"，要完成人民币在周边国家和地区的使用。第二个十年是"区域化"，在整个亚洲地区使用。第三个十年是"国际化"，成为全球重要的关键货币；其二，在人民币充当世界货币的功能上，第一步是"贸易结算化"，人民币在贸易结算当中充当国际结算货币。第二步是"金融投资化"，人民币在国际投资领域中作为投资货币。第三步是"国际储备化"，即人民币成为国际最重要的储备货币之一。

战略任务八：实行更加积极主动开放战略。我国 30 多年对外开放的伟大实践，在"引进来"和"走出去"的战略指导下，我国的开放型经济取得了快速发展，有力地增强了我国的国际地位与影响力，要使我国经济在国际经济体系中具有更加重要地位和更大国际影响力，在迈向经济强国的征程中，我国要进一步适应全球化新形势，扩大对外开放，不断完善开放型经济体系。一是要创新与发达国家的合作模式，完善合作机制，拓展合作领域，创新对外援助方式，加快实施自由贸易区战略，利用好上海自由贸易区这个创新载体，加快建设贸易强国的步伐。二是要加快与周边国家的合作交流，加紧研究"一带一路"的发展规划，充分利用周边国家的比较优势，为我国加快迈向经济强国提供良好周边环境。三是要加快从投资大国向投资强国迈进。从贸易大国到投资大国、从商品输出到资本输出，是开放型经济转型升级的必由之路。我们要加快实现从"引进来"向"引进来"与"走出去"并重的战略方向转变，鼓励中国企业对外直接投资。四是要积极参加国际博弈与全球治理，充分利用好二十国集团、上海经合组织等全球治理平台，争取我国在全球治理体系中占据更加有利的地位。同时，要提高抵御国际经济风险能力，使我国经济能够在世界经济的风云变幻中始终奋力前行，实现建成世界经济强国的宏伟目标。

七、从经济大国到经济强国的重大配套改革举措

党的十八届三中全会对我国全面深化改革问题，做出了全面的战略部署和顶层设计，这也为我国进一步释放大国红利，加快从经济大国走向经济强国提出了时间表和路线图。事实上，改革开放是决定当代中国命运的关键一招，是决定实现两个百年奋斗目标、实现中华民族伟大复兴的关键一招，也是我们释放大国红利的关键一招。当前，中国经济已逐步进入由高速向中高速转换的"新常态"，我们必须以党的十八届三中全会、四中全会为契机，以经济体制改革为重点，积极落实重要领域和关键环节的战略任务，加强改革的系统性、整体性和协同性，为我国加快迈向经济强国保驾护航。

第一，坚持和完善基本经济制度，推进国家经济治理体系和治理能力现代化。当一个低收入经济体发展到一定阶段时，如果其不能够及时对政策举措加以调整，就有可能出现权贵资本控制国民经济命脉的状况，并导致寻租和垄断的大量发生，最终造成掉入"中等收入陷阱"的风险。从我国的经济发展实践看，以公有制为主体、多种所有制经济共同发展是我国社会主义市场经济的基本经济制度，也是中国特色社会主义制度的重要支柱。我国要实现跨越"中等收入陷阱"，迈向经济强国的历史性转折，就必须有效推进经济体制改革，充分发挥各种所有制经济的比较优势，必须充分发挥一切劳动、知识、技术、管理、资本的活力，必须充分发挥一切创造社会财富主体的积极性、主动性和

创造性，坚决防止权贵资本渗入国民经济领域。同时，要通过不断完善国有资本、集体资本、非公有资本等交叉持股、相互融合的混合所有制经济实现形式，推进国家经济治理体系和经济治理能力现代化，以真正激发各种所有制经济的活力和创造力，为释放大国红利，加快迈向经济强国提供可靠的制度保障。

第二，深化科技体制改革，坚持走中国特色自主创新道路。应当说，具有强大的科技创新能力是我国释放大国红利，加快迈向经济强国的战略支撑，必须摆在核心位置。事实上，技术创新具有很强的外部扩散性，这种"创新红利"能够很快地使其他国家受益。具有强大的科技创新能力是迈向经济强国的战略支撑，必须摆在建设经济强国的核心位置。我国已实施了"863"计划、国家科技支撑计划、科技重大专项等科技计划，设立了科技型中小企业技术创新基金、科技型中小企业创业投资引导基金等重大政策举措，但客观讲，我们的很多产业竞争力不强、核心技术受制于他人，仍然是不争的事实。研究表明，2013 年中国的科技创新能力世界排名仅为第 12 位，这与中国的经济大国地位极为不相配。同时，物理、化学、医学等领域的诺贝尔奖至今与中国无缘。课题组建议国家层面重点推进"三个强化"：一是强化对企业技术创新的源头支持，鼓励企业围绕市场需求建立研发机构；二是强化对发展科技服务行业的支持，为从产品研发到走向消费终端提供市场化服务；三是强化开放式科技创新，以全球视野谋划和推动创新。

第三，加快完善现代市场体系，发挥市场在资源配置中的决定性作用。前面已论述，市场红利是大国红利的重要组成部分。从世界经济史的角度看，实现经济强国目标的国家都是市场经济发育很完善的国家，只有具有完备的市场体系，才能够有效释放市场红利，从而带动大国红利的释放。党的十八届三中全会着力指出："经济体制改革是全面深化改革的重点，核心问题是处理好政府和市场的关系，使市场在资源中起决定性作用和更好发挥政府作用。"事实上，市场决定资源配置是市场经济的一般规律，市场经济本质上就是市场决定资源配置的经济。使市场在资源配置中起决定性作用，这对于进一步理顺政府和市场关系，加快转变政府职能，激发市场活力具有重要意义。按照党的十八届三中全会的战略部署，加快完善现代市场体系，我们要逐步建立公平开放透明的市场规则，完善主要由市场决定价格的机制，注重发挥市场在形成价格中的作用，逐步建立城乡统一的建设用地市场，积极完善金融市场体系等重大举措，这是我国释放大国红利，实现从经济大国迈向经济强国的重要路径选择。

第四，加快转变政府职能，更好发挥政府在经济治理中的作用。从经济体制改革的历程看，我国30多年改革历程的实质就是：从高度集中的计划经济体制向充满活力的社会主义市场经济体制转变，而这个过程本身也是不断转变政府职能，更好发挥政府在经济治理中作用的过程。当前，我国正在深入推进行政审批制度改革，将那些含金量高的、管用的，真正能激发市场活力的审批事项彻底放给市场、放给企业。统计数据表明，截止到2014年9月底，新一届政府已经累计取消和下放行政审批等事项600多项，极大地激发了经济增长的内在活力和内生动力。我们要进一步在全国范围内实施工商登记制度改革，逐步落实好注册资本改革措施，将企业年检制度改为年报公示制度，坚持宽进严管原则，从而不断强化政府服务管理职能，加强事中事后监管，不断创新监管和服务方式，逐步转变服务管理方式、提高服务管理效能，为成功跨越"中等收入陷阱"，加快走向经济强国提供一个法治政府、阳光政府和善治政府。

第五，深化财税体制改革，进一步健全现代财政制度。2014年6月30日，中央政治局召开会议，审议通过了《深化财税体制改革总体方案》。这是我国深化财税体制改革，促进经济治理现代化的重要举措。从整体上看，经济体制改革是全面深化改革的重点，而财税体制改革则是经济体制改革的重中之重。深化财税体制改革的目标是建立统一完整、法治规范、公开透明、运行高效，有利于优化资源配置、维护市场统一、促进社会公平、实现国家长治久安的可持续的现代财政制度。我们重点改进预算管理制度，强化预算约束、规范政府行为、实现有效监督，加快建立全面规范、公开透明的现代预算制度；要优化税制结构、完善税收功能、稳定宏观税负、推进依法治税，建立有利于科学发展、社会公平、市场统一的税收制度体系，要充分发挥税收筹集财政收入、调节分配、促进结构优化的职能作用；要进一步调整中央和地方政府间财政关系，在保持中央和地方收入格局大体稳定的前提下，逐步理顺中央和地方收入划分，合理划分政府间事权和支出责任，促进权力和责任、办事和花钱相统一，建立事权和支出责任相适应的制度，这是我国加快从经济大国迈向经济强国的重要体制改革举措。

第六，深化新型城乡体制机制改革，积极稳妥推进城镇化。当前，我国城乡发展不平衡不协调，是我国经济社会发展存在的突出矛盾，是我国加快从经济大国迈向经济强国必须解决的重大战略问题。综合起来看，我国农业基础仍然薄弱，城乡之间在劳动力就业、居民收入、基础设施建设和公共服务水平等方面还存在明显差距，全面建成小康社会和实现经济强国梦，最艰巨最繁重的任务还是在农村。我们必须按照十八届三中全会的部署，进一步加快构建新型农业经营体系，推进城乡要素平等交换和公共资源均衡配置，积极完善城镇化健康发展体制机制，加快构建以工促农、以城带乡、工农互惠、城乡一体的新型城乡关系，积极落实中央政治局审议通过的《关于进一步推进户籍制度改革的意见》、国务院出台的《新型城镇化规划（2014—2020年)》等战略部署。

第七，深化对外经济体制改革，着力提高开放型经济水平。我们要积极利用扩大开放的历史机遇期，进一步提高开放型经济水平，积极释放大国红利，使大国的开放红利更多地惠及世界其他国家和地区。一是要创新开放模式，深化沿海开放，扩大内陆开放，统筹沿海内陆沿边开放，打造分工协作、优势互补、均衡协调的区域开放新模式。二是要培育一批世界水平的跨国公司，着力打造一批世界知名品牌，支持各类大型企业和相关企业在全球范围内优化资源配置。三是要坚持出口与进口并重，形成以技术、品牌、质量、服务为核心的出口竞争新优势，加快加工贸易的转型升级，促进加工贸易从组装逐步向研发、设计等产业链高端拓展。四是要提高利用外资的综合优势和总体效益，拓宽利用外资渠道，优化外资使用结构，加强和改进利用外资的宏观管理。五是要加快"走出去"的步伐，积极扩大对外投资力度，合理利用国家的外汇储备，充分发挥我国在轻纺、服装等行业的比较优势，鼓励企业到境外投资办厂。六是要抓紧研究制定丝绸之路经济带和21世纪海上丝绸之路的总体设计和实施方案，加快实现"一带一路"的重大战略构想，推进孟中印缅、中巴经济走廊建设，为我国扩大全方位对外开放奠定坚实的基础。七是要充分利用好上海自由贸易试验区这个创新载体，加快推进准入前国民待遇加负面清单管理新模式，为我国全面深化改革和扩大开放做出新示范、提供新途径、积累新经验。

第一章　正确认识与处理政府和市场关系

党的十八届三中全会提出："经济体制改革是全面深化改革的重点，核心问题是处理好政府和市场的关系，使市场在资源配置中起决定性作用和更好发挥政府作用。"这既是对我国过去几十年改革发展历史经验的高度概括，也为今后深化经济体制改革和行政体制改革，进一步处理好政府和市场的关系确定了方向。

回顾改革开放以来我们党关于政府和市场关系的论述和决策过程，正确认识政府和市场二者各自的功能与长处，研究在全面深化改革中进一步处理好政府和市场的关系，具有重要的现实意义和深远的历史意义。

一、改革开放以来我们党关于政府和市场关系论述的深化过程

改革开放 30 多年来，我们党在推进社会主义改革开放的伟大事业中，不断加深对政府和市场关系的认识，相应作出了一系列历史性的重大决策。

1978 年 12 月，作为我国新时期起点的党的十一届三中全会提出："应该坚决实行按经济规律办事，重视价值规律的作用。"并指出："现在我国经济管理体制的一个严重缺点是权力过于集中，应该有领导地大胆下放，让地方和工农企业在国家统一计划的指导下有更多的经营管理自主权。"接着，我国改革开

放总设计师邓小平同志,在 1979 年 11 月会见英国不列颠百科全书出版公司编委会副主席吉布尼和加拿大麦吉尔大学东亚研究所主任林达光等谈话时,明确提出:"社会主义也可以搞市场经济"、"把这当作方法,不会影响整个社会主义"。这里,邓小平同志第一次把市场经济同社会主义直接联系起来,把市场经济当作发展生产力的方法。十一届三中全会开启了我国波澜壮阔的改革开放伟大征程。

1982 年 9 月,党的十二大明确提出了有系统地进行经济体制改革的任务,指出:"正确贯彻计划经济为主、市场调节为辅的原则,是经济体制改革中的一个根本性问题。我们要正确划分指令性计划、指导性计划和市场调节各自的范围和界限,在保持物价基本稳定的前提下有步骤地改革价格体系和价格管理办法,改革劳动制度和工资制度,建立起符合我国情况的经济管理体制,以保证国民经济的健康发展。"这里,明确提出了计划经济与市场调节的主辅关系,即政府与市场的关系。1984 年 10 月,党的十二届三中全会通过《中共中央关于经济体制改革的决定》,深入剖析了原有经济体制中存在着"政企职责不分,条块分割,国家对企业统得过多过死,忽视商品生产、价值规律和市场的作用"等弊端,明确提出:"社会主义计划经济必须自觉依据和运用价值规律,是在公有制基础上的有计划的商品经济","实行计划经济同运用价值规律、发展商品经济,不是互相排斥的,而是统一的,把它们对立起来是错误的"。这是我们党作出的全面经济体制改革第一个纲领性文献中的重大论断。

1987 年 9 月,党的十三大进一步提出:"社会主义有计划商品经济的体制,应该是计划与市场内在统一的体制。"并指出,"新的经济运行机制,总体上来说应当是'国家调节市场,市场引导企业'的机制"。为此,十三大报告还提出,必须把计划工作建立在商品交换和价值规律基础上,逐步缩小指令性计划范围,扩大指导性计划范围,最终实现以间接控制为主、计划与市场内在统一的模式。这里,强调计划和市场的作用都是覆盖全社会的,不再提计划经济为主。

1992 年年初,邓小平同志在南方谈话中更加深刻地指出:"计划经济不等于社会主义,资本主义也有计划;市场经济不等于资本主义,社会主义也有市场"，把计划和市场都作为发展生产力的手段。在此基础上，1992 年 10 月，党的十四大明确提出建立社会主义市场经济体制，"就是要使市场在社会主义国家宏观调控下对资源配置起基础性作用"，这为长期纠结于"计划"和"市场"关系的改革开启了一个新的里程碑。至此，我们党对社会主义市场经济的认识、对政府和市场关系的认识达到了一个新高度：市场经济不仅仅是市场竞争机制、供求机制和价格机制，更是一种资源配置机制。1993 年 11 月，党的十四届三中全会通过的《中共中央关于建立社会主义市场经济体制若干重大问题的决定》，进一步构筑了社会主义市场经济体制的基本框架。

1997 年 9 月，党的十五大明确提出了形成比较完善的社会主义市场经济体制的目标，提出"坚持和完善社会主义市场经济体制，使市场在国家宏观调控下对资源配置起基础性作用"，并要求"充分发挥市场机制作用，健全宏观调控体系"。这里，要求"充分发挥"市场作用、"健全"政府宏观调控体系，深化了对政府与市场关系的认识。

2002 年 11 月，在新世纪新阶段召开的党的十六大进一步提出："健全现代市场体系，加强和完善宏观调控。在更大程度上发挥市场在资源配置中的基础性作用，健全统一、开放、竞争、有序的现代市场体系。"并明确要求："完善政府的经济调节、市场监管、社会管理和公共服务的职能，减少和规范行政审批。"2003 年 10 月，党的十六届三中全会通过的《中共中央关于完善社会主义市场经济体制若干重大问题的决定》中提出：要按照五个统筹的要求，更大程度地发挥市场在资源配置中的基础性作用，并提出要转变政府经济管理职能，"切实把政府经济管理职能转到为市场主体服务和创造良好发展环境上来"。这里，强化了市场功能的作用，同时明确了政府的功能作用。

2007 年 10 月，党的十七大提出："要深化对社会主义市场经济规律的认识，从制度上更好发挥市场在资源配置中的基础性作用，形成有利于科学发展的宏观调控体系。"并要求："加快推进政企分开、政资分开、政事分开、政府与市场中介组织分开，规范行政行为，加强行政执法部门建设，减少和规范行政审批，减少政府对微观经济运行的干预。"这里，强调从制度上更好发挥市场的基础性作用，也是对市场作用的重视和强化。

2012 年 11 月，党的十八大指出："经济体制改革的核心问题是处理好政府和市场的关系，必须更加尊重市场规律，更好发挥政府作用。"并明确要求："完善宏观调控体系，更大程度更广范围发挥市场在资源配置中的基础性作用，完善开放型经济体系，推动经济更有效率、更加公平、更可持续发展。"这里，更加突出了市场作用，也强调了更好发挥政府作用。

2013 年 11 月，党的十八届三中全会进一步提出："经济体制改革是全面深化改革的重点，核心问题是处理好政府和市场的关系，使市场在资源配置中起决定性作用和更好发挥政府作用。"把以往市场起"基础性"作用改为"决定性"作用，同时也强调"更好发挥政府作用"，这是我们党关于发展社会主义市场经济思想的新发展，对政府和市场关系的认识达到了新境界。

以上可以看出，正确认识和处理政府和市场关系，一直是贯穿于我国改革开放进程中的重大课题，是我们党对实行社会主义市场经济随着实践发展在认识上不断丰富、不断深化的过程，由把市场经济作为经济管理方法到经济调节手段再到一种经济制度，由市场在资源配置中起"基础性"作用到起"决定性"作用，这都反映了党的思想理论随着实践不断发展而不断创新，符合马克思主义关于历史唯物主义和辩证唯物主义的科学认识论，每后一个时期的论断和决策，都是对前一个时期论断和决策的继承、创新和发展。

二、正确认识政府和市场二者的功能与长处

建立和完善社会主义市场经济体制，需要正确认识政府与市场二者的功能和长处以及它们的缺陷和弊端。先说市场。市场有多种含义，一种是商品交易场所，一种是以商品等价交换为准则的市场机制对资源的配置方式，还有一种是人们之间的生产关系。"使市场在资源配置中起决定性作用"，其主要功能是指市场机制决定的资源配置方式。在所有经济活动中，最根本的问题是如何最有效地配置资源。市场之所以能够使资源配置以最低成本取得最大效益，是

因为在市场经济体制下，有关资源配置和生产的决策是以价格为基础的，而由价值决定的价格，是生产者、消费者、劳动者和生产要素所有者在市场自愿交换中发现和形成的。市场机制作用的发挥是价值规律的表现形式。由市场决定资源配置的主要长处在于：作为市场经济基本规律的价值规律，能够通过市场价格自动调节生产（供给）和需求，在全社会形成分工和协作机制；能够通过市场主体之间的竞争，形成激励先进、鞭策落后和优胜劣汰机制；能够引导资源配置以最小投入（费用）取得最大产出（效益）。因此，使市场在资源配置中起决定性作用，其实质就是让价值规律、竞争规律和供求规律等市场经济规律在资源配置中起决定性作用。这有利于促使经济更有活力、更有效率和更有效益地发展。但同时也要看到，市场调节有某些自发性、盲目性、局限性和事后性等特点，不能把资源配置统统交给市场，不能使全部社会经济活动市场化。比如，社会供求总量的平衡、公共产品和公共服务的提供、城乡区域差距的缩小、稀缺资源的配置，只靠市场调节经济运行，难以经常保持经济总量平衡和重大结构协调，难以实现基本公共服务均等化，难以避免社会收入两极分化，也难以及时、有力、有效应对宏观经济周期波动和国际经济金融危机的冲击。也就是说，市场配置资源的"决定性作用"不能是所有社会经济领域和活动。

政府作为公共权力的行使者、社会经济活动的管理者，最重要的职能是从宏观上引导方向，保持整个经济社会持续健康稳步发展。在我们国家，有共产党的领导、有社会主义制度的优势，政府可以自觉地依据对客观事物的认识，能动地观察和反映国内外发展变化，按照包括市场规律在内的客观经济规律，对重大社会经济活动作出战略规划与宏观决策，可以对重大社会经济活动作出预先安排，进行有目的、有计划的引导和调控。发挥政府作用的主要长处在于，有可能从社会整体利益和长远利益来引导市场和社会经济发展方向，从宏观层次和全局发展上配置重要资源，促进经济总量平衡，协调重大结构和优化生产力布局，提供非竞争性的公共产品和公共服务，保障公共安全，加强社会建设和环境保护，维护市场和社会秩序，促进社会公平正义，逐步实现共同富裕，弥补市场缺陷和失灵的方面。但政府也有信息掌握和认知能力的局限性，也会有偏颇、僵滞甚至决策失误的毛病，以至于束缚经济社会的活力，不利于微观上优化资源配置和提高效率。

以上可以看出，政府与市场是现代市场经济体系中两个重要手段，各有长处但功能不同。政府是一只"看得见"的手，市场是一只"看不见"的手，它们都能对资源配置产生作用，但资源配置和利益调节的机理、手段、方式不同。市场方式主要通过供求、价格、竞争等机制功能配置资源，调节利益关系，市场主体自主决策、自主经营和自担风险。政府则主要根据全局和公益性需求，依靠行政权力和体制，进行重要资源配置，调节重要利益关系。市场决定资源配置是市场经济的一般规律，市场经济本质上就是市场决定资源配置的经济。我们必须高度重视、充分发挥市场在微观配置资源、调节经济利益关系中的积极有效作用。

理论和实践告诉我们，在处理政府和市场关系中，需要注意三个方面。一是要明确认识两者各自的功能和长处，使它们在不同社会经济层次、不同领域发挥应有作用，都不能越位、错位和不到位。二是要充分发挥两者功能作用，"两只手"都要用，并有效配合。"两只手"配合得好，可以起到1+1>2的效果。反之，市场作用的正效能就会下降，副作用就会扩大；同样，政府的正效能也会下降，政府形象和公信力也会受到伤害，甚至造成重大经济损失。因此，两者不可偏废。三是政府和市场应当有机结合而不是板块连接，政府应尊重市场经济规律，自觉按经济规律办事，市场要在政府引导、监管和制度规范下运行。只有这样，才能实现政府与市场各自长处的充分发挥以及两者之间的良性互动。

三、进一步处理好政府和市场关系必须全面深化改革

经过30多年的改革开放，我国社会主义市场经济体制已基本建立，政府和市场关系经过不断调整也发生了重大变化。总的看来，国民经济市场化程度显著提高，市场作用大为增强，但市场和政府都有不到位和越位的方面。政府

仍然管了不少不该管的事，也有不少事该管却没有管或没有管好。当前，我国社会主义改革开放和现代化建设进入了新阶段，新形势、新任务对社会经济发展和社会经济体制机制提出了新要求，其中一个很重要的方面，就是要进一步处理好政府和市场的关系。为此，必须遵循党的十八届三中全会精神，按照"使市场在资源配置中起决定性作用和更好发挥政府作用"要求，全面深化改革特别是经济体制、行政体制改革。至关重要的，是抓好以下几个方面的改革。

（一）推进市场化改革，加快完善现代市场体系

这是使市场在资源配置中起决定性作用的基础。要从广度和深度上推进市场化改革，推动资源配置依据市场规则、市场竞争实现效益最大化和效率最优化。加快形成企业自主经营、公平竞争，消费者自由选择、自由消费和要素自由流动、平等交换的现代市场体系，提高资源配置效率和公平性。一是建立公平开放透明的市场规则。我国市场体系还不完善，市场的开放性、竞争的公平性和运行的透明度都有待提高，尤其是部分基础产业和服务业价格关系尚未理顺，要素市场发展相对滞后，必须加快市场化改革。十八届三中全会《决定》提出了一系列重大改革举措，包括实行统一的市场准入制度，探索实行负面清单准入管理方式，改革市场监管体系，实行统一的市场监管，健全优胜劣汰的市场化退出机制。这是使市场在资源配置中发挥决定性作用的基础。二是完善主要由市场决定价格的机制。坚持把主要由市场决定价格作为价格形成的常态机制，凡是能够通过市场形成价格的，包括生产要素价格都要放开价格管制，主要由市场形成价格；对那些暂不具备放开条件的，要积极探索建立符合市场导向的价格动态调整机制，并创造条件加快形成主要由市场决定价格的机制。改革政府定价机制，要把政府定价严格限定在必要范围内，主要限定在重要公用事业、公益性服务、网络型自然垄断环节。进一步减少政府定价的范围和具体品种。要按照简政放权要求，进一步下放给地方政府定价权。改进政府定价方法，规范政府定价行为，提高政府定价的科学性、公正性和透明度。三是改革市场监管体系。清理和废除妨碍全国统一市场和公平竞争的各种规定和做

法，反对地方保护，反对垄断和不正当竞争。同时，要建立城乡统一的建设用地市场，完善金融市场体系，加快推进科技体制改革。这是完善现代市场体系的必然要求和重要方面。

（二）坚持和完善基本经济制度，着力深化企业改革

公有制为主体、多种所有制经济共同发展的基本经济制度，是中国特色社会主义制度的重要支柱，也是社会主义市场经济体制的根基。我们搞的是社会主义市场经济，必须始终坚持"两个毫不动摇"：必须毫不动摇巩固和发展公有制经济，发挥国有经济主导作用，不断增强国有经济活力、控制力、影响力；必须毫不动摇鼓励、支持、引导非公有制经济发展，激发非公有制经济活力和创造力。这两者都不可偏废，否则，就不成为社会主义市场经济。关键是要完善产权保护制度，保证各种所有制经济依法平等使用生产要素、公开公平公正参与市场竞争、同等受到法律保护。企业是市场活动主体，也是社会主义市场经济体制的微观基础。必须深化国有企业改革，推动国有企业完善现代企业制度，健全协调运转、有效制衡的公司法人治理结构，规范经营决策，实现资产保值增值，公平参与竞争，提高企业效率，增强企业活力。要准确界定不同国有企业功能。废除对非公有制经济各种形式的不合理规定，消除各种隐性壁垒。鼓励非公有制企业参与国有企业改革。特别要重视发展混合所有制经济，国有资本、集体资本、非公有资本等，交叉持股、相互融合的混合所有制经济，有利于国有资本放大功能、保值增值、提高竞争力，有利于各种所有制资本取长补短、相互促进、共同发展。要鼓励非公有制企业参与国有企业改革，鼓励发展非公有资本控股的混合所有制企业，鼓励有条件的私营企业建立现代企业制度。

（三）加快政府自身改革，全面准确履行政府职能

科学的宏观调控、有效的政府治理，是发挥社会主义市场经济体制优势的内在要求。要切实转变政府职能，深化行政体制改革，创新行政管理方式，增强政府公信力和执行力，建设法治政府和服务型政府。要按照党的

十八大报告确定的"推动政府职能向创造良好发展环境、提供优质公共服务、维护社会公平正义转变"的基本要求，深化行政审批制度改革，进一步简政放权，切实减少审批事项，向企业放权、向市场放权、向社会放权，特别是要深化投资体制改革，确立企业投资主体地位。要最大限度地避免用行政手段配置各类资源，用政府权力的减法换取市场和社会活力的加法，激发市场和社会主体的创造活力，增强经济发展的内生动力。要健全宏观调控体系，宏观调控的主要任务是保持经济总量平衡，促进重大经济结构协调和生产力布局优化，减缓经济周期波动影响，防范区域性、系统性风险，稳定市场预期，保障经济安全，实现经济持续健康发展。要合理界定中央和地方政府的职能，充分发挥"两个积极性"。中央政府要进一步改善和加强宏观管理，强化发展规划制订、经济发展趋势研判、制度机制设计、全局性事项统筹管理、体制改革统筹协调等方面职能，促进全国范围内的法规统一、政令畅通和经济社会的平稳健康发展。要发挥地方政府贴近基层、就近管理的优势，进一步加强地方政府在公共服务、市场监管、社会管理、环境保护等方面的职责，以更好地服务于广大人民群众和各类企业。要大力推广政府购买服务，创新政府服务方式。按照公开、公平、公正原则，将适合市场化方式提供的公共服务事项，交由具备条件且信誉良好的社会组织、机构和企业等承担，推动公共服务提供主体的多元化，以此推动政府职能转变，建设现代化服务型政府。

四、进一步处理政府和市场关系需要　　把握好的几个方面

政府和市场关系，是人类社会任何国家发展现代市场经济都绕不开的根本性问题，也是各国长期以来都在致力有效破解的世界性难题。特别是在我国这样一个有着 13 亿多人口的大国，又是在社会主义基本制度下实行市场经济的历史条件，处理好政府和市场关系的意义更重大，难度也更大，更需要研究解

决一系列特殊的复杂问题，更需要推进理论创新和实践创新，更需要努力把握和运用改革规律，以更好地推动国家和人民事业发展。

（一）坚持从国情出发，解放思想，实事求是，与时俱进

古往今来，关于政府与市场关系有多种理论学说和多种实践模式，我们要注意学习研究人类社会和当今世界各国在处理政府与市场关系方面一切有益的思想理论和实践做法。但是，不能照抄照搬别国经验、别国模式。世界上没有一种经验模式可以照抄照搬。我们必须全面、真切地认识我国现阶段基本国情及其内在要求，坚持和运用马克思主义的历史唯物主义，准确把握党和国家发展大势，做到解放思想、实事求是、与时俱进、求真务实，积极探索符合当今时代我国国情的政府和市场关系的科学理论、具体做法和实践模式，既决不简单搞拿来主义，也决不搞固步自封，要不断有新的发现、有新的创造、有新的发展。

（二）坚持正确改革方向，积极稳妥，扎实推进，注重实效

实行社会主义市场经济体制，是我们党吸收人类社会文明进步智慧作出的正确历史抉择，也是我国社会发展客观进程的必然要求。必须坚定社会主义市场经济的改革方向和如期实现完善社会主义市场经济体制的目标。把社会主义和市场经济体制结合起来，是人类社会空前的壮举，也是需要不懈探索的重大课题。这方面，我们已经进行了30多年的理论探索和实践创新，也积累了不少经验，但是还有许多未被认识的"必然王国"。其中，在处理政府和市场关系方面还有一系列棘手的矛盾和问题有待研究解决。这需要以积极进取的精神大胆探索，勇于改革创新，敢于攻坚克难，但对涉及全局的重大改革事项，决心要大，步子要稳，包括对下放权力的改革方向要坚持，行动要坚决，但下放权力的范围、步骤、方法，应与政府宏观调控、监管能力和法治水平相适应、相协调，特别要加快法治建设，使社会经济有法可依、有法必依、执法必严、违法必究，以避免重蹈历史上多次出现的"一放就乱，一乱就收"的不良循环。

（三）坚持两只手都要硬，有效配合，优势互补，把更加重视市场作用和更好发挥政府作用结合起来

在发展社会主义市场经济中，政府和市场这两只手，都不可或缺，也决不可分割。因此，"使市场在资源配置中起决定性作用"和"更好发挥政府作用"，不是互相排斥的，而是统一的，把它们对立起来的认识和做法是不对的、有害的。一方面，要从广度和深度上推进市场化改革，以更好发挥市场作用的功能和长处，增进社会经济活力和效率，激发各方面的积极性和创新精神。另一方面，也必须全面正确履行政府职能，实施科学的宏观调控、有效的政府治理，以更好发挥政府的功能和长处。这样，才能实现社会经济更有效率、更加公平、更可持续健康发展，促进社会公平正义和共同富裕。关键在于，政府和市场两只手要有效配合、优势互补、相互促进、相得益彰。

（四）坚持准确界定两者功能，区分层次和领域范围，合理发挥政府和市场各自的作用

在经济、社会、政治、文化、生态各个不同领域，在宏观、微观不同层面，政府和市场发挥作用的范围、程度、方式、形态应有不同，需要深入研究和准确界定，防止二者功能错位、越位、不到位，避免发生错误和损失。在经济活动微观领域中，发挥市场配置资源的决定性作用是必要的、可行的，在其他领域则要正确、合理把握政府和市场各自作用的范围、程度和表现形式。这也是保证社会主义市场经济持续健康发展，中国特色社会主义道路沿着正确方向前进的大问题。

（五）坚持全面深化改革，增强改革的关联性、系统性、协同性

政府和市场关系既是经济体制改革的核心问题，也是涉及全面改革的关键问题。这两者关系的理顺和调整，关联到生产关系和经济基础的变化，也势必关联到上层建筑领域的某些环节和方面。坚持社会主义市场经济的改革方向，是经济体制改革的方向，也必然会涉及其他各方面改革，各方面改革也要与之

相协调、相适应。必须把坚持社会主义市场经济改革方向贯穿到政治体制、文化体制、社会体制、生态文明体制以及各方面体制机制改革之中，推动各方面改革围绕完善社会主义市场经济体制的目标来展开、来推进。因此，必须统筹设计，整体谋划经济、政治、文化、社会、生态文明等各个领域、各个方面的调整和改革。这样，才能产生综合效应，才能更好推动生产关系与生产力、上层建筑与经济基础相适应，也才能顺利推动整个改革进程并取得更大的成功！

第二章　我国经济转型升级势在必行

前不久召开的中央政治局会议对下半年经济工作作出了全面部署，特别强调"着力推进转型升级"。当前，我们能否充分利用有利条件，有效应对挑战，将发展的巨大潜力转变为现实生产力，推动经济持续健康发展，关键就在于能否实现经济转型升级。

一、我国经济转型升级的目标和内涵

研究我国经济转型升级的目标和内涵，应同党的十八大提出的目标、任务、战略和重大举措紧密联系和统一起来。据此，我国经济转型升级的目标应是"推动经济更有效率、更加公平、更可持续发展"。其内涵可以概括为以下六个方面。

保持合理的经济增长速度。推动经济转型升级，不是说速度不重要。党的十八大提出到 2020 年实现国内生产总值和城乡居民人均收入比 2010 年翻一番，就是对速度的要求，而且提出要"在发展平衡性、协调性、可持续性明显增强的基础上"实现这个速度。这就是说，实现"两个翻一番"的基础是经济转型升级。合理的经济增长速度，一方面是符合经济潜在增长率、能够使生产要素得到充分利用、满足比较充分就业要求的速度；另一方面是不会导致明显通货膨胀和资产价格泡沫的速度。实现这样速度的基本途径，就是推进经济转型升级。

积极推进经济发展方式转型、经济结构升级。经济发展既是资本、劳动投入增加的结果，更是技术进步、经济结构优化升级、资源更有效配置的结果。过去10多年我国发展速度很快，但经济结构优化升级缓慢，这是当前经济发展中诸多矛盾的症结所在。我国经济转型升级的本质内涵在于经济发展方式转型和结构升级，转型和升级相辅相成、相互促进。必须以加快转变经济发展方式为主线，大力推进经济结构战略性调整和升级，包括需求结构升级，从主要依靠投资、出口拉动转向内需为主、投资与消费协调拉动；促进工业化、信息化、城镇化、农业现代化同步发展，促进产业结构、城乡结构、区域结构全面优化升级。

大幅度提高经济增长质量和效益。这是经济转型升级最重要的标志。价值规律是市场经济的基本规律，它的本质要求是以最小的投入（费用）取得最大的产出（效益）。马克思讲过，节约是新社会的第一规律。我们现在搞社会主义市场经济，但不讲节约、不讲价值规律的现象还十分普遍。片面追求GDP的高速度，不考虑高速度所付出的经济成本、环境成本、社会成本有多大，就不可能提高经济增长质量和效益。因此，推动发展要以提高质量和效益为中心，这是我国经济转型升级最核心的内容。

协调推进经济发展与资源节约型、环境友好型社会建设。加快发展绿色、低碳、循环经济，是我国经济转型升级的重要内涵。过去我国经济高速发展，但由于高投入、高消耗、高排放的粗放型发展方式居主导，过分依赖投资和重化工业拉动增长，因而资源过度消耗、环境恶化的问题相当严重，不仅不可持续，而且违背发展经济的目的在于提高人民生活水平和质量的要求。能不能改变这种状况，是对我国经济能否成功转型升级的严峻考验。

发展成果合理分配。逐步实现全体人民共同富裕，是我国经济转型升级的重要内涵，也是根本目的。共同富裕是中国特色社会主义的根本原则，是全国人民的共同愿望，既是发展最终要达到的目标，又是一个渐进的过程。从当前看，逐步解决收入差距过大和财富分配不公问题，既是调动大多数人积极性、保持社会和谐稳定的必然要求，也是提高中等收入群体比重、扩大消费需求的根本举措。

发展动力机制转型升级。党的十八大把加快完善社会主义市场经济体制和加快转变经济发展方式作为推进中国特色社会主义经济建设的两大任务，并指出深化改革是加快转变经济发展方式的关键；同时，提出实施创新驱动发展战略。这是根据国际环境重大变化和我国发展新阶段的客观要求作出的决策部署。能不能顺利实现改革驱动和创新驱动，能不能充分发挥这两大动力机制的作用，将决定经济转型升级能否取得成功。

二、国际经济环境重大变化的挑战和机遇

2008 年国际金融危机以来，世界经济格局和形势发生了重大变化，从挑战和机遇两个方面决定了我国经济转型升级势在必行、十分紧迫。

全球总需求及其结构出现新变化。发达国家经济复苏步履维艰，经济整体低迷可能持续。我国经济过多依赖出口，特别是依赖向发达国家出口，不论短期还是中长期都是靠不住的，迫切要求调整内外需结构和外需市场结构。另一方面，国际金融危机以来，海外资产贬值，国际投资不足，为我国企业对外投资、海外并购提供了重大机遇。引进外资和对外投资并重，通过对外投资，利用国际资源、技术并带动国内商品出口，正是我国经济转型升级的重要方面。

全球宏观经济环境出现新变化。发达国家近几年为应对金融危机和刺激经济复苏，实施超宽松的货币政策，导致政府债务大幅攀升和金融体系流动性泛滥，这将大大增加未来世界经济的不确定性和风险。同时，如果巨大的流动性最终被迫收回，也将对全球金融、经济稳定造成冲击。亚洲金融危机和这次国际金融危机都证明，对于新兴市场经济体来说，要避免或减轻全球流动性泛滥和国际投机资本的冲击，关键在于加快自身经济的转型升级。

全球实体经济竞争态势出现新变化。发达国家纷纷提出以振兴制造业和发展新兴产业为核心的再工业化战略，其目的一方面是为了重振制造业，增加国

内就业岗位；另一方面是要抢占新工业革命的先机和制高点。在正在兴起的高技术领域，我国与发达国家总体上处在相同的起跑线上，因而新一轮工业革命为我国提供了迎头赶上的历史机遇。与此同时，全球制造业转移正在出现新变化。在发达国家再工业化政策支持下，一部分跨国公司的制造企业向发达国家本土回流；另一部分制造企业或制造环节向劳动力成本更低的发展中国家转移。我国经济只有加快转型升级，在全球价值链阶梯奋力向上攀升，才能既应对发达国家制造业从高端并向中端延伸的竞争，又应对新兴市场和发展中国家制造业从低端并向中端发展的竞争。

全球贸易和投资环境出现新变化。在经济复苏艰难、需求不振、市场竞争激烈的大背景下，发达国家贸易保护主义抬头，经常对我国出口产品采取反倾销等报复措施。不仅如此，近几年美国积极推动跨太平洋战略经济伙伴协定（TPP）谈判，涵盖知识产权、劳工和环境、政府采购、国有企业等非传统条款，而且标准高，不论加入谈判与否，都将对我国形成很大压力。同时，美国正在同欧盟谈判签订跨大西洋贸易与投资伙伴协议（TTIP），旨在使发达国家"在全球竞争中更好地应对崛起中的经济体的挑战"。这些都要求我们以高标准的投资、贸易规则为目标来倒逼经济转型升级。

三、国内发展环境变化的迫切要求

我国经济比较优势变化的迫切要求。改革开放以来，我国抓住了经济全球化和发达国家制造业向外转移的机遇，发挥劳动力资源丰富、成本低的比较优势，有效促进了国内就业和经济快速发展。现在我国经济的比较优势正在发生变化。一方面我国劳动力低成本的优势正在弱化、人口红利正在减少，依靠劳动力以及土地、能源、资源、环境等低成本的发展模式已经难以为继；另一方面，经过 30 多年的发展，我国经济新的比较优势正在形成，为经济转型升级提供了必要条件。我国劳动力素质快速提高，基础设施和产业配套体系不断完善，特别是我国的市场规模随着工业化、城镇化推进，中等收入群体扩大，消费结构升级且具有巨大潜力。只有推动经济转型升级，才能更好地扬长避短，克服传统比较优势弱化的影响，更好地培育和利用新的比较优势。

我国经济发展的约束条件变化的迫切要求。一方面，我国许多重要资源短缺，人均占有量显著低于世界平均水平；另一方面，我国资源消耗量越来越大，2011年我国经济总量占全球10.5%，却消耗了全球约30%的资源。到目前为止，欧、美等发达国家只有10多亿人口，它们依靠本国优越的自然条件和全球资源，用二三百年时间实现了工业化、城市化。我国有13亿多人口，自然条件和资源禀赋远不如欧、美等西方国家，又要在不到100年的时间实现工业化、城镇化，如果不转变高投入、高消耗、高排放的粗放型发展方式，不仅我国的资源和环境承载不了，全球的资源和环境也承载不起。

全面建成小康社会和人民群众的迫切要求。我国发展社会生产力，推进中国特色社会主义建设，是为了满足人民群众日益增长的物质文化需要。当前不少行业出现产能过剩，增长动力不足，显然不是由于人民群众的需求都已得到满足，而是由于资源错配、供求结构错位所致。所以，如果从推进城镇化、制造业转型升级、加快发展服务业、扩大消费等方面的潜力看，就会发现我国经济发展前景一片光明。关键是要看到由于发展阶段的变化，发展潜力的重点领域也发生了变化。今后，基础设施现代化包括城镇公共设施的配套建设、智能化等仍然有很大发展空间，但更重要的发展潜力和空间在于：加快科技创新，推动制造业转型升级；发展新能源和节能环保产业；提升城镇化水平和质量，加快农业转移人口市民化和农业现代化；加快服务业特别是现代服务业发展。这些方面既是我国经济未来发展的主要潜力和空间所在，也是我国经济转型升级的重点所在。

第三章 两个百年战略节点与中国经济
强国梦研究

党的十八大提出了"两个百年"奋斗目标，明确 2020 年和 2050 年这两个战略节点，即我国在中国共产党成立一百年时全面建成小康社会、在新中国成立一百年时建成富强民主文明和谐的社会主义现代化国家。从经济角度来看，就是要在全面建成小康社会的基础上，实现我国从经济大国向经济强国转变的宏伟目标。党的十八大后习近平总书记多次地阐述"中国梦"的深刻内涵和远景构想，"两个百年"奋斗目标与实现中华民族伟大复兴的中国梦紧紧的连在了一起。因此，梳理"两个百年"奋斗目标的历史起点与历史过程，研判中国经济的发展阶段与时代态势，科学地分析实现经济强国梦的路径选择与战略方向，具有重要的理论和实践意义。

一、由盛到衰："两个百年"奋斗目标的历史起点

党的十八大提出的"两个百年"奋斗目标有其深刻的历史根源，这个目标沉淀了中华民族集体记忆的屈辱和苦难，也彰显了我们党带领全国人民走向全面小康、带领国家走向民族伟大复兴的坚定意志和决心。我们截取自 18 世纪中叶以来到改革开放前的几个历史节点，进行横向与纵向地比较，可用"由盛到衰"来概括"两个百年"奋斗目标的历史起点。

首先看 1750 年，即 18 世纪中叶，这个时期正处于康乾盛世的高峰。这

个时期，我国经济社会的基本特征是国家统一、社会安定、经济繁荣、国力强大。这一年，中国GDP总量占世界份额的32%，居世界首位，而欧洲英、法、德、俄、意的国内生产总值共占全球的17%，这五国的GDP只有中国的一半稍多。[①] 此时正是中国封建专制发展到顶峰的时候，皇帝对内独揽大权，对外闭关锁国，而欧洲国家虽然经济总量远远低于中国的经济总量，但欧洲国家已经走到了近代化的起跑线上。18世纪中叶以后，英国开始产业革命，随着1769年蒸汽机的发明，英国开始带领人类社会进入工业化时代，欧洲开始领跑世界，而中国还在农业社会中缓慢演进，这种盛世已是"落日的辉煌"。

其次看1830年，这一年是道光十年。自从18世纪以来，世界格局迅速发生巨大变化。英国走上了工业革命的道路，法国爆发了资产阶级大革命，美国经历了独立战争，而中国的康乾盛世已成为了明日黄花。从GDP总量看，我国的GDP总量虽然仍占到世界经济总量的29%，仍居世界首位，但人均GDP已经远远低于英国。这一年英国GDP占世界经济总量的9.5%，但产业结构与中国完全不一样。此时的英国钢铁产量不断增加，机器制造迅猛发展，英国开始向西欧各个国家输出蒸汽机及各种技术设备，而中国的GDP总量则主要来自农产品和手工业品。直到1840年，英国用产业革命带来的坚船利炮打开了中国的国门，中国开始沦为半殖民地半封建国家。

再次看1900年，这一年是光绪二十六年。中国的GDP一落千丈，国内生产总值占世界生产总值已降到6%。清朝政府在1898年进行了戊戌变法，但由于封建势力的强大，变法改革很快就遭到了失败。而日本在19世纪下半叶通过明治维新，很快登上了近代化的列车，并开始步入世界经济强国的行列。这一年美国、英国、法国、德国、俄国、意大利、日本的GDP占全球经济总量的比重分别为：23.6%、18.5%、6.8%、17.9%、8.8%、2.5%、2.4%，这七个国家占世界生产总值达到80.5%，而此时的中国已从世界经济大国衰落为贫

---

① 戴逸：《18世纪中叶以来中国与世界各大国国力的比较》，载《思考中国》，红旗出版社2010年版，第32页。

穷落后的国家。

从近代中国经济发展历程来看，我国在乾隆终年之际（1799年），全国耕地约为10.5亿亩，粮食产量达到2040亿斤。当时随马戛尔尼使团来中国的巴罗估计，中国的粮食收获率高出英国。麦子的收获率为15∶1，而在欧洲居首位的英国为10∶1。[①] 康乾盛世时我国的手工业也得到了长足发展，手工劳动的分工进一步细化，商品市场得到了较大程度的发育。同时，到18世纪末，中国的对外贸易急剧增长，单英国东印度公司每年从中国购买茶叶的贸易额就高达400万两白银。在此"盛世辉煌"的背景下，"康乾盛世"的统治者们关起了国家大门，妄自尊大、拒绝开放、反对变革，同时又固步自封，特别是限制工商业、蔑视科学技术，并加强集权和禁锢思想的做法，愈加严重地制约着经济社会的发展。落后就要挨打。清朝政府自恃"天朝物产丰富，无所不有"而拒绝开放、拒绝变革，其结果只能是在100多年的盛世之后进入衰退的轨迹。随着鸦片战争的爆发，中国逐渐变成半殖民地半封建社会，经济社会发展陷入全面危机之中。太平天国运动、戊戌变法、义和团运动、辛亥革命等一次次的抗争，但终究未能改变我国从世界经济大国衰落并遭受经济强国屈辱的历史状况。今天再来反思这段历史，总结其经验教训，对于实现"两个百年"奋斗目标具有警醒意义。

第一，要善于把握历史发展的重大机遇。近代的中国，由于封建制度走向腐朽，封建统治者的夜郎自大、闭关自守，近代工业革命的滚滚浪潮中，中国没有把握住历史发展的机遇，最终落后于近代工业革命中迅速崛起的西方各国，并陷入屈辱和落后的悲惨境地。而西方各国从1500年的地理大发现开始，紧紧抓住历史与现实赋予的每一次机遇，实现了经济社会的跨越式发展。西班牙、葡萄牙、荷兰、英国等国家在近代的崛起无一不是如此。如今，党的十六大提出"战略机遇期"的概念，我们要好好总结历史的经验教训，真正利用好新一轮全球科技革命的机遇期，为实现经济强国目标奠定基础。

---

① 张芝联等：《中英通使两百周年学术讨论会论文集》，中国社会科学出版社1996年版，第188页。

第二，要善于推进国家的工业化和城市化。随着英国、法国、意大利等国家工业化的发展，一系列的资产阶级革命爆发，西欧各国开始进行了一系列改天换地的大革命，迅速地脱离封建传统的发展路线而加速前进，开始跃上世界文明的制高点。据统计，以英国为例，1776 年至 1800 年棉纺织出口从 670 万英镑增加到 4143 万英镑，24 年间增长了 5.18 倍，到 18 世纪 70 年代时，城市人口已占全国总人口的 50%，英国在工业革命的推动下，迅速完成了工业化和城市化进程。

第三，要善于鼓励国家科学创新机制的形成。科学技术是第一生产力。17 世纪以后，科学革命席卷了欧洲。1543 年，欧洲科学革命先驱哥白尼发表了《天体运行论》，阐述了以太阳为中心的天文学说。特别是在 17、18 世纪之交，牛顿发现了运动三大定律和万有引力定律，继牛顿之后，大批科学家、发明家等涌现，一个以科学、技术、实验为三位一体的科学创新机制开始形成，推动了西欧各国生产力的大幅度提升。而中国封建盛世的统治者却将科技知识视为"形而下"，把发明创造称为"奇技淫巧"，最终在世界经济发展格局中被沦落为落后国家。

第四，要善于建立开放型经济体系。马克思、恩格斯在《共产党宣言》中曾说："资产阶级在它的不到一百年的阶级统治中所创造的生产力，比过去一切世代创造的全部生产力还要多，还要大。"[①]生产力的巨大发展将西方社会迅速推到一个更高的历史发展阶段，而相形之下的中国却在封建主义的桎梏中蹒跚前行。因此，这段大国之衰的历史警示我们：要善于建立开放型的经济体系，要对当前和未来世界的大变动、大发展、大转折有一份清醒的认识，对我们的国情要有充分的把握，在对外开放中发展自己、壮大自己。

第五，要善于推动国家变革力量的形成。像荷兰、英国等经济强国的崛起，无一不是依靠推动国家改革力量而实现经济强国的目标。如荷兰人推动商业银行制度、股份制的变革，英国"光荣革命"对政治制度的变革等等，都为这些国家的繁荣发达发挥了重要作用。而中国封建盛世的君主们却

---

① 《马克思恩格斯选集》第一卷，人民出版社 2012 年版，第 405 页。

固步自封，拒绝变革，扼杀国家改革力量的形成，最终导致了国家的衰败与落后。党的十八届三中全会强调了"全面深化改革"的理念，"改革是中国最大的红利"等思想深入人心，这同样是对大国之衰、大国之痛应有的历史反思。

二、由衰到大：60 多年的奋斗使我国成为一个经济大国

在马克思列宁主义同中国工人运动相结合的进程中，1921 年中国共产党应运而生，并由此开始了中国"第一个百年"奋斗目标的历程。到 1949 年建国初期，以 1952 年的统计数据来看，我国人口总量占世界总人口的 22.3%，而经济总量只占到世界生产总值的 4.6%，同世界人均 GDP 水平相比，我国的人均 GDP 仅为世界平均值的 23.8%。百废待兴的中国，开始了"第二个百年"的奋斗目标历程。在新中国建立之初，我国选择了社会主义国家苏联的发展模式，即为了在短时间里赶上经济发达的资本主义国家，加强国防力量以抵御军事威胁和侵略，选择了重工业优先发展战略。从经济发展角度讲，建国之初的重工业优先发展战略为我国奠定了社会主义建设的经济基础，在比较短的时间里提高了国防和军事预防能力，大大加深了我国对工业化的认识，但也付出了多年的沉重代价。[①] 到 1978 年，我国占世界总人口的 22.3%，这一年的国民生产总值占到世界 GDP 的 4.9%，比 1952 年提高 0.3 个百分点。从人均 GDP 水平来看，这一年我国人均 GDP 仅为世界平均值的 22.1%，比 1952 年还少了 1.7 个百分点。[②] 新中国建立以来，党带领人民探索中国经济社会发展的道路，有凯歌行进的岁月，也有曲折发展的时期，更经历了十年大动乱的年代。这些艰辛的探索，为我国改革开放后经济社会的发展奠定了基础。

[①] 张占斌：《中国优先发展重工业战略的政治经济学解析》，载《中共党史研究》2007 年第 4 期。

[②] 安格斯·麦迪森著，武晓鹰、马德斌译：《中国经济的长期表现——公元 960—2030 年》，上海人民出版社 2008 年版，第 57 页。

　　刚刚从十年动乱走出来的中国，痛定思痛，党的十一届三中全会作出了"将全党工作转移到社会主义现代化建设上来"的战略决策，提出对我国权力过于集中的经济管理体制和经营管理方法进行改革，并在自力更生的基础上积极发展同世界各国平等互利的经济合作，提高农业产量和人民生活水平。自此，我国开启了改革开放的航程，开始在"两个百年"奋斗征程中实现"由衰到大"的历史性转变。改革开放30多年来，我国始终不渝地坚持以经济建设为中心，积极应对前进道路上的各种矛盾、问题和风险，取得了举世瞩目的成就。据统计，与1978年相比较，2012年的经济总量增长了127.8倍，贸易进出口总额增长了108.9倍①。从经济总量、部分省市人均GDP、制造业产值、贸易进出口总额、外汇储备等综合指标看，我国改革开放30年多年创造了世界经济史上的"增长奇迹"，我国已成为名副其实的经济大国。

　　第一，我国经济总量已跃居世界第二。经济强国首先是经济大国，经济大国首先要有世界排名靠前的经济总量。据统计，1978年，我国GDP只有1482亿美元，居世界第十位。经过30多年的快速发展，2011年我国GDP达到73011亿美元，跃居世界第二位，经济总量仅次于美国；2012年我国GDP超过74260亿美元，继续位居世界第二位。

　　第二，我国部分省市经济总量或人均GDP已接近或超过中等发达国家水平。从我国东部沿海部分发达省市来看，某些省市的经济总量或人均GDP已经接近或超过世界上一些中等发达国家的水平，这是我国已成为经济大国的重要标志之一。据统计，2012年广东省、江苏省和山东省的GDP总量分别为：57067亿元、54058亿元、50013亿元，按现行汇率计算，这三个省市的GDP总量分别已达到9000亿美元左右，这三个省的经济总量已经分别接近或超过荷兰、瑞士等一些中等发达国家的经济总量；2012年天津、北京、上海等省市的人均GDP分别为：15069美元、13967美元、13565美元，这个数值已分别接近或超过波兰、匈牙利等一些欧美中等发达国家的水平。

---

　　①　本书部分数据主要根据国家统计局、联合国、世界银行、IMF等机构的相关研究成果计算得出。

第三，我国的制造业产值已位居世界第一。制造业产值是衡量一个国家经济实力的重要标准。根据联合国统计，2011年，中国制造业产值为2.05万亿美元，首次超过美国，跃居世界第一。到2012年年底，我国钢、煤、水泥、棉布等200多种工业品产量居世界第一位，中国制造业大国的地位基本确立。

第四，我国的贸易进出口总额已跃居世界第二。经济大国是一个国家与世界经济联系的表现结果，贸易进出口总额则集中反映了一个国家对世界经济的影响程度。据统计，2003年至2011年间，中国货物出口贸易年均增长21.7%。2012年，中国贸易进出口总额为38668亿美元，位居世界第二，并连续四年成为世界最大出口国和第二大进口国，我国的贸易大国地位进一步得到巩固。

第五，我国的外汇储备稳居世界第一。外汇储备是一个国家经济实力的重要组成部分。据统计，我国外汇储备规模自2006年超过日本，已连续六年稳居世界第一位。1978年我国的外汇储备仅为1.67亿美元，而到2012年年底，我国外汇储备已达到33116亿美元，这对于我国继续运用外汇储备支持国家战略物质储备、支持企业做大做强、支持整个改革和发展，进一步增强我国的经济实力具有重要意义。

改革开放以来中国创造的"经济奇迹"，吸引了众多学者从不同角度来解读和解释我国的"经济奇迹"，并将其上升到大国发展道路的一般理论层面。林毅夫指出，我国改革开放以来在经济上取得的奇迹在于发挥了我国的资源禀赋比较优势，从而创造出产品较高的国际和国内竞争力。[1] 另外有研究者指出：中国改革开放的基本特征是渐进式的存量调整和增量提升，核心经验是"市场经济＋社会主义"的改革发展模式。[2] 也有研究者认为：中国经济奇迹所创造的大国道路特征体现在社会平等、贤能体制、制度有效性和中性政府四个方面，并认为中国道路具有世界性的普遍意义。[3]

---

[1]　林毅夫、蔡昉、李周：《中国的奇迹：发展战略与经济改革》，格致出版社1994年版，第195—199页。

[2]　李伟、张占斌：《中国渐进式经济转型经验及其发展道路探索》，载《中共党史研究》2008年第3期。

[3]　姚洋：《中国道路的世界意义》，北京大学出版社2011年版，第80—95页。

　　总而言之，中国创造的"经济奇迹"及走出的大国发展道路，其根本原因在于我国始终坚持市场取向的经济体制改革，发挥了比较优势，优化了资源配置，在经济全球化时期提高了参与国际分工的竞争力，使经济发展享有了"人口红利"、"资源红利"和"储蓄红利"。[①] 经过改革开放 30 多年的发展，我国基本实现了由传统计划经济向社会主义市场的重大转变，社会主义基本经济制度逐步完善，现代市场体系初步形成，市场在资源配置中的决定性作用不断加强，改革与开放相互协调的新格局基本形成，推动我国逐步成为经济大国。

　　改革开放 30 多年来，我国改革开放前行的每一步都与党和国家的重大决策紧密地联系在一起，尤其和历届三中全会的重大部署存在着密切的相关性。从党的十一届三中全会到十八届三中全会，历届三中全会都承担着中国改革与发展的重大历史使命，不仅体现了几代中央领导集体的施政目标和经验，而且往往成为我国改革开放事业不断奋勇向前的航标灯、加油站。从邓小平在中央工作会议闭幕式上《解放思想、实事求是、团结一致向前看》的讲话，到 1992 年邓小平南巡发表南方谈话；从 1984 年 10 月党的十二届三中全会通过《中共中央关于经济体制改革的决定》，到 1993 年 11 月党的十四届三中全会通过《中共中央关于建立社会主义市场经济体制若干问题的决定》；从 2003 年 10 月党的十六届三中全会通过《中共中央关于完善社会主义市场经济体制若干问题的决定》，到 2008 年 10 月党的十七届三中全会通过《中共中央关于推进农村改革发展若干重大问题的决定》，再到党的十八届三中全会，历届三中全会成为我国改革开放的主脉络、主线索。（见表 3）

表 3　1978 年后历届三中全会简要回顾

	召开时间	中心议题	会议重点
十一届三中全会	1978 年 12 月 18 日至 22 日	讨论把全党工作重点转移到社会主义现代化建设上来	批判了"两个凡是"的错误方针，停止使用"以阶级斗争为纲"的口号，确立以经济建设为中心的社会主义现代化建设目标

---

　　① 　本书编写组：《释放改革红利》，人民出版社 2013 年版，第 2 页。

	召开时间	中心议题	会议重点
十二届三中全会	1984 年 10 月 20 日	经济体制改革	通过了《中共中央关于经济体制改革的决定》，并提出改革的重点由农村转向城市
十三届三中全会	1988 年 9 月 26 日至 30 日	整顿经济秩序，治理经济环境	通过了《中共中央关于加强和改进企业思想政治工作的通知》，并原则通过了《关于价格、工资改革的初步方案》
十四届三中全会	1993 年 11 月 11 至 14 日	贯彻落实党的十四大提出的经济体制改革的目标和任务	通过了《中共中央关于建立社会主义市场经济体制若干重大问题的决定》，提出了社会主义市场经济体制的基本框架
十五届三中全会	1998 年 10 月 12 至 14 日	贯彻落实党的十五大提出的战略部署，开创我国农业和农村工作新局面	通过了《中共中央关于农业和农村工作若干重大问题的决定》，提出农村要坚持以家庭承包经营为基础统分结合的双层经营体制
十六届三中全会	2003 年 10 月 11 至 14 日	讨论完善社会主义市场经济体制问题	通过了《中共中央关于完善社会主义市场经济体制若干重大问题的决定》，对完善国有资产管理体制、深化农村改革、完善市场体系等做出进一步的部署
十七届三中全会	2008 年 10 月 9 日至 12 日	研究新形势下推进农村改革发展的若干重大问题	通过了《中共中央关于推进农村改革发展若干重大问题的决定》，并提出到 2020 年农村改革发展基本目标和任务
十八届三中全会	2013 年 11 月 9 日至 12 日	研究新的历史阶段全面深化改革的重大问题	通过了《中共中央关于全面深化改革若干重大问题的决定》，提出全面深化改革的总目标是完善和发展中国特色社会主义制度，推进国家治理体系和治理能力现代化

具体地来看，我国 30 多年改革开放的大国道路主要表现为以下几个重要方面：

第一，释放农村改革红利，促进"三农"问题初步解决。解决好农业农村农民问题是全党工作重中之重，农村改革的成功，有力地维护了中国全社会的安定和整个国民经济的发展。家庭联产承包责任制的推行，率先拉开了中国经济体制改革的序幕，这一改革极大地促进了中国农业的恢复和发展，促使中国农业和农村发生了巨大变化，农村改革红利得到极大地释放。农村税费制度改革、社会主义新农村建设、统筹城乡和城乡经济社会一体化发展等战略性的体制改革，为促进农业的发展、农村的繁荣、农民的富裕和农村改革红利的有效释放奠定了坚实的基础。在农业持续发展的同时，农村经济社会全面进步，农民生活有了极大的改善。根据国家统计局的最新统计数据，到 2013 年年底，我国粮食年产量已首次突破 6 万吨，粮食生产"十连增"已成定局；2012 年，我国农村居民人均纯收入达到 7917 元，农村增收实现了"九连快"。

第二，逐渐完善市场化价格机制，市场配置资源基础性作用增强。价格机制是市场经济配置资源最有效的调节手段，价格体系的改革在整个经济体制改革中具有十分重要的作用和地位。党的十二届三中全会拉开了价格改革的序幕，20 世纪八十年代末我国加快了价格改革步伐，为积极理顺价格做了有益的探索。此后，商品服务和生产要素的市场化改革不断取得实质性进展，在进入新世纪以后，我国又着重推进要素和资源产品价格的市场化进程，加强对垄断行业价格的监管，为实现资源的优化配置和经济结构调整，建立起社会主义市场经济的价格体制，进一步释放价格改革红利提供了有力的支撑。到 20 世纪 90 年代初期，80% 以上的实物商品和服务价格均已放开，由市场调节。截止到目前，我国除了利率、汇率、石油、天然气、电力、土地等采取一定范围内有管制的价格政策之外，其余的基本都由市场定价。应当说，我国市场化价格体制的逐步完善，对于积极发挥价格信号对市场主体的引导作用，积极发挥市场对资源配置的基础性作用具有重要意义。

第三，不断完善基本经济制度，多种所有制经济共同发展。党的十八届三中全会明确提出："公有制经济和非公有制经济都是社会主义市场经济的重要组成部分，都是我国经济社会发展的重要基础。"从公有制经济看，经过 30 多年的努力，我国国有企业微观经济基础再造任务已初步完成，绝大部分国有企业已成为同社会主义市场经济相适应的市场竞争主体。通过国有经济结构的战略性调整、企业制度创新、国有资产管理体制创新等一系列改革措施，为支持国有大型企业做大做强、国有资产保值增值、国企改革红利有效释放、发挥国有经济主导性作用等提供了体制保证。从 2003 年到 2011 年，我国国有企业实现营业收入从 10.73 万亿元增长到 39.25 万亿元，年均增长 17.6%。[①] 截止到 2012 年年底，我国大型中央企业数目已经减至 115 家，有 30 多家大型央企进入世界 500 强。从非公有制经济看，改革开放以来，我国民营经济在市场机制和政府支持的共同作用下从无到有、从小到大，快速成长，企业数量迅速增加，素质不断提高，活力明显增强，已经成为国民经济的重要组成部分。根据全国工商联研究室的统计表明，2012 年，现在国有和国有控股占国内生产总值的比重为 30%—33%，外资和外资控股占 12%—13%，其他 55% 左右是由民营经济创造的。[②]

第四，深化财税体制改革，积极建立现代财政制度。党的十八届三中全会明确提出："财政是国家治理的基础和重要支柱，科学的财税体制是优化资源配置、维护市场统一、促进社会公平、实现国家长治久安的制度保障。"财税体制改革影响着收入分配体制、中央与地方政府的财政关系、财政决策权等一系列事关经济社会全局性的改革。从建国之初高度集中的财税体制，逐步过渡到中央统一领导下的分级管理，再到分税制的体征管理体制，我国的财税体制为不断地与社会主义市场经济体制接轨，不断地向公共财政体制转变，不断地释放财税改革红利提供了有力的保障。同时，在支持国有企业税收改革、农村税费改革、个人所得税改革等方面，财税改革为广大农村家庭和人民群众共享改革红利做出了巨大的贡献，为构建现代财政制度提供了重要支撑。据统计，我国 2012 年公共财政收入达到 11.7 万亿元，较之 1978 年的 1132 亿元有了很大的提高，政府的公共产品供给和宏观调控能力得到有力的提升。

第五，释放巨大的人口红利，提升劳动力配置效率。根据有关学者的测算，在改革开放后的 20 年中，劳动投入对经济增长的贡献合计达到 67.64%，[③]

---

① 中国企业改革与发展研究会：《十八大报告：国有企业学习读本》，人民出版社 2013 年版，第 31—32 页。

② 引自全国工商联网站。

③ 蔡昉、王德文：《中国经济增长可持续性与劳动贡献》，载《经济研究》1999 年第 10 期。

劳动投入是我国实现经济快速增长的最主要因素。从就业人口的绝对数量来看，我国用了30年左右的时间，完成了人口增长模式由高出生率、低死亡率、高增长率向低出生率、低死亡率、低增长率的转变。在这一过程中，就业人口增长速度快于总人口的增长速度，这就是"人口红利"的来源（见表4）。十四届三中全会提出了劳动力市场的构想，并确定了劳动力就业体制改革的基本路径，这为我国释放巨大的人口红利指明了改革的方向。我国的农村劳动力源源不断地从内地转移到东部沿海地区，东部沿海企业利用劳动力成本低廉的比较优势，创造了巨大的人口红利，极大地提升了劳动力配置效率。据统计，从1978年到2012年年底，从农村转移出来的劳动力年均超过一千万人，这为我国的经济社会发展做出了巨大贡献。

表4　我国总人口与就业人口统计（1978—2012年）

年份	总人口（万人）	就业人口（万人）	就业人口比重（%）
1978	96259	40152	41.71
1980	98705	42361	42.92
1985	105851	49873	47.12
1990	114333	64749	56.63
1995	121121	68065	56.2
2000	126743	72085	56.87
2005	130756	75825	57.99
2008	132802	75828	57.09
2012	135404	76704	56.60

资料来源：根据历年《统计年鉴》整理。

第六，释放投融资体制改革红利，资本深化逐渐得到加强。按照早期的经济发展理论，资本积累是经济发展成功的关键，落后国家与发达国家的最根本差距在于人均物质资本量的不同，为了实现自我增强的经济增长，投资占收入的比重必须从5%提高12%或者更高的水平。高储蓄与高投资是中国经济增长的特点，投资是带动经济增长的"双引擎"之一。改革开放历程中，我国积极推进金融、能源、铁路、电信等领域的投融资体制改革，推动劳动力由农业向工业、由农村向城市、由国有部门向非国有部门的持续转移，这是我国经济能够长期、高速增长的重要原因，而高储蓄率和高投资率既是这种增长模式的必然结果，也是劳动力得以持续转移乃至这种增长模式得以持续的关键原因。1978—1991年间，我国固定资产投资增长率平均为28.85%，在1992年到1996年经济高涨时期上涨到35.4%，此后逐渐回落。根据国家统计公报显示，2012年固定资产投资同比增长率达到20.6%，这一增长率不仅高于经合组织国家，也是高于日本、韩国等东亚国家。

第七，深化对外体制改革，释放对外开放红利。改革开放以来的30多年，对内改革与对外开放始终相互促进、相互依赖。对外开放，是中国自1978年以来实行的一项基本国策，是在借鉴发达国家发展历程、研究世界经济发展趋势的基础上的重大实践。1979年和1980年，深圳、汕头和厦门试办经济特区，这是我国释放对外开放红利的初始阶段。此后，大连、秦皇岛、天津等14个沿海港口城市进一步实施开放政策，南京、武汉、重庆等沿江、沿边及内陆省会城市进入全面开放的阶段。我国在2001年11月成功加入世界贸易组织，国际地位迅速提高。这些对外开放措施为深化外贸体制改革、有效释放对外开放红利、促进国内经济社会的快速发展提供了可靠的保证。如前文所述，我国2012年贸易进出口总额为3.87万亿美元，位居世界第二，并连续四年成为世界最大出口国和第二大进口国，外汇储备超过3万亿美元，连续六年位居世界第一位。

三、大国阶段：我国经济从高速增长 过渡到中高速增长阶段

我国改革开放30多年创造的"增长奇迹"，走出了一条具有中国特色的大国发展道路，从而成为一个名副其实的经济大国。李克强总理在《党的十八

大报告辅导读本》中指出："我国已成为经济大国，但还不是经济强国。"①
我国已成为世界第二大经济体，2012 年人均 GDP 已超过 6000 美元，按
照世界银行的划分标准，我国已迈入上中等收入国家行列。但是，一个国
家成为经济大国并不意味着就一定能够实现经济强国的目标。因此，深刻
地分析我国当前经济发展所处的阶段，是科学研究强国发展路径的必要
环节。

关于我国经济发展与经济增长阶段的讨论②，目前学界还有不同意见。刘
世锦认为：到 2015 年左右，也就是"十二五"末、"十三五"初，我国将进入
增长速度回落的时间窗口期，经济的潜在增长率将可能下一个较大台阶，由近
些年的 10% 以上的增长率下调至 7% 左右。③ 刘世锦进一步明确提出：我国的
经济发展阶段将由高速增长阶段向中速增长阶段转换。刘树成的研究指出：世
界经济已由国际金融危机前的快速发展期进入深度转型调整期，我国的经济发
展已由高速增长期进入增长速度换挡期，或称增长阶段转换期。刘树成的研究
结论认为：7.5%—9% 的区间可称为中高速增长区间，我国经济开始进入中高
速增长阶段。④

总而言之，自 2010 年第二季度算起，至 2013 年第二季度，我国经济连
续 13 个季度下滑，新一届中央政府采取了一系列"稳增长、调结构、促改革"
的宏观调控措施，到 2013 年的 7 月和 8 月份，宏观经济运行的许多指标出现
企稳势头，并初步稳定了市场预期。从 2013 年到 2020 年的战略节点，我国的
经济将进入一个中高速的经济增长阶段。

事实上，经济增长适度回落是经济达到中等收入之后的普遍规律。从国际
比较看，二战以后的日本、韩国、德国等一批成功追赶型国家，都在 20 世纪
六七十年代经历了高速增长之后，无一例外地出现了增长速度回落，回落的幅

---

① 本书编写组：《十八大报告辅导读本》，人民出版社 2012 年版，第 16 页。
② 有关经济发展阶段的讨论，发展经济学一般从工业化、城市化等发展阶段来论述，
本书从狭义的经济增长速度阶段来探讨这个问题。
③ 刘世锦：《我国增长阶段转换与发展方式转型》，载《国家行政学院学报》2012 年第 2 期。
④ 刘树成：《中国经济进入中高速增长阶段》，载《人民日报》2013 年 10 月 24 日。

度平均在 30% 至 40% 之间。在这个阶段，这些国家开始由高速增长过渡到中高速阶段，再过渡到中速直至低速增长阶段。李克强总理提出，"作为我们这样一个中等收入国家，经济增长已从原来的高速进入到了中高速阶段"[①]，"我们要在必要和可能之间、在转型升级与保持合理增长速度之间，找到一个'黄金平衡点'，使增长保持在合理区间，保证较为充分的就业，同时要加快结构调整，着力提质增效，使中国经济行稳致远。"[②]

我们认为：我国未来十年经济增长的适度区间应控制在 7% 至 8%，防止经济增长跌破"下限"，经济增长将由高速增长转入到中高速增长阶段，这是我国经济在新的历史发展阶段的必然趋势。这其中的含义主要有两点：第一，"中速"是相对对内而言。"中速"是指在保持 30 多年年均近 10% 的高速增长后，我国经济增速逐步回落，中长期预期增速在 7% 至 8% 左右，像以前那样动辄 10% 以上的增速将难以再现。第二，"高速"是相对对外而言。根据 IMF 的统计数据，2011 年全球 GDP 增长率为 3.8%，美国、欧元区的 GDP 增长率仅为 1.8%、1.4%，日本的 GDP 增长率更是出现负值。因此，我国 7% 至 8% 的增长速度相对其他大国经济来讲仍然是高速。综合起来看，我们可以用"中高速增长阶段"来概括我国当前经济发展新阶段的基本特征。

那么，作出我国未来十年左右经济增长将进入中高速发展阶段的判断依据何在？可从以下五个方面加以分析：

第一，全球经济格局的深刻调整。自 2011 年中国在经济总量超过日本成为世界第二大经济体之后，世界现有的以美国、日本等经济强国对中国发展的制约因素正在加剧。发达国家为了保持其在国际经济体系中的秩序红利、格局红利，不愿看到一个强大中国的崛起，不惜代价试图掣肘中国经济的发展。反倾销起诉、干涉中国企业的对外投资等事件频频发生，国际贸易摩擦日渐加剧，"中国威胁论"、"唱衰中国论"、"贸易保护论"等大有抬头的趋势。这是

[①] 李克强：《在中国工会第十六次全国代表大会上的经济形势报告》，载《工人日报》2013 年 10 月 21 日。

[②] 李克强：《李克强总理与专家学者和企业负责人座谈经济形势》，新华网，2013 年 11 月 4 日。

制约中国经济发展的外部因素。国际金融危机对全球经济发展形成严重冲击，全球供给结构和需求结构都发生着深刻变化，无论是发达国家还是发展中国家都面临调整经济结构的巨大压力。这必然导致全球市场争夺更加激烈，各种形式的保护主义纷纷出台，从贸易向投资、技术、就业等各个领域扩散，国际贸易体系、国际金融体系正在发生深刻变化，全球治理的复杂性正在进一步增强，全球经济格局正在发生深刻的调整，全球利益格局正在重塑，这给我国提出了严峻的外部环境挑战。

第二，经济外部需求的常态萎缩。支撑我国 30 多年的高速经济增长的重要因素之一就是我国走的是外向型经济发展道路，我国经济的主体力量是依靠外需拉动经济增长，依靠国际市场消化国内产能，以此带动经济的高速增长。但在新的历史发展阶段，2008 年以来国际金融危机的深层次影响还在不断显现，世界经济复苏的不稳定性、不确定性上升，面临的下行压力和潜在风险有所加大，从而严重影响世界经济复苏进程。新兴工业化国家在短时期内，经济同样很难有很大的改观。这对我国稳定出口提出了严峻挑战。美欧等经济强国相继提出"再工业化"、"2020 战略"、"重生战略"等措施，发展中国家都在努力调整发展模式，重塑和加快发展具有比较优势的产业，抢占国家分工的制高点，这使得我国的外部需求环境雪上加霜。我国政府审时度势，提出"构建扩大内需长效机制，促进经济增长向依靠消费、投资、出口协调拉动转变"的战略方针，就是在这一背景下提出来的。因此，经济外部需求的常态性萎缩是我国经济进入中高速增长阶段的重要因素。

第三，能源资源环境的瓶颈制约。李克强总理指出："改革开放 30 多年来，我国经济年均增长 9.8%，可以说是奇迹。但是到了目前这个阶段，如果依然过度依赖投资，能源、资源、环境的瓶颈制约会越来越明显，高速增长靠高投入、高能耗，难以为继了。"[1] 根据国家统计局的数据,2011 年我国石油和铁矿石的对外依存度分别达到 56.4%、56.7%，能源资源的瓶颈制约因素在逐步凸

---

① 李克强：《李克强总理与专家学者和企业负责人座谈经济形势》，新华网，2013 年 11 月 4 日。

显。多年来，我国走着高投入、高消耗、高污染、低产出的经济发展路子，原油、原煤、天然气、铁矿石等重要资源的供给制约因素在加剧。与世界经济强国相比，我国单位产值所消耗的能源、废气排放量、废水处理量等指标都有很大差距，低碳经济、循环经济、绿色经济的发展还有很长的路要走。同时，我国的环境压力进一步加大，"十面霾伏"严重影响人民生活，这不仅是对传统发展路子的惩罚，也是能源资源环境制约因素进一步加剧的突出表现。所以，我国主动调整经济发展速度，逐步放缓经济增长步伐，以使经济增长能够适应我国资源禀赋特征和突破能源资源环境约束，是我国经济由高速转向中高速增长的重要内部因素之一。

第四，传统人口红利的逐渐减少。从我国东部发达地区的实际情况看，劳动力供给的短缺更加明显，"刘易斯拐点"正在到来。根据相关课题组的研究表明，中国劳动力成本十多年来大幅增长近 4 倍，单位小时劳动成本由 2000 年的 0.6 美元增加至 2011 年的 2.9 美元，已相当于泰国的 1.5 倍、菲律宾的 2.5 倍、印尼的 3.5 倍。与此同时，中国的传统人口红利正在逐渐减少。统计资料显示，2012 年我国 15 岁至 59 岁劳动力为 9.37 亿人，比 2011 年减少 345 万人，占总人口的 69.2%，比 2011 年末下降了 0.6 个百分点。预计到 2015 年，我国 15 岁至 59 岁劳动力总量将会减少到 9.28 亿人，到 2020 年的战略节点上，这个数值估计会减少到 9.16 亿人。[①] 与此同时，我国的老龄化趋势在不断加强。自从 2000 年我国进入老龄化社会以来，人口老龄化步伐明显加快。截止到 2013 年 9 月底，我国老年人口总数已超过 2 亿。到本世纪中叶，我国老年人口规模预计将占总人口的三分之一左右。与当今世界经济强国相比，我国人口老龄化所面临的形势更严峻，问题更复杂，困难更多。因此，这就从客观上决定了我国依靠劳动力资源丰富、劳动力成本低廉的"人口红利"支撑经济高速增长模式已经难以为继。

第五，经济结构矛盾的必然反映。从发展结构看，我国长期积累的结构性

---

① 中国国际经济交流中心课题组：《打造中国经济升级版》，人民出版社 2013 年版，第 150 页。

矛盾已经在逐步凸显，内需结构、产业结构、城乡结构、区域结构、收入分配结构这"五大结构"的失衡，使得我国经济发展的结构性矛盾日益突出。以产业结构为例，我国第一产业基础不稳、第二产业核心竞争力不强、第三产业比重过低的问题仍然突出。2012年，我国三次产业的产值比重分别为：10.1%、45.63%、44.6%，可以看出，我国的产业发展仍然是第二产业占主导地位，第三产业尤其是现代服务业与世界经济强国相比还处于明显滞后的发展阶段。应当说，我国在今后一个发展时期，必须深入实施建设科教兴国战略、创新型国家战略、人才强国战略，积极构建有利于经济结构调整的体制机制，这就要求我们必须主动调低经济增长速度，为经济结构调整留出时间、腾出空间。如果继续追求过高的增速，不仅违背经济发展规律，而且还会加剧已有的结构性矛盾，损害我国经济发展的可持续性。因此，从经济发展结构看，我们及时主动调整经济增长预期与增长速度，同样是我国经济由高速转向中高速增长的重要因素之一。

当然，从我国基本国情出发，由于城乡差距、地区差距、城镇化相对滞后等因素影响，我国经济发展具有很大的回旋余地和拓展空间，我国释放"大国红利"还有很大的余地，中长期平均增速维持在7%以上是有很强保障的。同时，经济调整需要有一个过程，社会各方面（政府、企业、居民个人等）接受经济增长调整同样需要有一个适应过程。事实上，如果经济增长率过快、过急地大幅度下降，不利于转方式、调结构，不利于稳定市场预期。因此，我国经济增长的调整应该是分阶段调整，经研究认为：我国经济增长调整可以分为两个阶段，第一个阶段是从2013年到2020年，我国经济增长先从高速转入中高速，增长速度控制在7%至8%的区间内，估计到2020年这个战略节点上，我国的GDP总量将会达到123201亿美元。① 这个阶段是我国第一个百年奋斗目标的战略机遇期，这样的增长速度能够为全面建成小康社会提供有力保障。第二个阶段是从2020年到2050年，我国经济增长从中高速转入中速增长，增长速度控制在5%至7%的区间内，预计到2050年这个战略节点上，我国的

---

① 这里取年均增长率7%至8%的中位数7.5%来估计GDP总量。

GDP 总量将会达到 695703 亿美元。[①] 这个阶段是我国第二个百年奋斗目标的未来机遇期，这样的增长速度能够确保我国最终达到实现经济强国梦的伟大目标。

四、大国比较：我国从经济大国到 经济强国还有多远的距离

通过分析，我们得出"中国经济已从高速增长阶段过渡到中高速增长阶段"的经济发展阶段性特征。这一判断是我们研究全面建成小康社会、实现由经济大国迈向经济强国路径选择的重要依据，也是分析"两个百年"战略节点和经济强国梦的现实根据。在此基础上，从横向比较角度，进一步对世界性经济大国和经济强国的崛起历程和有益启示做一分析，并通过构建量化的指标体系，来更为深刻地理解我国现阶段基本国情与世界经济强国的差距。

15 世纪以来，先后有葡萄牙、西班牙、荷兰、英国、法国、德国、日本、俄罗斯和美国这九个国家成为世界性的经济大国。[②]15 世纪的葡萄牙拉开了人类航海的序幕，将海上探险和殖民贸易结合起来，成为人类历史上第一个真正意义上的全球性经济大国。16 世纪的西班牙在地理大发现之后，凭借殖民美洲与亚洲所获财富，很快成为世界性的经济大国。17 世纪的荷兰依靠金融创新、殖民扩张和海外贸易，迅速确立了其海上霸主的地位，并替代了葡萄牙和西班牙的经济大国地位。1688 年英国发生的"光荣革命"建立了现代的民主政治制度，形成了有利于自由市场经济发展的制度框架，为英国持续的经济社会变革奠定了体制基础。经济自由主义理论的传播，为英国走上自由市场经济道路起了引导作用，推行自由贸易政策为英国成为贸易强国奠定了基础。英国政府鼓励技术创新，并制定了世界上第一部正式而完整的专利法，使得技术发

---

① 这里取年均增长率 5% 至 7% 的中位数 6% 来估计 GDP 总量。
② 唐晋主编：《大国崛起》，人民出版社 2006 年版，第 1 页。

明与改进成为推动工业革命的重要引擎。18 世纪发生在英国的工业革命，直接促进了英国成为世界性的经济强国。从美国崛起为世界经济强国的历程看，19 世纪后半期美国跟上第二次工业革命的浪潮，促成了一系列新兴工业部门的建立，带动了经济总量的迅速发展。第二次世界大战改变了世界的经济与政治格局，美国成为世界头号的经济大国。二战后布雷顿森林体制的形成，确立了美元的国际货币地位，并成为美国确立其经济强国地位的最主要标志。而日本则在国土面积仅为 37 万多平方公里的土地上，创造了实现国家现代化与经济强国的奇迹。1868 年的明治维新，为日本确立了市场经济的制度框架，为其走上市场经济道路奠定了基础。二战后的日本在废墟上重建经济，实现了经济的起飞。德国同样在第二次世界大战后的废墟上，创造了"社会市场经济"的发展模式，并迅速崛起为世界经济强国，成为目前欧洲最重要、最强大的经济实体。[①] 纵观这些经济强国崛起的历程，纵然殖民扩张和财富掠夺等暴力方式伴随着每一个经济强国的崛起，但在今天经济全球化和世界格局多极化的大背景下，依靠对外殖民扩张之路实现经济崛起已不可复制。我国是社会主义国家，我们不能走对外扩张的老路，只能走和平发展之路。

学术界一般用国内生产总值的世界占比、科技创新水平指数、服务业产值占比[②]、城市化率、国际储备货币占比[③] 等五个综合指标来表征和量化经济强国的基本内涵和特征。我们的研究参考了现有学术界的相关研究成果，并采用"专家调查法"来确定一个国家迈入经济强国的理论阈值。我们认为，一个国家迈入经济强国的门槛条件有五个：一是国内生产总值的世界占比至少要达到 6%；二是科技创新水平指数要进入世界前五名的行列；三是服务业产值占比要超过 70%；四是城市化率不能低于 70%；五是国际储备货币占比要超过 4%。值得指出的是，我们在评估一个国家是否是经济强国时，并不一定要求这个国家在这五项指标上都迈过理论阈值。通过"专家调查法"进一步得到研究结论：在迈入经济强国理论阈值的五项指标中，有四项或四项以上符合门槛

---

① 魏礼群：《由经济大国到经济强国的发展战略》，载《新华文摘》2013 年第 18 期。
② 服务业产值占比是指服务业产值占 GDP 的比重。
③ 国际储备货币占比是指一国货币在世界各国的储备货币中所占的比重。

条件，就可称之为"经济强国"。根据 2012 年的相关统计数据表明：美国在这五项指标上全部都超过了理论阈值，日本只在"国际储备货币占比"指标上与超过 4% 的阈值要求相差了 0.1 个百分点，而德国只在"国内生产总值的世界占比"指标上与超过 6% 的理论阈值相差了 1 个百分点，其余国家则至少有两项或两项以上的指标达不到理论阈值的要求（具体数值见下文的分析）。由此可以认为：美国、日本和德国是当今世界上名副其实的经济强国。

具体分析我国的基本情况，从国内生产总值的世界占比看，我国已迈过经济强国的门槛要求。经济规模是衡量一个国家是否是经济强国的重要前提，一个经济强国首先必须是经济总量大国。根据 IMF 的统计，2012 年，美国、日本、德国等国家的国内生产总值占世界 GDP 总量的比重分别为 21.2%、8.2%、5.0%，其中中国国内生产总值的世界占比为 10.2%。从这项指标来看，我国已经具备了迈入经济强国的经济总量门槛条件，但这是经济强国的必要而非充分条件。

从科技创新水平指数看，我国离经济强国的阈值要求还有较远距离。具备强大的科技创新能力是世界经济强国的核心竞争力所在。科技创新水平指数可以通过从事研发的科学家数量、发明专利数量、科技期刊发表论文数量和研发经费这 4 项二级指标进行计算得到。按照 2012 年的相关数据进行分析，科技创新水平指数全世界排名前五位的国家分别是：美国、日本、德国、韩国、英国。而中国的科技创新能力排名仅为第 14 位，与以科技创新强国支撑的经济强国还有很远的路要走。

从服务业产值占比看，我国的产业结构调整还有很大空间。当今的世界经济强国都走完了工业化的进程，产业结构呈现出高端化的特征，经济理论界一般用"服务业产值占比"指标来表征这一特征。世界银行的统计数据表明，2012 年美国、日本、德国、英国、法国等国家的服务业产值占 GDP 的比重分别为：78.6%、71.4%、71.1%、77.7%、79.8%，而中国的服务业产值占比仅为 44.6%。从这项指标来分析，我国离经济强国所应具备的产业结构特征的确还有一定距离。

从城市化率看，我国的城市化还有很大的空间。城市化是一个国家现代化的重要内容，一个经济强国必定具有较高的城市化率。据世界银行统计，2012年美国、日本、德国的城市化率分别为：82.6%、91.7%、74.1%，而我国统计城市化率为52.6%，户籍城市化率仅有35%。一般认为，发达国家的城市化率普遍超过70%，按此标准，我国城市化率有待进一步提高。此外，我国还缺少具有国际影响力的城市群，这也是我国同世界经济强国的重要差距。

从国际储备货币占比看，我国离经济强国的占比要求还有较远距离。经济强国往往具备发达稳健的金融体系，其国家货币往往被世界上其他国家作为流通、计价、计算货币，尤其是作为储备货币。按照一般的衡量标准，一国货币在世界储备货币中占到4%，可被认为是一种国际化货币。据IMF"外汇储备构成（COFER）"的最新研究报告显示，截止到2013年第一季度，美元、欧元、英镑和日元在国际储备货币中的占比分别为：62.2%、23.7%、3.9%、3.9%，而人民币在国际储备货币中的占比还不到1%。因此，人民币的国际化程度还比较低，我国距离金融强国支撑的经济强国还有较远距离。

五、由大到强：从经济大国向经济强国迈进的路径选择

习近平总书记指出，"现在，我们比历史上任何时期都更接近中华民族伟大复兴的目标，比历史上任何时期都更有信心、有能力实现这个目标"[1]，同时亦强调："中国是一个大国，决不能在根本性问题上出现颠覆性错误，一旦出现就无法挽回、无法弥补。"[2] 跨过"中等收入陷阱"，在"两个战略"节点上实现全面建成小康、实现由"由大到强"的历史性转变，需要按照党的十八大和十八届三中全会的具体部署，需要牢牢把握根本方向不动摇。同时，还需要根据中国的实际情况，使路径选择具有合理性、可行性和可操作性。

---

[1] 习近平：《承前启后，继往开来，继续朝着中华民族伟大复兴目标奋勇前进》，新华网，2013年11月29日。

[2] 习近平：《深化改革开放，共创美好亚太》，新华网，2013年10月7日。

第一，坚持和完善基本经济制度，推进国家经济治理体系和治理能力现代化。以公有制为主体、多种所有制经济共同发展是我国社会主义市场经济的基本经济制度，也是中国特色社会主义制度的重要支柱。党的十八届三中全会指出："国家保护所有制经济产权和合法利益，保证各种所有制经济依法平等使用生产要素、公开公平公正参与市场竞争、同等受到法律保护，依法监管各种所有制经济。"我国要实现"两个百年"的奋斗目标、实现由经济大国向经济强国的历史性转变，就必须充分发挥各种所有制经济的比较优势，必须充分发挥一切劳动、知识、技术、管理、资本的活力，必须充分发挥一切创造社会财富主体的积极性、主动性和创造性。因此，我们认为，积极发展混合所有制经济是未来坚持和完善我国基本经济制度的重要着力点。要不断完善国有资本、集体资本、非公有资本等交叉持股、相互融合的混合所有制经济实现形式。要同等保护各种所有制经济产权，公有制经济财产权不可侵犯，非公有制经济财产权同样不可侵犯。两种所有制经济不是互相排斥，而是要互相依存、互相协同、互相支撑。要赋予各种所有制经济同等使用各种生产要素的权利，通过经济市场化充分调动社会各方面参与国家经济治理的积极性，推进国家经济治理体系和治理能力现代化，以真正激发各种所有制经济的活力和创造力，为实现经济强国梦提供根本的制度保障。

第二，加快完善现代市场体系，发挥市场在资源配置中的决定性作用。党的十八届三中全会着力指出："经济体制改革是全面深化改革的重点，核心问题是处理好政府和市场的关系，使市场在资源中起决定性作用和更好发挥政府作用。"使市场在资源配置中起决定性作用，是全会做出的重大理论创新，也是思想解放的一次重大突破。这对于进一步理顺政府和市场关系，加快转变政府职能，激发市场活力，实现"两个百年"奋斗目标具有重要意义。完善的现代市场体系具有企业能够自主经营、公平竞争，消费者能够自由选择、自主消费，商品和要素能够自由流动、平等交换这三大基本特征。加快完善现代市场体系，一是要逐步建立公平开放透明的市场规则，完善主要由市场决定价格的机制，注重发挥市场在形成价格中的作用。二是要着力清除市场壁垒，提高资源配置效率和公平性，废除妨碍全国统一市场和公平竞争的各种规定和做法，反对地方保护主义和不正当竞争。三是要完善金融市场体系，完善人民币汇率市场化形成机制，落实金融监管改革措施和稳健标准。四是要加快转变政府职能，健全国家宏观调控体系，全面正确履行政府职能。这是我国实现"两个百年"奋斗目标、实现从经济大国迈向经济强国的重要路径选择。

第三，保持合理经济增长速度，着力提高经济质量和效益。党的十八届三中全会强调"坚持发展仍是解决我国所有问题的关键这个重大战略判断"，并要求"推动经济社会持续健康发展"。虽然我国在经济总量上已迈过了经济强国的门槛，但我们的 GDP 质量不高。在未来发展阶段，仍然必须牢牢抓住以经济建设为中心不动摇，持续扩大经济总量的同时，提高经济质量和效益。这既是我国实现"两个百年"奋斗目标的重要条件，更是增加社会财富，改善人民生活，促进社会进步的必然要求。要坚持扩大内需为主的方针，努力提高消费的比重，促进经济发展的良性循环。要加快推进工业化、信息化、城镇化、农业现代化，促进"四化"协调发展、良性互动。要积极稳妥推进城镇化，完善城镇化健康发展体制机制，着力提高城镇化质量，逐步形成一批具有国际影响力的城市群，使其成为带动区域与全国经济发展的"火车头"，为我国经济持续健康平稳增长提供动力和空间。要推动能源资源生产和消费革命，着力提高资源利用效率和效益，控制能源资源消费总量，降低能源资源消耗，使经济发展更多依靠节约能源资源和循环经济推动，推动经济绿色可持续发展。

第四，注重产业支撑和发展，推进产业结构转型升级。回顾经济大国、经济强国的崛起历程就会发现，经济总量的靠前只是迈向经济强国的必要条件，但关键在于经济结构。1840 年鸦片战争的时候，我国的 GDP 总量远高于英国，但英国是经济强国，而我国则沦为衰败之国，其中最重要的原因就在于我国处于产业结构的低端。因此，我们要坚持把解决好农业、农村和农民问题作为全国经济工作的重中之重。加快发展现代农业，增强农业综合生产能力，确保国家粮食安全和重要农产品的有效供给，这是在 13 亿多的人口大国推进现代化建设必须始终要抓好的头等大事。要大力促进第一、二、三产业协调发展，着力构建现代产业发展新体系，强化需求导向，坚持大力发展制造业特别是先进制造业，加快传统产业转型升级，不失时机发展新兴产业，坚持合理布局建设基础设施和基础产业。要大力推动服务业特别是现代服务业的发展壮大，把服务业打造成经济社会可持续发展的新引擎。要注重发挥工业在实体经济中的主体作用，促进我国从工业大国向工业强国转变。要加强财税、金融、投资政策与产业政策的协调配合，发挥政策的导向作用。要坚持把生态文明建设作为优化产业结构的基本要求，使经济发展更多依靠现代服务业和新兴产业带动，更多依靠节约能源资源和发展循环经济推动。

第五，深化科技体制改革，增强自主创新能力。经济学家熊彼特最早提出了"创新理论"，引发了经济学界较长时间的讨论，推动了创新思想的传播。新中国成立以来，两弹一艇、载人航天、探月工程、高速铁路等取得的历史性突破，都是科技创新的硕果。改革开放以来，我国的 TFP 水平处于显著上升趋势，这表明技术变迁等因素在经济增长中起着重要作用。相关研究进一步表明：我国企业间还存在着明显的要素资源误置问题，还有国有企业和集体企业存在着不合理的要素资源配置。[1] 具有强大的科技创新能力和应用转化能力是迈向经济强国的战略支撑，必须摆在实现"两个百年"奋斗目标、实现经济强国梦的核心位置。一是要坚持走中国特色自主创新道路，以全球视野谋划和推动创新，提高原始创新、集成创新和引进消化吸收再创新能力，更加注重协同创新。二是要深化科技和教育体制改革，加快建设国家创新体系，着力构建以企业为主体、市场为导向、产学研相结合的国家创新体系。着力提高教育质量，统筹各类创新人才发展，建设人才强国和人力资源强国。三是要完善知识创新体系，强化基础研究、前沿技术研究、社会公益技术研究，提高科学研究水平和成果转化能力，抢占科技发展战略制高点。四是要完善科技创新评价标准、激励机制、转化机制。完善科技创新政策环境，深入实施知识产权战略，加大知识产权保护，探索建立知识产权法院。同时，要不断健全创新的法治环

---

[1]　宋洁尘、叶素云、叶振宇：《提高我国全要素生产率，促进经济持续健康发展》，载《中国经济分析与展望（2012—2013）》，社会科学文献出版社 2013 年版，第 58—70 页。

境，促进创新资源高效配置和综合集成。

第六，实行人力资源强国战略，努力释放新人口红利。1979 年诺贝尔经济学奖获得者舒尔茨最早提出了"人力资本"的概念。具体地讲，人力资本是指对人力进行投资所形成的资本，是人的体能、技能、知识和经验的综合体现。[①] 随着全球经济一体化和知识经济时代的到来，人力资本的重要性已经越来越被认识和接受，人力资本日益成为一国的核心竞争力，对政治、经济、社会、文化和生态的发展具有关键作用，是一个国家由经济大国迈向经济强国的重要支撑力量。我国是人口大国，但不是人力资源强国。要实现"两个百年"的奋斗目标，实现经济强国梦，必须加快实施人力资源强国战略。一是要加快实施科教兴国战略，深化教育领域综合改革，创新高校和科研院所人才培养体制机制，大力促进教育公平与教育普及。二是要逐步调整完善生育政策，加快全面放开二胎，促进人口长期均衡发展，进一步深入研究预防性优生学和进取性优生学，加强遗传咨询、检查、筛查、诊断等服务，为推动人力资源积累提供优质人口基础。三是要进一步提高我国医疗保健水平，促进优质医疗资源纵向流动，加强区域公共卫生服务资源整合，逐步理顺医药价格体系，提高我国人口的营养补给水平，为造就高素质的劳动力提供医疗保健支撑。四是要加强农民工职业技能培训，使工人的技术素质有大幅度提高，并深化农民工随迁子女教育体制改革，为创造新人口红利创造条件。[②] 五是要积极应对老龄化趋势，加快建立社会养老服务体系和发展老年服务产业，积极研究和审慎对待推迟退休年龄制度建设，挖掘早期老年人的劳动力资源潜力。

第七，全面深化改革开放，构建新体制机制。党的十八届三中全会的核心主题就是研究我国全面深化改革的体制机制问题，因此，破除阻碍经济科学发展的体制机制，推动体制机制创新，是我国实现"两个百年"奋斗目标，实现由经济大国向经济强国转变重要而紧迫的任务。在深化经济体制改革的同时，还需要推进政治体制、社会体制、文化体制等改革创新。一个经济体只有具备

---

①　赵白鸽：《人力资源强国战略》，学习出版社 2012 年版，第 7 页。

②　厉以宁：《发展优势和"红利"的创造》，载《改革是中国最大的红利》，人民出版社 2013 年版，第 28 页。

良好的体制机制，才能保证市场的有序竞争，保证各种生产要素平等参与市场交换，才能最大限度地激发市场主体的活力，才能更好调动广大干部群众干事创业的主动性、积极性和创造性。要按照党的十八大提出的到2020年构建系统完备、科学规范、运行有效的制度体系，使各方面制度更加成熟更加定型的目标要求，加快体制改革步伐。要按照党的十八届三中全会的决策部署进一步深化财税体制、金融体制、城乡一体化体制机制、开放型经济体制等领域的改革，增强改革的系统性、整体性、协同性，敢于啃硬骨头、涉险滩，积极构建有利于实现我国经济强国梦的体制机制，不断推进国家治理体系和治理能力现代化。

第八，发展海洋经济，加快建设海洋强国。中央政治局第八次集体学习时就"建设海洋强国"主题进行了专题学习和研究，习近平总书记做出了"发达的海洋经济是建设海洋强国的重要支撑"的论断。我国有辽阔的海洋国土，实行海洋强国战略是一个国家突破资源约束和市场约束的重要因素，建设海洋强国不仅关系到我国对海洋资源的合理开发，而且关系到我国的国土安全和经济社会的可持续发展。根据中国海洋局《中国海洋经济统计公报》数据显示，2012年我国海洋生产总值突破50000亿元，达到50087亿元，对外贸易运输量的90%是通过海上运输完成的。我国已成为高度依赖海洋的开放型经济，海上运输通道安全直接关系着国家的经济命脉。着力实施海洋强国战略，一是要提高海洋资源开发能力，发展海洋经济。二是要坚持保护海洋生态环境。海洋生态文明是我国生态文明建设不可或缺的重要组成部分，要保障海洋资源的可持续利用。三是要提高海洋维权执法能力，坚决维护国家海洋权益。要强化海上维权执法协调机制，提高海洋军事实力，为维护我国的海洋权益保驾护航。四是要加强海洋行政管理体制和海上执法体制建设。通过海洋管理体制机制的改革和创新，为建设海洋强国提供有力的保障。

第九，构建开放型经济新体制，提高开放型经济水平。在实现"两个百年"奋斗目标、迈向经济强国的征程中，我们必须适应经济全球化趋势，推动对内改革对外开放更好促进、引进来和走出去更好结合，加快培育参与和引领国际经济合作竞争新优势。一是要创新开放模式，深化沿海开放，扩大内陆开放，统筹沿海内陆沿边开放，打造分工协作、优势互补、均衡协调的区域开放新模式。二是要坚持出口与进口并重，形成以技术、品牌、质量、服务为核心的出口竞争新优势，加快加工贸易的转型升级，促进加工贸易从组装逐步向研发、设计等产业链高端拓展。三是要提高利用外资的综合优势和总体效益，拓宽利用外资渠道，优化外资使用结构，加强和改进利用外资的宏观管理。四是要加快"走出去"的步伐，积极扩大对外投资力度，合理利用国家的外汇储备，充分发挥我国在轻纺、服装等行业的比较优势，鼓励企业到境外投资办厂。五是要创新与发达国家的合作模式，加强与发展中国家及周边的合作往来，完善合作机制，拓展合作领域，创新对外援助方式，推进丝绸之路经济带、海上丝绸之路建设，加快实施自由贸易区战略，建设好上海自由贸易区这个创新载体，为顺利实现"两个百年"奋斗目标和经济强国梦保驾护航。

第四章　创新驱动发展引领中国迈向经济强国

随着第三次工业革命和第六次科技革命的到来，世界正进入创新密集型时代，全球知识创造和技术创新速度明显加快，重大创新成果相继涌现。许多国家纷纷将创新战略作为国家发展战略的核心，力图提升本国竞争力。中国必须迎头赶上，抓住这新一轮科技革命和产业变革的"机会窗口期"，实施创新驱动发展战略，提高经济增长质量，从经济大国迈向经济强国。

一、创新驱动：一种更高层次的增长方式

创新驱动是依靠知识资本、人力资本和激励创新制度等无形要素实现要素的新组合，是创造新的增长要素。它不仅可以通过创新解决长期增长中的要素报酬递减和稀缺资源制约问题，而且为经济持续稳定增长提供可能，同时还能在日益激烈的国际竞争中占据竞争优势，以避免传统增长模式带来的各种贸易摩擦。创新驱动的经济增长是比集约型增长方式更高层次、更高水平的增长。

美国管理学家、战略学家迈克尔·波特将人类经济发展划分为四个阶段：从低到高依次是要素驱动、投资驱动、创新驱动和财富驱动。

第一阶段是要素驱动阶段。经济增长的基础是主要依靠土地、资本、劳动力等生产要素的大量投入驱动，换言之，该阶段对健康廉价的劳动力、适合农

作物生长的自然环境、自然资源等依赖程度较高。在这一阶段，具有竞争力的主导型产业是煤炭、石油等资源密集或劳动密集型产业。该阶段具有明显的粗放型增长方式的特征。

第二阶段是投资驱动阶段。主要靠大规模投资来促进经济增长。企业通过投资等手段获得先进技术，进入高附加值产业环节，从而提升竞争力。企业吸收、改良技术的能力较要素驱动阶段有显著提高。在这一阶段，具有竞争优势的主导型产业是钢铁、制造等重化工业。该阶段是粗放型向集约型增长的过渡阶段，兼具大规模要素投入和全要素生产率提高的比重特征。

第三阶段是创新驱动阶段。主要依靠知识创造和应用，提高企业自主创新能力，从而驱动经济长期、稳定增长。全民教育素质的不断提高，人力资本投资的持续增加，高效的产品及要素市场，良好的创新生态系统和创新文化是创新驱动增长的基础。创新不仅仅表现在技术领域，在制度、组织、体系、环境等多个方面也具有较强的创新能力，企业更多地依靠自主创新建立技术或产品的差异，并在国际市场形成一定的竞争优势。IT、新能源、生物医药等技术密集型产业占据主导地位。该阶段创新取代要素投入成为经济增长的主要推动力，经济增长将表现出典型集约型增长方式的特征。

第四阶段是财富驱动阶段。在这一阶段，产业升级到相对较高的水平，金融、房地产等行业挤占了大量的社会财富，商务成本大幅度上升，实业投资和创新行为受到冷落。企业乐于通过资本运作减少竞争来增强企业运营的稳定性，这反而削弱了企业的创新力，并不能从根本上增强企业的竞争优势。一国进入财富驱动阶段后，产业竞争力开始走下坡路，逐渐衰退。

根据经济学一般原理和先发国家的实践，经济增长呈现出阶段性的特点，在不同的经济增长阶段，经济增长的动力各不相同。从表5可见，在要素驱动阶段，要素投入贡献率高达60%，创新的贡献率仅为5%。进入创新驱动阶段后，创新的贡献率上升到30%，而要素投入的贡献率下降到20%。在四个阶段中，前三个阶段尤其是创新驱动阶段是保持国家竞争优势的主要力量，创新驱动阶段越长，通常会带来越久的经济繁荣。

表 5　不同阶段不同要素的贡献率　　　　　　　　　　（单位：%）

	要素投入的贡献	提高效率的贡献	创新的贡献
要素驱动阶段	60	35	5
投资驱动阶段	40	50	10
创新驱动阶段	20	50	30

资料来源：The Global Competitiveness Report，2013. World Economic Forum。

　　20 世纪以来，世界许多国家的发展印证了波特的理论。创新对于经济增长的贡献及对于国家的重要性受到越来越多国家的重视。尤其是近些年来，随着经济全球化的深入推进，国际竞争的加剧和互联网的兴起，各国都在通过实施创新战略提升本国竞争力。

　　具体来说，中国式创新驱动是指创新驱动主要依靠科技进步、不再依靠传统的土地、资源、劳动力等初级要素实现发展，而是体现资源节约和环境友好的要求，以知识和人才为依托，以创新为主要驱动力，以发展拥有自主知识产权的新技术和新产品为着力点；以创新产业为标志。创新驱动具有四个鲜明特点：一是物质资源消耗少；二是经济增长质量高；三是生态环境绿色化；四是持续发展能力强。

二、创新驱动：中国经济迈向经济强国的重要引擎

　　创新驱动是推动经济转型升级，实现国家发展战略目标，引领中国从经济大国迈向经济强国"最根本、最关键"的力量。

（一）中国正处于从要素驱动、投资驱动向创新驱动转型升级阶段

　　中国多年来的高速增长实质上是在所谓的比较优势理论指导下依靠廉价的劳动力、便宜的土地等要素资源换取的。然而，在进入新的增长阶段后，原来支撑中国经济高速增长的要素禀赋条件已不复存在，低成本竞争优势正在逐步

减弱，中国经济增长面临愈来愈紧的发展瓶颈约束，这就要求我们实现发展动力的切换，从要素驱动发展转向创新驱动发展。如前所述，创新驱动是主要依靠知识、技术、劳动者素质提高和管理创新等高级要素，而不是主要依靠土地、资源、劳动力等初级要素规模扩张的发展模式，其本质是依靠自主创新，充分发挥科技的支撑和引领作用，走上内生性增长道路，实现科学发展、全面协调可持续发展。

（二）创新驱动有助于提高经济增长质量

中国经济总量位居世界第二，但整体质量不高也是客观事实。在许多行业，中国的产量都是世界第一；但在高端行业，中国与发达国家的差距也是显而易见的。比如，集成电路行业，中国对外依存度高达85%。在大国之间的较量中，"质"远比"量"更重要。在鸦片战争以前，中国经济占世界经济比重一度接近三分之一，远超英国，但两者"质"的差距极为悬殊，因而，在与英国的竞争中，中国只有被动挨打。中国和世界经济强国的差距，归根结底是创新能力的差距。通过创新驱动，推动产业结构调整，提升中国在全球价值链中的地位，不断提高中国经济增长的质量和效益。

（三）创新驱动有助于推动产业转型升级

通过科技创新改造传统农业，提高其信息化水平，建立现代农业体系，推进农业现代化。通过广泛运用高新技术和先进信息技术，提升传统产业装备与工艺水平，推动信息化与工业化的融合，加快用高新技术和先进适用技术改造提升传统工业产业，为传统产业升级提供有效技术支撑，实现从中国制造到中国创造的转变。顺应世界产业发展大势，通过创新驱动，大力推进生产性服务业的技术创新，发展互联网、电子商务等新兴服务业，提高产业的国际竞争力。

（四）创新驱动有助于缓解生态环境压力

毋庸置疑，中国经济增长的成本除经济成本外，还应包括社会成本及生态环境成本。正如前文所述，中国取得的经济成就在相当大程度上是以牺牲生态环境换来的，人与自然的关系，人与社会关系已经失衡。我们面临比以往任何时候都严峻的生态环境挑战——雾霾、土壤、水、酸雨等带来的负面影响正在显现。通过创新驱动，提高科技创新能力与资源利用效率，促进外延粗放利用资源向内涵集约利用资源转变，降低资源消耗，减少污染排放，促进资源节约与优化配置，实现经济发展与生态环境的同步改善，这才是人民群众所追求的中国梦。

（五）创新驱动有助于提高中国国际竞争力

美国学者基辛格、布热津斯基等人认为，中国虽然是经济大国，却不是经济强国。中国在国家治理能力方面与强国相比还有较大差距。突出表现在三个方面：军事实力、创新能力、吸引人才的能力。也即是说，当今世界强国的竞争在很大程度上是创新能力的竞争，创新能力的高低决定了各个国家的前途命运。创新驱动既是各国保持经济增长，不断提升国家竞争力的关键战略，也是各国力图在金融危机后实现经济复苏，应对第三次工业革命挑战的核心举措。在未来的世界竞争格局中，创新制胜，通过创新抢占未来竞争制高点已成为发达国家的共识。

三、中国迈向创新驱动已具备初步基础

经过多年高速增长，中国科技整体水平大幅提升，一些重要领域跻身世界先进行列，已经成为具有重要影响力的科技大国。中国已经拥有了迈向创新驱动比较好的基础。

（一）经济实力大幅度提升

经过 30 多年的改革开放，中国经济总体竞争力提升，经济增长年均增速保持在 9% 以上，超越多个经济大国，成为经济总量仅次于美国的世界第二大经济体。中国的发展水平从 1978 年的人均 GDP155 美元，排名全球倒数几位，提升到 2013 年的 6800 美元，进入中等收入国家行列，人均 GDP 世界排名 80 多位。1978 年，中国外汇储备仅 1.67 亿美元，位居世界第 38 位，人均只有 0.17 美元。2014 年外汇储备接近 4 万亿美元。中国物质条件显著改善，资金相对充裕，具备实施创新驱动战略的财力基础。

（二）拥有比较完善的产业体系

长期以来，中国发挥劳动力资源丰富、工业门类齐全等比较优势，积极利用全球资源，迎接国际产业转移，劳动密集型产业迅速发展壮大。轻工、纺织、电子等行业成为具有国际竞争力的产业。目前，中国已是世界制造业大国，有 225 种产品产量居世界前列，产业门类比较齐全。中国制造业的规模和全面能力已达到这样一个阶段，可以对产品进行逆向工程并在数月内将新产品线辅助大规模生产。这得益于中国领先的工业中心所具有的研发和制造能力，为一个充满活力的创新体系奠定了基础。①

（三）研发投入不断增加

经济的增长使得科研的投入不断增加。自 2006 年以来，中国科技投入呈现持续大幅度增长态势。国家财政科技拨款发挥杠杆作用，有效撬动社会资金加大科技投入。2013 年，全社会研发投入达到 1.19 万亿元，占 GDP 比重已经上升至 2.09%。

（四）人力资源优势正在显现

截至 2014 年 9 月，中国专业技术人才总量已达 5550 多万人，占全国人才队伍总数的 45.6%，高、中、初级专业技术人才比例达到 11∶36∶53，大专以上学历占到 68.6%，结构不断优化。特别是最近 5 年来，全国新增专业技

---

① 世界银行、国务院发展研究中心：《2030 年的中国建设现代、和谐、有创造力的社会》，中国财政经济出版社 2013 年版，第 191—192 页。

术人才 860 万人，博士后研究人员近 6 万人，留学回国人员 105.57 万人，取得专业技术职业资格人员 945.15 万人，队伍发展的基础不断增强。① 目前，中国研发人员总量达到 360 万人 / 年，超过美国的 193 万人 / 年，居世界首位。2013 年中国科技论文总量居世界第二位，科技论文数量不断增长的同时，质量也在不断提升，科学论文引用数位列世界第五位。

（五）庞大的国内市场

中国拥有 13.6 亿人口的庞大国内市场，能够吸引跨国公司和大批创新者。中国已经将本国产业体系嵌入全球化链条中，本土企业能够同时利用国内国外两个市场，其创新能够获得规模经济效应，并能够形成集群，增强竞争力。同时，中国的中等收入阶层规模未来十年将会翻一番，中国跨越"中等收入陷阱"后，其市场规模更是令人期待。再者，中国正在实施的新型城镇化战略，将为中国在城市规划、公共交通、绿色技术等领域创造巨大的创新空间，与之相伴生的消费结构和产业结构的升级，基础设施建设、社会事业发展、生态环境保护都蕴含着巨大的市场需求和发展空间，这也是中国的潜在优势。

四、中国迈向创新驱动面临的挑战

纵览各国发展历程，选择什么样的发展道路至关重要。自从 20 世纪 50 年代以来，世界上众多国家都纷纷在各自不同的起点上，努力寻求实现工业化和现代化的路径。

中国既不是资源依赖型国家，也走不通对外依附的道路。中国必须走创新驱动型发展道路。整体来看，中国创新能力与世界先进水平存在较大差距，2011 年创新指数排名，中国远远落后于瑞士、美国、日本等国家，见图 5。

---

① 盛若蔚：《我国专业技术人才队伍更加壮大》，《人民日报》2014 年 9 月 22 日。

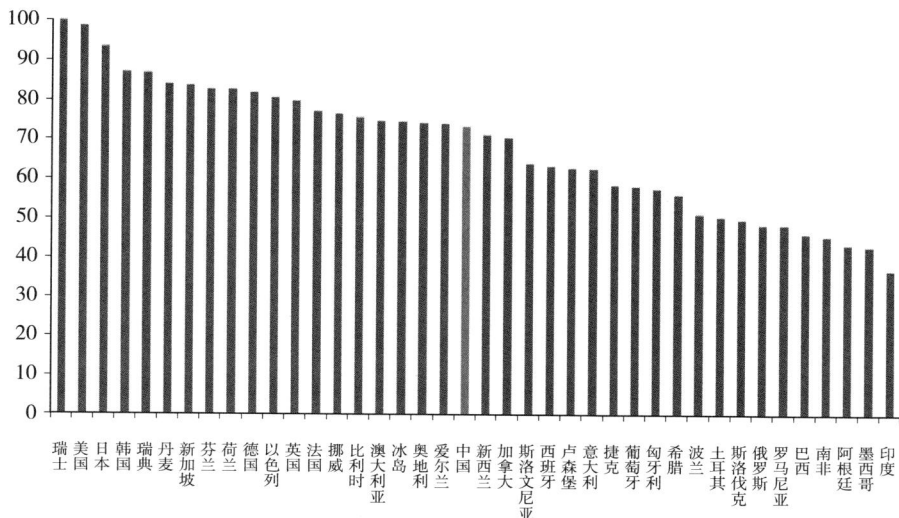

图 5　各国国家创新指数排位（2011 年）

资料来源：中国科学技术发展战略研究院：《国家创新指数 2012》。

（一）企业创新能力不足

中国企业对创新不够重视，创新投入低。有些企业动力不足，不愿意创新；有些企业能力太弱，不会创新；有些企业担心风险过大，不敢创新。规模以上工业企业有研发机构的仅占总数的 25%，研发投入占销售额的比重仅为 0.78%，而发达国家企业相应的数据则为 80% 和 5% 以上。多数企业创新存在持续投入能力差、消化吸收再创新能力弱、自主知识产权产出少、新产品贡献率低等问题。汤森路透集团公布的"2012 全球创新企业百强"榜包括 47 家美国企业、21 家欧洲企业、32 家亚洲企业（日本 25 家，韩国 7 家），中国企业无一上榜，这表明中国企业的创新能力和全球先进企业相比还有较大差距。

当然，企业创新能力差的原因并不仅在于企业本身，也在于要素价格和资源配置扭曲，政府对企业的不当干预和市场竞争的不充分致使企业普遍缺乏创新的内在动力。比如，在国家科技计划项目配置和银行贷款等方面，国有机构和企业具有优势，而民营企业处于相对弱势地位。

（二）专利比较少，轻视消化吸收

世界知识产权组织显示，2013年中国的国际专利申请量达到21516件，申请量仅次于美国和日本，成为《专利合作条约》[①]体系中的第三大用户。同年美国申请量达到57239件，中国仅为美国的37%。中国虽然总量不少，但无线电传输、移动通讯、半导体等高技术领域专利的80%为国外持有。中国高技术产品出口总量世界第一，但80%以上是外资企业的产品，72%是加工贸易产品。自主品牌出口不足10%。

中国引进技术后消化吸收投入不足。科技部门曾经做过测算，日本、韩国每花1美元引进技术，要花7美元进行消化吸收再创新。中国用于消化吸收的费用只相当引进费用的7%，与日、韩相比差距悬殊。

（三）政府偏好影响创新

偏好GDP的增长方式导致政府行为异化。市长和市委书记都成为企业化和公司化特征的代理人，各个地区都在谋求短期经济增长。部分地方政府行为短期化倾向明显，有的地方领导认为创新和科技是明天的事情，不是他们工作首要考虑的问题。部分地方政府采取零地价和减免税等优惠条件吸引投资，拼命在短期内扩大生产规模，扭曲资源配置。显然，这种投资激励政策极不利于鼓励创新。[②]

（四）研发投入相对不足

从研发投入占GDP的比重来看，美国研发支出占GDP的比重2000年为

[①] 《专利合作条约》，即国际专利合约（PCT）是继保护工业产权巴黎公约之后专利领域的最重要的国际条约，是国际专利制度发展史上的又一个里程碑。1970年6月19日，35个国家在华盛顿签订该条约，1978年6月1日开始实施，现有成员60多个，由世界知识产权组织管辖。

[②] 在2013年博鳌亚洲论坛上，美国经济学家费尔普斯建议，中国目前最重要的改革，是把中国的高储蓄的很大部分，从建设摩天大楼、高速铁路等项目中转移出来，重新把资金用于建设中国公司的创新项目，尤其是新兴公司，鼓励本土自主创新。

2.71%，2008年则上升到2.79%。中国这一指标2000年仅为0.9%，2008年提高到1.47%，2013年达到2.09%，如果只进行纵向比较，中国的进步非常影响，但是横向比较，中国仍达不到世界平均水平，与发达国家存在较大差距，见图6。

（单位：%）

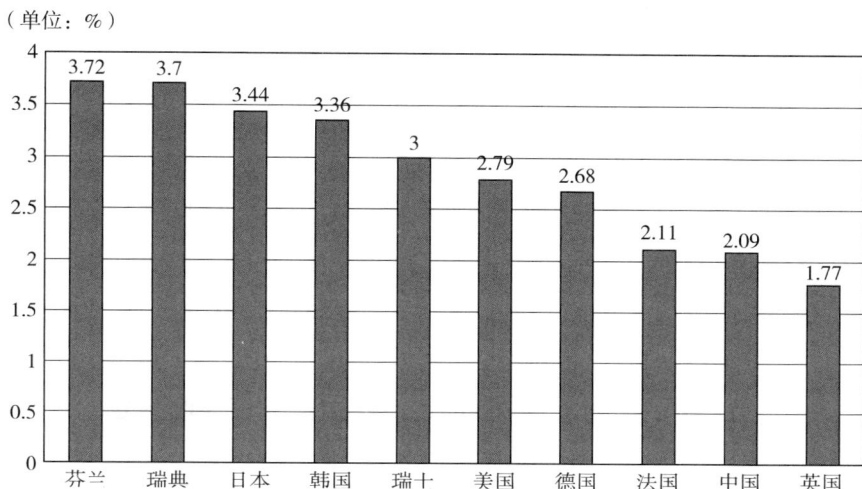

图6　主要国家研发投入占 GDP 比重

资料来源：中国数据来自于中华人民共和国2013年国民经济和社会发展统计公报，其他数据来自《中国科技统计年鉴2011》。

（五）技术对外依存度高，成果转化率低

中国技术对外依存度高达50%，而美国和日本在5%左右。中国95%的高档数控机床、80%的集成电路都依赖进口。中国科技成果转化率不足10%，真正产业化的不到5%，而发达国家科技成果转化率高达40%—50%。一个经典的例子是人工合成胰岛素。早在20世纪60年代，中国就率先实现了人工合成胰岛素，这项成果被国际同行认为达到诺贝尔奖水平，但遗憾的是，这项成果一直没有实现向产业转化。目前中国每年超过250亿元的胰岛素市场95%以上被外企垄断。①

---

① 罗永章：《转化型创新人才不能再稀缺》，载《光明日报》2014年8月2日。

（六）科技资源配置不合理

政府财政科技资源封闭重复分散现象较为突出。部分科技计划、专项、基金定位不够明确，科研项目安排存在"小、散、偏"现象。不同类型的科研项目管理一刀切，政府存在"越位"、"缺位"或"错位"现象。科研项目立项不够公开透明、立项程序复杂、项目存在打包和"拉郎配"现象，验收走过场。科技成果转化为现实生产力能力较弱，特别是高校、科研院所科技成果与市场不能有效对接。科研资金使用效益亟待提高，甚至出现一些违规违纪行为和腐败现象。①

五、实施创新驱动发展战略的方向与路径

实施创新驱动战略，当前最为紧迫的是要进一步解放思想，破除一切束缚创新驱动发展的观念和体制机制障碍，让一切有利于创新驱动的活力源泉充分涌流，为迈向经济强国培育强大新引擎。

（一）发挥企业在创新驱动发展中的主体作用

党的十八届三中全会指出，强化企业在技术创新中的主体地位，发挥大型企业创新骨干作用，激发中小企业创新活力，推进应用型技术研发机构市场化、企业化改革。必须强调的是，企业强则科技强、产业强、经济强、国家强，创新型企业是创新驱动发展的主要载体，也是提升国家竞争力的重要基础。因此，千方百计激发企业内在创新动力，使企业真正成为技术创新决策、研发投入、科研组织和成果转化应用的主体，促进科技成果向现实生产力转化。

---

① 近年来，广东科技系统从厅长到科员约70人涉嫌贪腐，反映出科技资源配置存在较大的漏洞。

1. 强化对企业技术创新的源头支持

鼓励企业围绕市场需求建立自己的研发机构，引导企业加大研发投入力度，健全组织技术研发、产品创新、科技成果转化的机制，加强创新与市场对接，支持企业推进重大科技成果产业化。大力培育科技型中小企业。政府可设立中小企业发展专项资金等引导中小企业技术创新和改造升级。

2. 推动企业技术创新战略转型升级

鼓励企业选择走符合企业比较优势的自主创新道路。充分发挥企业科技人员在新产品开发、新技术引进、新工艺运用方面的作用。促进资本、管理和技术等生产要素参与分配，激发科技人员创新创业活力，加强对企业技术创新前沿理论研究，以增强企业在市场竞争中的核心竞争力为目标来提高企业技术创新水平。

3. 推进开放式创新

当今世界的创新和生产日趋多元化和分散化，原本局限于一定区域的价值链被拉伸到不同的国家，全球价值链因此形成。如果"闭关锁国"，关起门来竞争只能让自己的创新能力萎缩，让自己始终处在价值链的低端。在新的全球竞争格局下，中国企业必须以全球视野谋划和推动创新，学会整合全球资源，通过向高手学习，与高手竞争，提高本国的创新能力。

组建产业技术创新战略联盟，加强技术创新、商业模式创新和管理创新，提升企业技术创新开放合作水平。企业也可与高校、科研院所等共建研发机构，实现优势互补、成果共享、风险共担。推动企业技术创新由重引进向重消化吸收的转变，走出"引进—落后—再引进—再落后"的怪圈，推动企业实现更高层次的开放式创新。

（二）建立健全创新驱动发展的制度体系

迈向创新驱动发展道路离不开相应的制度安排，而制度设计的合理与否将直接影响创新驱动与经济转型升级的最终效果。因此，务必坚决清除影响科技创新能力提高的体制障碍，有力打通科技和经济转移转化的通道，为创新驱动发展提供有效保障。

1. 知识产权制度

知识产权的价值在于激励创新，防止侵权，促进竞争，保证充足的创造发明供应市场，刺激可持续而广泛的经济增长。有效的知识产权制度是保障创新者经济效益的基础。知识产权制度的核心——专利制度对于创新尤为重要，在美国人看来，专利制度就是将利益的燃料添加到天才之火上。美国等发达国家持续的创新是与其以专利制度为主的知识产权制度设计密不可分的。党的十八届三中全会提出，加强知识产权运用和保护，健全技术创新激励机制，探索建立知识产权法院，这是对创新驱动发展的重要支撑。通过加强知识产权运用和保护，引导科技成果转化各类主体建立利益共享、风险共担的知识产权利益机制。

2. 财政金融制度

创新驱动发展并不意味着资金投入的减少，依然需要加大对科技创新的财政支持力度。加大财政科技投入，调整投入结构，完善支持创新的税收政策、政府采购政策，优先购买全面落实高新技术企业税收优惠、企业研发费加计抵扣、科技企业孵化器税收优惠等，发挥财政资金"四两拨千斤"的杠杆作用。推进科技金融创新，加大对企业技术创新的融资支持，鼓励金融机构开发支持企业技术创新的贷款模式、产品和服务，引导更多社会资本进入创新领域。构建以风险投资为核心的股权投资体系，完善多层次"金字塔形"资本市场，以金融创新支撑技术创新。建立新型科技创新投融资平台，为不同发展阶段的科技企业提供多样化的投融资服务。创新符合科技型中小企业成长规律和特点的新型科技金融产品、组织机构和服务模式。扩大科技支行、科技担保、科技小贷、科技保险等科技金融专营服务机构规模。

3. 协同创新制度

协同创新是指创新资源和要素有效汇聚，通过突破创新主体间的壁垒，充分释放彼此间"人才、资本、信息、技术"等创新要素活力而实现深度合作。形成以非线性、网络化、开放性为特征，以多元主体相互联合与协同互动为基础的协同创新模式。换个角度来讲，协同创新就是打通企业、政府、高校、科研、金融机构之间的隔阂，围绕产业链部署创新链，围绕创新链完善资金链，营造开放协同高效的创新生态。企业出题目，政府引导高校、科研部门研究相关题目，协同进行技术攻关，促进研究的能力和产业需求无缝对接。下一步应深化科研院所改革和高校科研体制改革，推动建立权责清晰、优势互补、利益共享、风险共担的产学研合作机制。

4. 评价与评估制度

科研评价对科研人员犹如高考对学生，具有指挥棒的功效，直接影响科研人员的行为取向。受社会大环境影响，科研人员也存在"科研 GDP"倾向，部分科研人员将主要精力用于跑项目，应付检查和评审，对于科研活动本身投入不足，学风问题和学术不端行为较为突出。因此，应改进现行科研评价制度，从重视数量转向重视质量，不能单纯地以论文论英雄，要更多关注科技成果本身的创新性和对社会的贡献。减少科研评价的"功利化"色彩，激励科研人员潜力做出一些原创性研究成果。

现行评价制度是科研组织部门对科研人员进行评价，科研组织部门是裁判员。下一步改革能否将对科研人员的评价改为对科研组织者的评价？考核科研组织管理部门，考核相关科研组织单位花了多少纳税人的钱，形成多少有价值的研究成果？如果这么做，就会对科研组织部门带来真正的压力，把科研中的泡沫和水分挤掉，发挥科研最大的效应。

（三）培养创新驱动发展的人才

创新驱动实质上是人才驱动。没有强大的人才队伍作后盾，自主创新就是无源之水、无本之木。新加坡前总理李光耀曾说，英国和法国曾为其殖民地制定过 80 多部宪法，这些宪法、制度、权力制约与平衡都没有什么问题，但这些社会没有出现有能力运作这些制度的优秀领导人……结果爆发了骚乱、政变或革命，他们的国家失败了，政体也崩溃了。[1] 由此可见，人才直接关系到国家治理水平的高下。诺贝尔经济学奖获得者、美国经济学家舒尔茨 20 世纪 70 年代在其人力资本理论中提出，人力资本的积累是社会经济增长的源泉，现代

---

① 李光耀：《李光耀论中国与世界》，中信出版社 2013 年版，第 38—39 页。

经济发展必须依靠增加脑力劳动者的比例来代替原有的生产要素。富有创新精神、勇于追求真理的高层次创新型人才，是推动科技进步、经济社会发展最重要的力量。

20世纪下半叶以来，随着科学技术影响力的日益增强，高层次创新型人才已成为一个国家核心竞争力的重要标志。因而，要实施好创新驱动发展战略，加快形成一支规模宏大、富有创新精神、敢于承担风险的创新型人才队伍。要在创新实践中发现人才、在创新活动中培育人才、在创新事业中凝聚人才，推动中国从人口大国迈向人才大国、人力资源强国。

1. 培养高素质人才队伍

下大力量培养造就高素质的人才队伍和从业劳动者。突出创新型科技人才队伍建设，培养一批科技领军人才和创新团队，引导其成为创新驱动的中坚力量。提高普通从业人员的技术、管理和劳动技能，加强培训，提高素质。营造优秀人才脱颖而出和尊重知识、尊重劳动、尊重创造的环境，让全社会创新的涌流不断迸发。

实施创新驱动发展战略既需要研究开发人才和科学家，也需要高素质的管理人才和其他类型人才。应该看到，中国缺乏大量的高技能人才，如高级技工。从某种程度上说，高技能人才在一定程度上已经成为中国实施创新驱动发展战略的短板。为此，要不断加大高技能人才的培养力度，可采取学校教育培养、企业岗位培训、个人自学提高等多种方式，大规模开展技能人才培训。

2. 完善人才评价

以创新实绩、同行评价、市场评价作为人才评价的重要参考指标，而不是以领导认可、人际关系作为评价标准。不断完善体现创新成果的人才评价体系，形成更为科学的人才评价制度。

3. 大力吸引、选拔人才

以全球化视野谋划和推动创新必须拥有大批全球化人才。如前文所述，美国成为世界科技实力最强的国家的奥秘之一在于吸引了世界大批顶尖的科学家与工程师。据统计，全球技术移民总数的40%到了美国，外国科学家和工程师占全美科技人员总数的 20% 左右。中国虽然拥有数量居于世界前列的科技人力资源，但尖端人才和一流科学大师严重匮乏。应大力引进海内外高层次创新人才、创新团队、各学科的领军人物，以高层次人才引领高水平创新。借助第三方力量开展创新人才评选活动，不断加大对专业技术拔尖人才及创新创业人才激励的力度。

打通人才流动、使用中的体制机制障碍，促进高校、科研院所的创新人才向企业流动。鼓励创新型人才向企业集聚，注重发挥企业家创新才能。搭建集聚多层次人才的活动平台，促进跨行业、跨学科领域的人才资源流通。

4. 营造良好人才成长环境

完善鼓励技术要素参与收益分配政策，建立重实绩、重贡献的薪酬激励机制，加大对创新人才创业的支持力度。提高科研人才的薪酬待遇，夯实创新驱动发展的人才基础。中国必须走出所谓的具有"低劳动力成本"比较优势的观念误区。低工资只有吸引低素质劳动力，成为自主创新型国家必须有大批高收入、高水平的高端人才，这样才能不断推动创新，提升中国的竞争优势。

重视青年科技人才。青年科技人才最有创造力，是一个国家能否持续保持创新发展的关键。但坦白说来，中国青年科技人才的工作、成长环境并不好。青年人才因为职称较低等原因，待遇普遍偏低，晋升职称压力很大，难以全身心投入创新活动中去，这已是高校、科研院所的普遍现象。再者，现行科研管理体制、科研经费分配存在"马太效应"，在争取项目和科研经费支持上青年人才处于劣势地位。

（四）提高创新驱动发展的政府治理水平

实施好创新驱动发展战略，着力推动科技创新与经济社会发展紧密结合，关键是要处理好政府和市场的关系。要通过深化改革，进一步打通科技和经济社会发展之间的通道，让市场真正成为配置创新资源的决定性力量。

1. 处理好政府与市场在创新驱动发展中的关系

处理好政府与市场的关系一直是深化经济体制的枢纽所在，也是实施好创新驱动发展的关键。政府要创造让市场发挥决定性作用的条件，首要的一点是从经济建设型政府转向公共服务型政府。按照党的十八届三中全会所提出的，将政府职能定位在宏观调控、市场监管、社会管理、公共服务与环境保护五个方面。要加大简政放权力度，取消不必要的行政审批事项，减少政府干预微观经济活动造成市场信号的失真和扭曲，最大限度地激发企业活力。

建立公平的市场准入规则，消除玻璃门、弹簧门、旋转门等不公正现象，促进公平竞争。政府要相信市场，尊重市场。凡是市场和企业能做的都交给市场和企业，进而激励创新。加快资源价格和税收制度改革，建立反映资源稀缺性和环境影响的资源价格体系和税收政策，利用市场机制推动和引导企业创新。

2. 发挥政府的公共服务职能

当然，强调市场并不意味着政府无所作为。科学和技术具有较强的外部性。不论是在发达国家还是新兴国家，普遍存在科技创新失灵的问题。因此，在创新驱动发展中，发挥市场机制作用的同时，政府应在企业不愿意投入或无力投入的领域发挥其功能，起到对市场的引导和补充作用。作为公共产品的提供者，政府将精力专注于支持前沿技术、重大共性关键技术、公益技术等具有"公共产品"属性、具有外部性的科学和技术产品与服务，促进科技创新政策和产业政策的融合，集中力量抢占制高点，为科技创新提供源源不断的动力。

此外，要发挥财政资金来支持创新的杠杆撬动效应。因为财政资金是纳税人的钱，来之不易，发挥其乘数裂变效应非常必要。同时，深化科技管理体制改革，做好规划引导、整合各类资源要素为企业创新服务。

3. 营造良好的创新生态

创新是有规律的，支持创新是必须尊重创新规律。如前所述，创新不同于发明、创造，它是一个新技术转化成为新产品、新产业的实现过程。在这一过程中，创新活动是由一系列环节组成的创新链，包括孵化器、公共研发平台、风险投资、围绕创新形成的产业链、产权交易、法律服务、物流平台等。政府的职责之一是围绕创新链营造良好的创新生态。通过消除创新链条中的障碍，最大限度地降低企业的创新成本，提高企业的创新效益。

（五）培育有助于创新驱动发展的文化

实现创新驱动发展既需要正式制度的规范和引导，也需要非正式制度的激励。文化作为非正式制度的重要内容，对于创新的影响不可忽视。创新文化是社会成员的创新能力和习惯的表现，也是社会共有的关于创新的观念和制度的设置。应该承认，中国现在全社会创新氛围不浓、创新文化不足，当前存在一些不利于创新的地方，阻碍了自主创新能力的提升。比如，士农工商重本抑末的传统文化；应试式、填鸭式的教育文化；等级式、官位式的权力文化；重立项轻绩效、重收入轻产出的科研文化等。只有创新的文化才能孕育出创新的事业。创新驱动发展，经济转型升级显然离不开良好的创新文化支持。

首先是形成崇尚科学、追求卓越、尊重人才的社会氛围。注重宣传普及科学知识、科学方法、科学精神，提高全民族的科学文化素质，在全社会形成创新的良好风尚。在科研领域提倡科学精神：求真务实、诚实公正、怀疑批判、协作开放。坚持尊重劳动、尊重知识、尊重人才、尊重创造。改变当前科研评价体系中只重数量不管质量，不评估科技成果本身的创新性和贡献的陈旧做法。大力宣传献身科技事业并作出重大贡献的科学家、工程师以及将科技成果成功转化的企业家。

其次，倡导鼓励竞争，敢冒风险，宽容失败的创新精神。克服浮躁心态和急功近利倾向，破除扼杀创新精神的官本位意识和小农意识，培育创新意识，鼓励创新精神，激发创新活力，营造创新氛围，保护创新成果。

再次，善于吸收人类文明成果。强调培育创新文化绝非固步自封，而是既要大力继承和弘扬中华文化的优良传统，又要吸收国外文化的有益成果。在当今世界，任何一个国家都不可能也没有必要完全依赖自有技术推动发展。我们应以全球视野谋划和推动创新，这也是创新文化的组成部分。

最后，培育创新文化需要制度保障。创新文化并不是自然形成的，制度安排也不可或缺。比如，通过改进教育体制，培养广大青少年的创新意识，提高其实践能力。再如，加快建立健全国家科技报告制度、创新调查制度、国家科技管理信息系统，大幅提高科技资源开放共享水平等，都有助于形成良好的创新文化。

第五章　金融货币体系改革支撑
中国迈向经济强国

　　世界上超过 65% 的国家都是以美元的形式进行外汇储备。美元作为主导储备货币的特权赋予了美国低廉金融的优厚待遇。此次金融危机的爆发和蔓延，不仅深刻影响并改变着世界经济版图，而且将现行国际货币体系的内在缺陷暴露无遗。危机过后，一方面，超主权货币导向的国际货币体系改革备受关注，改革的关键是如何构建一个稳定的超主权货币体系。另一方面，以中国为代表的新兴经济国家愈发认识到货币崛起是一个国家经济崛起的核心，因为在国际货币体系的制造链上获取超额的货币金融利益对一个国家的崛起及之后的持续繁荣至关重要。

　　国际货币体系改革对中国的真正意义在于在人民币国际化上有所突破。从长远看，中国要完成经济大国向强国的转变，客观上对人民币国际化提出要求。过去 30 年，助力中国从贫穷落后到"大国崛起"的经济基石是制造业。未来 30 年，这种"强制造，弱货币"的格局，与中国的国际地位不匹配。可以说从制造业博弈到货币博弈，是从有形的产品之争到无形的货币之争，这是中国未来 30 年经济发展模式的"颠覆性"革新，是国之利器的解构与重铸。

一、国际货币体系改革的可能模式

　　当前国际货币体系是一个不公正的国际货币体系，其主要特点是美元处于主导地位。美元几乎等同于世界货币，美国因此可以维持巨大的经常项目赤字，经常项目赤字的不断积累使美国成为世界上最大的债务国。此次金融危机暴露了美元作为国际储备货币的弊端和当前国际货币体系的内在缺陷和系统性风险。必须创造性地改革和完善现行国际货币体系，推动国际储备货币向着币值稳定、供应有序、总量可调的方向完善，才能从根本上维护全球经济金融稳定，而用新的国际储备货币代替美元是国际货币体系改革最核心的问题。

（一）国际货币体系改革可能的四种模式

危机带给各国最大的思考是，到底需要什么样的国际货币体系。从中国央行行长周小川提出的以超主权储备货币替代美元，到新的区域货币联盟，再到建立世界央行的种种思考都已浮出水面。在未来最为可能的国际金融秩序的演变中，现在主要有四种方案：一是以黄金为中心的商品本位制；二是对现有的美元系统修修补补；三是"超主权货币"，例如 IMF 的 SDR；四是实现多元主权货币体系。

1. 金本位回归模式：历史不可能倒退

1981 年，美国哥伦比亚大学教授罗伯特·蒙代尔在 1980 年金价猛涨后提出要在美国恢复黄金的兑换性的建议。2008 年，中国学者宋鸿兵也提出回归金本位。

回归即是倒退，当初金本位退出历史舞台的根本原因就在于，黄金可提供的总量与人类经济发展的需要不一致。金本位制都存在先天缺陷：货币的发行量取决于黄金的储备量和开采量，但黄金的开采量远跟不上财富的增长。实际货币发行量应该由经济发展速度决定，如果基础货币供应量少于经济活动所需，就会通货紧缩，阻碍经济发展。目前，全世界开采出来的黄金共 16 万吨，已探明未开采的黄金储量约 7 万吨，只可供开采 25 年。没有办法衡量全球财富。历史上的 1914 年，第一次世界大战的爆发迫使各国陆续停止了本国货币与黄金的直接兑换，同时为防止黄金储备流失，大都采取了浮动汇率制度。尽管在 1922 年吉诺阿会议上，英、法、意、日等国通过了恢复金本位的行动纲领，但由于黄金供给远不能满足各国央行的国际储备需求，各国最终采取了小国以大国主权货币作国际储备，大国以黄金作为国际储备的金汇兑本位制。

此外，这对黄金储备和矿藏量少的国家也是不公平。地球上的黄金分布很不均匀，虽然，目前世界上有80多个国家生产金，但是各国产黄金产量差异很大，各地产量却颇为不平均，其中2004年世界前10名产金国依次为：南非、美国、澳大利亚、中国、俄罗斯、秘鲁、加拿大、印度尼西亚、乌兹别克斯坦、巴布亚新几内亚。其中中国黄金产量近年来一直处于世界排名第四的位置。

2. 目标模式：建立统一的货币体系

1984年，哈佛大学教授理查德·库珀（Richard Cooper）系统提出该观点。逐步在世界范围内建立起统一的货币体系，实行统一的货币政策，并建立统一的货币发行银行。建立统一的货币体系不会存在"特里芬"难题问题。

一种公平的国际货币体系必须满足两个条件：（1）不会给某一国家（货币发行国）带来特别利益。如铸币税① 收入，发行国通过发行世界货币无偿获取了大量的铸币税。有研究表明，美国每年的铸币税收入相当于其GDP的10%。主权货币的超额发行成本与收益基本锁定在一国内部，从根本上消除了现有储备货币发行国以邻为壑的操作的可能性。（2）国际储备货币的价值基础不再是一国的信用，而是世界所有国家的信用，并且能够动态反映主权国家经济实力的变化。

3. 特别提款权替代美元模式：美好的远景，恐惧的现实

单一世界货币如何建立？中国央行行长周小川提出，可以通过进一步扩

---

① 铸币税（英文：Seigniorage），也称为"货币税"。通俗的理解：古代铸金币，按道理说金币必须要10克重，没有人会真正做到10克重，而是重量7克，上面标10克，政府强制推行没有问题，还有3克就进入政府国库，这叫铸币税。现在是指发行货币的组织或国家，在发行货币并吸纳等值黄金等财富后，货币贬值，使持币方财富减少，发行方财富增加的经济现象。比如说本来要发行40万亿美元，美国可以发行80万亿美元，其中40万亿美元就是美国的铸币税。

大发行国际货币基金组织的特别提款权（SDR）①，来创立一种超级储备货币。也就是将特别提款权改造为世界储备货币的唯一形式，根据一定时期各国的经济总量确定 SDR 的总规模、各国 SDR 的份额、各国主权货币发行规模和各国主权货币与 SDR 的兑换比例，将 IMF 和 WB 联合改组为新的世界银行。

　　早在 20 世纪 60 年代初爆发的美元第一次危机，暴露出以美元为中心的布雷顿森林货币体系的重大缺陷，越来越多的人认识到，以一国货币为支柱的国际货币体系是不可能保持长期稳定的。从 60 年代中期起，改革二战后建立的国际货币体系被提上了议事日程。以美英为一方，为了挽救美元、英镑日益衰落的地位，防止黄金进一步流失，补偿美元、英镑、黄金的不足，适应世界贸易发展的需要。而以法国为首的西欧六国则认为，不是国际流通手段不足，而是"美元泛滥"，通货过剩。因此强调美国应消除它的国际收支逆差，并极力反对创设新的储备货币，主张建立一种以黄金为基础的储备货币单位，以代替美元与英镑。1964 年 4 月，比利时提出了一种折中方案：增加各国向基金组织的自动提款权，而不是另创新储备货币来解决可能出现的国际流通手段不足的问题。基金组织中的"十国集团"采纳了这一接近于美、英的比利时方案，并在 1967 年 9 月基金组织年会上获得通过。1968 年 3 月，由"十国集团"提出了特别提款权的正式方案，但由于法国拒绝签字而被搁置起来。美元危机迫使美国政府宣布美元停止兑换黄金后，美元再也不能独立作为国际储备货币，而此时其他国家的货币又都不具备作为国际储备货币的条件。这样就出现了一种危机，若不能增加国际储备货币或国际流通手段，就会影响世界贸易的发展。于是，提供补充的储备货币或流通手段就成了基金组织最紧迫的任务。因此，基金组织在 1969 年的年会上正式通过了"十国集团"提出的储备货币方

---

　　① 　注：特别提款权（Special Drawing Right，SDR）是国际货币基金组织创设的一种储备资产和记账单位，亦称"纸黄金（Paper Gold）"。它是基金组织分配给会员国的一种使用资金的权利。会员国在发生国际收支逆差时，可用它向基金组织指定的其他会员国换取外汇，以偿付国际收支逆差或偿还基金组织的贷款，还可与黄金、自由兑换货币一样充当国际储备。但由于其只是一种记账单位，不是真正货币，使用时必须先换成其他货币，不能直接用于贸易或非贸易的支付。因为它是国际货币基金组织原有的普通提款权以外的一种补充，所以称为特别提款权。

案——特别提款权方案。

SDR 成立之初，1 单位 SDR 等于 0.888671 克黄金（同当时 1 美元的含金量相等）。美元与黄金脱钩之后，1974 年 7 月基金组织决定以 16 种货币组成的篮子货币为 SDR 定价，并于 1981 年将篮子货币中的货币种类从 16 种降低到 5 种，包括美元、马克、法郎、日元、英镑。随着欧元的推出，2001 年欧元取代马克和法郎，SDR 篮子货币的种类进一步削减到 4 种。为保证篮子中的货币是国际贸易支付中有代表性的货币并且其权重代表其重要性，自 1980 年代以来，IMF 保持着每五年进行一次 SDR 定值检查（SDR valuation review）的传统。并据此对 SDR 篮子货币加以调整，调整内容有可能涉及币种，但更多的是权重变化。参见 IMF 每五年将对 SDR 的定值进行复审（见表 6）。每种货币在 SDR 所占的比重主要根据会员国或货币联盟商品和劳务出口额、会员国货币被 IMF 其他会员国所持有储备资产的数量两个因素来确定。2010 年，IMF 对 SDR 的篮子货币进行了例行五年期审查改革，确定 SDR 的价值将继续基于由美元、欧元、英镑和日元组成的一揽子货币的加权平均值，并对篮子币权重进行了调整。按照程序要求，即使人民币满足了 SDR 篮子货币筛选标准，也只有在 2015 年、2020 年、2025 年等年份才有机会接受 IMF 执行董事会的审查，并从讨论通过的第二年开始正式被纳入 SDR 篮子货币。

表 6　SDR 中各种货币权重的调整变化　　　　　　　　　　（单位：%）

货币名称	1980 年	1986 年	1991 年	1996 年	2001 年	2006 年	2011 年
美　元	42	42	40	39	45	44	41.9
德国马克	19	19	21	21	—	—	—
日　元	13	15	17	18	15	11	9.4
法国法郎	13	12	11	11	—	—	—
英　镑	13	12	11	11	11	11	11.3
欧　元	—	—	—	—	29	34	37.4

资料来源：IMF 官方网站。

特别提款权存在三大缺陷：第一，用途狭窄，无法满足现有储备货币在贸易结算、偿还债务等方面的广泛用途；第二，SDR 采用一揽子货币定价。貌似"超主权"的 SDR，其实是少数发达国家，特别是美国控制下的多元主权博弈的机构。在这个二战遗产组织中，美国由于是二战唯一的最大受益国，它在 IMF 拥有绝对权力——拥有一票否决权。而美国又占据 IMF 话语权，这意味着现有体制下，SDR 有着与美元相似的信用风险，在现在美元不负责任滥印的情况下，如果在美国继续绝对控制 IMF 的情况下发行 SDR，欧洲绝不可能接受，因为那意味着欧元的变相失败，这才是欧洲反对此方案的根本原因；第三，SDR 只是虚拟符号，而非实际发行货币，不具备货币应有的很多功能。

如果 SDR 真的实现，世界会变得如何？可以说，SDR 远景则值得期待，短期十分危险。从中长期看，SDR 替代美元，全球世界都会摆脱美元囚笼，不再需要维持高额美元储备并"被迫"投资于美国市场；国际商品价格摆脱美元控制，国内物价不再决定于美元供应；国民财富积累也不再受制于美国货币政策；在国际金融资源调配、规则制定、案例裁定中获得更多权力。但从短期看，在货币调整的初期，那些外汇储备大国，不仅不能收获实际利益，反而会面临外汇储备大额缩水、经济增长短期下降、出口形势严峻的状况。因此，SDR 替代美元短期后果是全球经济陷入低迷，这一定不是我们所希望看到的图景。

SDR 对于外汇储备大国来说，意味着放弃外汇金融主权。此方案对美国并非坏事，实际上是有利于美国国际货币统治权延续的。如果想让 SDR 方案更公平合理，那么首先就要取消美国在 IMF 的特权——一票否决权，而现在要废除这个一票否决权，美国必然会动用一票否决权否决任何挑战一票否决权的提案。因此，这将是一个永远无法实现的怪圈，就像人无法拔着自己的头发离开地球。假如世界各国同意实施美国在 IMF 超级特权下的 SDR，那么对美国是天上掉下个"超级无敌大元宝"，这个 SDR 比美元对美国更有利——在向 SDR 转换之前，现有各国央行的美元债权很可能将被廉价处理，将来的"超级主权货币"将是世界各国出钱，去买美国国债，世界各国承担责任，它们有没有权力向美国追债，最后还要美国人说了算。中国 3.99 万多亿美元的中国外汇储备中，三分之二美元资产，SDR 意味着中国放弃约 2 万多亿美元的外汇金融主权。

因此，SDR只能让中国进退两难，使我们在推进真正公平合理国际金融秩序的道路上走入歧途，扰乱了我们对最现实可能的国际金融秩序演变内在规律的把握，丧失我们在美元大崩溃前挽回中国外汇损失的最后机遇和时间。对于中国的外汇储备而言，时间是最为宝贵的。中国作为外储大国，不应该将外储命运寄托于任何一个单一方向，而应是针对未来金融大变局的几种可能，进行多元化操作。

4."一主多元"模式：符合多数国家的利益

唐双宁认为金融危机后，国际货币体系将形成以美元为主，其他货币为辅的"一主多元"格局，即以美元、欧元、卢布、日元和人民币五大货币主导的一揽子世界货币体系。目前，这五大货币已经在一定的区域和领域成为贸易的结算货币。

世界多极化意味着金融领域可能也出现国际货币多极化的趋势。即以美元、欧元、日元等为核心的区域货币合作，可能使得国际货币领域出现多种强势货币对峙、博弈，同时分享国际铸币税的格局。鉴于二战以后形成的国际政治与经济的现有格局，一方面我们不能幻想美国主动放弃其"美元霸权"的地位，必须在既有货币金融框架下争取更多的话语权与规则制定权。因为国际货币体系中美元"一主"的地位一时还难以撼动，美国仍然是世界第一大国，同时，金融危机使欧盟各国损失惨重，日本政府债务总额占GDP的比重达160%，经济发展亦步履维艰，英国政府债务总额占GDP比重已达387%，使得英镑也无法取代美元的地位，而包括中国在内的新兴市场国家，由于经济实力的后发性、资本管制的严格性、本国货币国际化的渐进性，目前也无法挑战美元的国际地位。因此，虽然此次金融危机对美元的国际地位产生影响，但美元作为核心的国际货币体系将会持续很长一段时间。另一方面我们应该在理论构架与方案设计两方面筹划建立"多元化的货币体系"。因为这次金融危机美国经济陷入衰退，美元的霸权地位将受到挑战；新兴市场国家经济迅速发展，国际地位日益提升；而且，此次金融危机的深刻教训，让世界各国认识到货币地位的重要性。此次金融危机的发源地在美国，而欧洲的损失却超过美国，这其中除了欧美的经济联系紧密外，欧洲经济发展的不平衡和政治诉求的不统一，以及欧元与美元的地位差异等亦是其中主要因素。基于上述因素，世界各国尤其是经济实力上升的大国都会力争本国货币的国际地位与权力。可以预计，在未来三十年，国际货币体系将是"一主多元"格局①。

有鉴于二战以后形成的国际政治与经济的现有格局，一方面我们不能幻想美国主动放弃其"美元霸权"的地位，必须在既有货币金融框架下争取更多的话语权与规则制定权；另一方面我们应该在理论构架与方案设计两方面筹划建立"多元化的货币体系"。中长期来看，我们认为"一主多元"格局，将会是适应当前世界经济发展的客观形势，符合绝大部分国家，尤其是新兴市场国家政治经济利益诉求的必然选择。

二、人民币国际化利益与现实障碍

一个国家的综合国力到了一定程度的话，它也必须让自己的货币体现自己的实力。从英美两国货币国际历程我们得出这样的规律：国际货币的转换明显落后于经济实力的变化。英美两国经济实力都是已经 50 年稳居世界首位之后，英镑或美元才最终成为全球最主要的国际贸易结算货币。

（一）人民币国际化内涵及进展

当前世界经济的美元、欧元二元结构就像一个跷跷板，仍无法维持国际金融市场的稳定。在世界统一货币出现前，有三种主要货币就可以保持相对稳定。除美元、欧元之外，日元难当第三种主要货币的重任。人民币存在一定机会，当前应该推进人民币国际化进程。人民币国际化是中国金融崛起的根本标

---

① 唐双宁：《金融危机后国际货币体系将呈"一主多元"格局》，2008 年 12 月 1 日，
http://content.caixun.com/NE/01/34/NE0134nt.shtm

志。人民币的前途将左右世界史。

目前，在社会中对人民币国际化有一种误解，以为人民币国际化就是要以人民币替代美元。其实，人民币国际化，就是赋予人民币在国际贸易当中的结算功能，并由此逐渐成为国际储备货币，而非替代美元。

人民币成为国际储备货币，最明显的好处是，人民银行成为全球性的发钞银行，获取全球性的铸币税收入。第二个好处是，储备货币国家能够集中全球的金融交易，创造更多商品贸易和服务，将全面减少中国对外经济的汇率风险和降低外汇储备持有量，将有效降低中国企业的融资成本和贸易成本，建立中国的逆差融资能力，高效地平衡国际收支。作为国际金融中心的纽约和伦敦就受益匪浅，那里交易的金融产品绝大部分是用本国货币计价的，其不但可以收取手续费，还能免除汇率波动风险。第三个好处是，将促进中国在全球范围内的广泛投资，并使中国的金融机构进行全球化的扩张，获取丰厚的金融收益。第四个好处是，储备货币国能够极大地提高中国的货币管理能力，借以提高自身信用和声誉。

在人民币国际化过程中，要妥善处理与美国和美元的关系。中美应该战略性"货币握手"，既让美元获得宝贵的休整机会，又让人民币获得宝贵的追赶机会，必须避免让人民币陷入和美元博弈的高风险状态。人民币国际化的直接目的是国际货币体系"多元化"，而不是替代美元。如果说，全面否定美元是革命，局部替代美元就是改革，改革的基本方向是在继续支持美元的前提下创造区域货币，而追求人民币成为一种基础货币，就是局部替代美元的一种改革。如果人民币成为世界流通货币，则不需要如此大量外汇储备，不会有外债。欧元的产生是针对美国的，但因为欧元不是主权货币，很难很快强大起来。人民币是主权货币，随着实体经济的发展，其作为另一种基础货币的可能性也会越来越大。中国应当有一个全盘的计划朝这个方向努力。

（二）中国正义无反顾推进人民币国际化

此次金融危机揭示了当今世界经济运行的事实：虚拟经济的体量远比实体经济大得多。在虚拟经济的竞争中，货币就是最强的利器，其次才是其他金融产品。过去 30 年中国不能在虚拟经济世界占领制高点，使得中国在国际竞争中处于不利地位。这正是中国最高决策层义无反顾推进人民币国际化的逻辑本源。进入 2013 年之后，人民币国际化大幅提升，截至 2013 年年底，人民币国际化指数（RII）达 1.69，同比增长 83.8%，人民币有望于 2020 年前成为仅次于美元和欧元的第三大国际货币[①]。表现在人民币对外输出从贸易结算领域开始向资本领域提速，而且异常迅猛，新政出台的速度以日为单位。

目前，中国采取的务实策略是，短期内推动国内试点城市与港澳地区及东南亚实现跨境结算；中期内在上海、深港等地区建立境内离岸金融市场；而远期目标则是资本账户全面开放，力争使完全可自由兑换的人民币成为各国乐于接受的国际储备货币。人民币的国际化需要国际化的人民币"资产池"作为支撑。总的来看，有关人民币国际化目前最为称道的成绩，主要表现在以下几方面：

第一，跨境贸易人民币结算不断扩大。跨境贸易人民币结算包括出口收取人民币和进口支付人民币两个方面，前者受到境外人民币存量影响，后者则取决于人民币在境外的被认可程度。而提高人民币在境外认可程度的关键因素是增加其在境内的投资渠道。报告指出，2013 年我国银行累计办理跨境贸易人民币结算业务 4.6 万亿元，同比增长 57%。直接投资人民币结算业务为 5337 亿元，较上年的 2802 亿元同比增长 90%。环球银行金融电信协会（SWIFT）的报告称，人民币已成为仅次于美元的第二大常用国际贸易融资货币，国际贸易采用人民币计价及结算的比率已增至 2013 年 10 月的 8.66%[②]。

第二，人民币跨境使用活跃度提升明显，与主要国际货币的差距进一步缩小。2014 年上半年，跨境人民币指数呈现冲高整固态势，在跨境货物

---

① 陈雨露主编：《人民币国际化报告 2014》，2014 年 7 月 21 日，http://jjckb.xinhuanet.com/2014-07/21/content_513446.htm

② 中国人民银行：《2013 年中国区域金融运行报告》，2014 年 1 月 24 日公布，http://cn.reuters.com/article/cnInvNews/

贸易结算使用水平稳步提高的基础上，跨境服务贸易、跨境直接投资中的使用水平逐步攀升，人民币跨境使用的基础更加牢固。2014 年 6 月，美元、欧元、英镑、日元的跨境使用活跃度指数分别为 1471、976、662、412，较 2013 年 12 月末分别涨跌 2.41%、−0.52%、−1.86%、−2.31%，同期跨境人民币指数上升 7.89%[①]。人民币跨境使用活跃度与主要国际货币的差距进一步缩小。

第三，人民币离岸市场迅速发展。人民币离岸市场对人民币成为国际化货币意义重大。主要的国际货币一定会有大量的第三方交易。第三方交易就是参与交易的两个对手跟中国都没有关系。这是和中国以外的两个国家、两个企业或者两个人之间的人民币交易。美元的第三方交易至少占一半以上（更可能为三分之二）。从这个意义上来讲，如果希望十几、几十年以后人民币有美元那样的地位，那么第三方交易要有相当大的比重。而第三方交易一般倾向于使用离岸市场，而不是倾向于使用在岸市场。目前，香港占有 53% 的全球人民币离岸市场份额，正在成为境外人民币最集中、流通量最大、市场化程度最高的人民币离岸市场。

第四，向贸易伙伴提供种子资金。签署货币互换协议可提高人民币在一些国家的使用，从一定程度上来说，人民币区域化是为国际化铺路。2009 年以来，中国人民银行先后与 23 个境外货币当局签订了总规模超过 2.5 万亿元人民币的双边本币互换协议。尤其是金砖国家银行于 2014 年 3 月共同签署《金砖国家银行合作机制多边本币授信总协议》和《多边信用证保兑服务协议》意义重大，这对于规避汇率波动以及美元风险大有裨益，而且对于新兴市场货币提升在国际货币体系中的地位大有裨益。

第五，资本项目开放的步伐在加快。通常国际上从经常项目至资本项目开放的时间跨度在 5—7 年，中国自 1996 年 12 月开始实现经常项目下的货币可兑换，迄今已 18 年，目前，主流观点认为中国的资本账户开放应该在 2015—2020 年之间完成。事实上，我国资本项目逐步开放的步伐并没有停顿。在国

---

① 中国银行：《2014 年 6 月跨境人民币指数》，新民网，2014 年 8 月 19 日。

际货币基金组织考察的资本项目管制的7大类40项中，我国已有75%的项目实现了部分开放。目前尚存在较严厉管制的主要涉及债券、股票、衍生品等市场的跨境投资，其中风险较大的是证券投资。从最近的种种迹象来看，今后三年可能成为中国资本项目管制改革的黄金窗口期，助力人民币跨境贸易结算业务的发展速度持续加快。

人民币的国际化，会逐渐导致美元失去其目前独霸天下的世界地位，随之而来的必然是美元国际使用范围的收缩和美国在"铸币税"收益方面的损失，美国通过印发更多货币以支付其对外债务的能力也将被大幅度削弱。

（三）人民币国际化障碍与难题

1. 人民币国际化中的"特里芬难题"。1960年，美国经济学家罗伯特·特里芬在其《黄金与美元危机——自由兑换的未来》一书中提出"由于美元与黄金挂钩，而其他国家的货币与美元挂钩，美元虽然取得了国际核心货币的地位，但是各国为了发展国际贸易，必须用美元作为结算与储备货币，这样就会导致流出美国的货币在海外不断沉淀，对美国来说就会发生长期贸易逆差；而美元作为国际货币核心的前提是必须保持美元币值稳定与坚挺，这又要求美国必须是一个长期贸易顺差国。这两个要求互相矛盾，因此是一个悖论。"这一内在矛盾称为"特里芬难题（Triffin Dilemma）"。同样，人民币国际化也会存在"特里芬难题"：一方面，要求中国大量进口外国产品，保持高额的贸易逆差，保持人民币币值的坚挺，并采用人民币结算，只在这样，才能保证流出的人民币大于流入的人民币，确保有大量的人民币持在外国企业和个人的手里。另一方面，人民币逐渐成为结算与储备货币的前提是，必须保持人民币汇率稳定，意味着中国经济必须保持国际收支顺差，但问题是中国始终处于贸易高顺差的地位。中国自1994年开始连续的贸易顺差，积累了大量的外汇储备，而如果对外输出人民币则需要转而保持贸易赤字，因为贸易赤字才是人民币输出的主渠道。显然，人民币输出对于贸易赤字的要求与我国现行经济的发展阶段与模式并不匹配。一方面，如果保持贸易赤字就意味着出口增长率必须大幅度降低。在这种情况下，如果中国消费需求在经济驱动结构中没有实质性上升，单靠产能过剩的投资需求会造成经济结构的严重失衡；另一方面，如果保持贸易赤字实际上意味着就业岗位将被输出到境外，在现阶段中国服务业以及新产业没有得到迅猛发展的情况下，大量的劳动力将面临失业。

2. 人民币国际化中的"不可能三角"难题。人民币要成为世界储备货币，重要的一个步骤就是对外资本输出。这必然对人民币资本项目可兑换提出了要求。日本一桥大学教授小川英治提出疑问：在资本项目可兑换没有实现之前，人民币如何能够实现国际化？资本项目可兑换有四大充分必要条件，包括宏观经济稳定、完善的金融监管、较充足的外汇储备、稳健运行的金融机构，中国目前全部条件都满足。已实现资本项目可兑换的国家，如俄罗斯、巴西、波兰等在宣布可兑换时甚至现在，其中某些主要条件都不如中国。我国经济经过多年改革与发展，为资本项目开放创造了一些有利的基本条件，包括稳定的宏观经济环境、健康的财政与国际收支状况，以及良好的金融资产质量和金融监管能力。

在人民币资本项目的开放上之所以迟迟没有大动作，最大的担心恐怕来自于对货币政策独立性和汇率稳定性目标的冲击。在现代金融理论中有一个非常著名的定理，即蒙代尔不可能三角（Impossible triangle）。一个国家不可能同时实现资本流动自由，货币政策的独立性和汇率的稳定性。也就是说，一个国家只能拥有其中两项，而不能同时拥有三项。如果一个国家想允许资本流动，又要求拥有独立的货币政策，那么就难以保持汇率稳定。如果要求汇率稳定和资本流动，就必须放弃独立的货币政策。在这三个目标之间究竟哪一个更为重要？如果放弃资本流动，将退回到闭关锁国的封闭经济体系，不利于经济增长。如果放弃汇率稳定性，对于任何国家来说都是一场灾难。"两害相较取其轻"，只有放弃独立的货币政策比较可行。放弃独立的货币政策也就是向单一的区域货币或世界货币过渡。于是，人们在贸易全球化的同时开始越来越多地考虑金融全球化，如果货币统一了，就不存在固定汇率、浮动汇率和资本管制的各种弊病了。

严格资本管制

严格固定汇率制度　　　　　　　货币政策独立性

放弃货币政策独立性　　　资本完全流动　　　汇率自由浮动

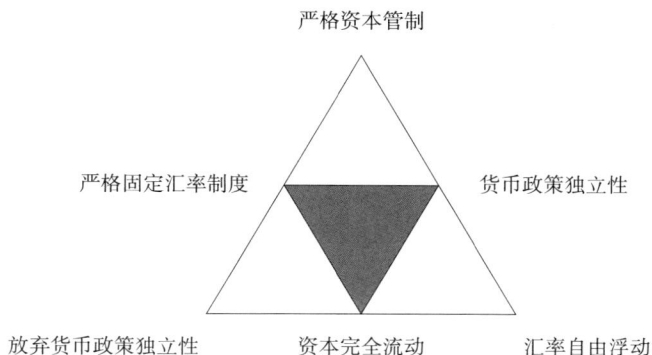

图 7　蒙代尔三角（笔者整理）

我国目前的现状是：在严格的资本管制条件下，寻求货币政策的独立性与汇率制度的稳定。该点上，现行的货币政策基本上可以实现外部和内部均衡；但是，随着资本项目的开放，我们必须在汇率的稳定和货币政策独立性中做出一个抉择。具体说来，人民币国际化后，国际金融市场上将流通一定数量的人民币，其在国际间的流动可能会削弱中央银行对国内人民币的控制能力，影响国内宏观调控政策实施的效果。一方面，在人民币处于非国际货币地位时，央行在货币发行规模、全国信贷计划、利率水平等方面都具备较强的调控能力，货币政策调控效果显著且立竿见影；另一方面，人民币国际化后，全球主要经济体对人民币的容纳与吞吐将对人民币供应量造成较大冲击，人民币发行量必须同时满足国内和海外的需求。只要中国国内宏观经济与美国宏观经济存在周期性差异，那么失效的货币政策将造成宏观调控的困难。例如，当美联储利率处于低位，而中国央行为了遏制通胀压力而不得不加息时，人民币对美元息差拉大将导致更多热钱流入中国，并通过外汇占款渠道影响基础货币，最终加剧通胀压力。中国央行为遏制通胀压力的措施反而最终会加剧通胀压力，这种货币政策操作所取得的南辕北辙的效果恰好是资本账户开放的成本。

第三，汇率双重损失的挑战。目前，中国处于产品国际化分工体系的中端环节，从亚洲国家进口原材料，然后加工成制成品向欧美发达国家出口。这意味着中国从亚洲进口，向亚洲国家输出人民币，同时对欧美出口赚取美元。这样的货币替代模式形成了中国对亚洲是人民币负债，而对美国是美元债券资产的资产负债结构。随着人民币相对美元不断升值，这样的结构将会造成资产与负债的双重利益损失。

三、人民币国际化的突围战略

人民币货币国际化应采取"渐进模式"。遍览世界经济的发展史，我们不难发现在经济和货币的超越当中，坚实而稳固的渐近超越战略是不可或缺的，强行的货币超车，可能会累积巨大的经济金融风险而最终危害经济的健康发展。也就是说，如果人民币要实现与经济的同步崛起，我们就必须要寻找到这种货币加速崛起的实现路径。眼下正是人民币突围的绝佳战略时机。

从地域上来看，人民币国际化的进程有一个先周边、再区域、最后全球的渐进过程；从货币职能上来看，人民币国际化也存在一个从计价和结算货币到国际储备货币的自然演变过程。目前普遍得到认可的 30 年两个"三步走"战略大致规划了人民币崛起的"路线图"。其一，在人民币崛起的使用范围上，第一个十年是"周边化"，要完成人民币在周边国家和地区的使用。第二个十年是"区域化"，在整个亚洲地区使用。第三个十年是"国际化"，成为全球重要的关键货币；其二，在人民币充当世界货币的功能上，第一步是"贸易结算化"，人民币在贸易结算当中充当国际结算货币，第二步是"金融投资化"，人民币在国际投资领域中作为投资货币，第三步是"国际储备化"，即人民币成为国际最重要的储备货币之一。基于经济地缘思想，人民币"周边化"和人民币"贸易结算化"已经全面展开。这是我们基于周边国家对于人民币的信任而启动，可以用来预防美元作为全球性货币的一种地区性的风险对冲机制。从现实的情况来看，人民币实现"周边化"的第一步不会太难，关键是"区域化"以及"国际化"如何实现。

1. 人民币区域化战略：货币集团与货币联盟战略

从日本和德国货币国际化经验看，人民币国际化应选择区域货币合作的路径。而一国或一个区域的货币成为国际货币本位币主要依靠该区域的综合实力。具体说来，人民币区域化可以通过人民币集团战略和货币联盟两大途径来实现（见图8）：

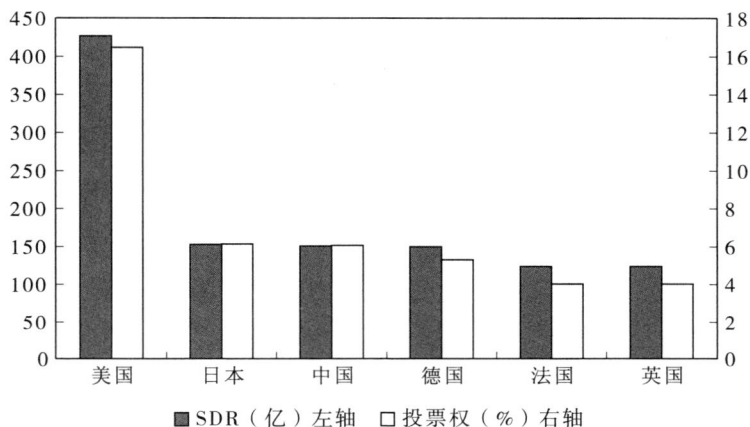

图8　人民币区域化战略图式

第一，人民币集团战略。当年美国为了争夺国际主要货币的地位，美国根据不同阶段的目标实施了一系列金融战略。为了扩大美元的影响，美国首先提出"门罗主义"和"泛美主义"，联合具有地缘优势的拉美国家建立美洲经济共同体，形成20多个拉美国家构成的"美元集团"，削弱英镑在拉美区域的影响。此外，美国在美元集团的基础上，逐步扩大美元的使用范围，形成不同的货币区域。其中以加拿大、拉美国家和澳洲为主要代表。如加拿大对美贸易约占加外贸总额的81.6%，我们知道加拿大出口占据其GDP的四成，那么换句话说，也就是说加拿大的全部GDP中有三分之一是美国购买的，加元是特别典型的美元集团货币。美元成为加拿大习惯的国际货币。中国推进人民币国际化过程中，要以"人民币集团"为基础，形成自贸货币圈、中华货币圈和援助货币圈，推行人民币投资及贸易结算，从而形成规模化的海外人民币需求。处于震荡状态的全球经济成为催化"自贸货币圈"的因素之一。这场全球金融危机表明，加速推动"自贸货币圈"，是对抗全球衰退风险和美元贬值风险的最佳途径。"自贸货币圈"也恰恰是人民币国际化的突破口。

目前与中国达成"自贸货币圈"的国家和地区可分为两类，一类是拥有密切的贸易关系并对中国市场依赖越来越大的国家或地区；另一类是资源型国家，与中国经济具有互补性。

第一类经济体主要是东盟"自贸货币圈"。从区域上来看，中国资本在发达经济体内尚不具备任何优势，作为中国最大的贸易伙伴和当今世界货币强势方，欧、美、日并不是人民币国际的突破口。但相对而言，东盟湄公河流域和东盟十国更有可能成为中国社会资本出海淘金的第一个主战场。换句话说，人民币国际化必须在欧美日之外寻找突破。人民币如果能够在东盟的湄公河流域和东盟十国内起到作用，将逐渐实现从区域到整体的慢慢扩充。

湄公河流域是人民币区域化的重中之重。目前"湄公河流域"（越南、泰国、柬埔寨、老挝、缅甸）已经被奥巴马定义为未来美国亚洲经济战略的"棋眼"。日本也已经认识到，要想进入东盟，就必须先在"湄公河流域"做好经济文章。在东盟 10 国中，以印尼和新加坡为代表的东南亚各国代表亚洲地缘经济战略一极，而以缅甸和泰国为代表的"准东南亚"各国代表亚洲地缘经济战略的另一极，中、日、韩则直接构成了亚洲经济战略中的第三极。"湄公河流域"刚好处在亚洲地缘经济战略中的第二极，因为是连接第一极和第三极之间的关键的"经济过渡极"，因此，"湄公河流域"是中国的经济大舞台，中国在东南亚所有的经济战略攻势都应从该地区发起的，中国要利用湄公河流域与中国之间有天然的地缘优势，将人民币区域化战略攻势最先的突破口就选择在"湄公河流域"，将"湄公河流域"作为战略跳板，先在这些国家推行人民币投资及贸易结算，削弱美元在该区域的影响，并开始发起对东盟内部的经济战略"攻坚战"，然后逐渐扩张到东南亚各经济体中。中国同与其接壤的越南、泰国、柬埔寨、老挝、缅甸等国家之间的贸易往来一直都没有中断过，随着边境贸易的不断发展，人民币早就事实上成为该地区的主要贸易结算货币；与此同时，东南亚各国同"湄公河流域"经济体之间存在着天然的地缘经济联系；中、日、韩三国一直都想成为东盟经济体中的重要组成成分，因此一个东亚共同体构想就成为了东南亚经济体第三极和第一极之间的战略联系平台。

在"湄公河流域"中，缅甸是"关节点"。因为缅甸靠近中国，中国人民币的国际化战略中，缅甸是一个重要的扩展方向，在缅甸通行的人民币结算很容易"流行"到其他东盟国家；中国正计划在缅甸修建一条连接印度洋到中国西南内陆的石油管道，如果该管道建成，那么从中东出产的石油就可以不经过马六甲海峡，经印度洋下船后就可以直接从陆上输往中国，无论是从能源战略的安全性还是经济性上考虑，该能源管道都是一条极重要的战略通道；另外，中国正在缅甸靠印度洋沿岸和相关岛屿修建港口设施，甚至也有可能包括海军基地，如果这样的消息属实，那么中国实际上已经在印度洋打造了"珍珠链"式的战略部署，这无疑是中国海外战略最明显的体现。

如果将"湄公河流域"扩展一下，就是东盟自贸区。2013 年，东盟十国 GDP 总量为 2.3 万亿美元，2017 年前东盟有望保持每年 5% 到 6% 的 GDP 增长率。目前，中国提出打造中国—东盟自贸区升级版，具有战略意义。中国与东盟从 2003 年建立战略伙伴关系到 2010 年双方建成世界上最大的发展中国家自由贸易区，从 2004 年双边贸易额 1059 亿美元飞跃至 2013 年的 4436 亿美元。中国—东盟自贸区是世界第三大自由贸易区、人口最多的自由贸易区，也是发展中国家之间最大的自由贸易区。中国应凭借其自身在地区资本市场上的优势而获得地区经济战略格局的主导权。

第二类是较为发达的资源性国家，包括新西兰、智利和（有兴趣签订自由贸易协议的）澳大利亚，这些国家经济增长受益于中国的资源性商品的需求，双边经济互补性很强，不存在竞争性，建立"泛自贸货币圈"有利于促进双边贸易。截至目前，中国已与智利、巴基斯坦、新西兰、新加坡、秘鲁签订了自贸协定；正在与澳大利亚、海湾合作委员会（包括沙特阿拉伯、科威特、阿联酋、阿曼、卡塔尔和巴林 6 国）、冰岛、挪威、哥斯达黎加、南部非洲关税同盟等国家和地区进行自贸区谈判。中国可以扩大在这些国家人民币投资及贸易结算范围。

同时，还可以建立"中华货币圈"。选择具有中华物质的地区，建立"中华货币圈"是人民币集团战略的重要内涵。主要通过以下两个路径实现：

一是建立"内地—香港—澳门—台湾"紧密型"货币圈"。在这里，首先要在香港形成巨大的人民币资产池，吸引除内地渠道之外的第三方通过在香港发行人民币债券或其他金融产品，使用人民币，促进海外人民币金融市场逐渐发展起来。

二是建立全球华人松散性货币圈。目前海外华人经过多年经营，全球华人拥有了巨大的财富，随着我国对外开放，引进的外资企业中，华人企业占绝大多数。现在，随着美元的不断贬值，人民币国际地位的不断提升，可以在全球华人中推行人民币投资及贸易结算。

第二，建立"金砖五国货币联盟"。货币联盟（Currency Union/Monetary Unions）是指一国使用与其邻国相同的货币。20 世纪 60 年代初由蒙代尔最早提出了"最优货币区"的概念和加入其中经济条件——区内国家之间生产要素高度的流动。具备以下条件的国家（地区）有可能组成货币联盟：国家（地区）之间商品、劳动力、资本流动比较自由；经济发展水平和通货膨胀较为接近；经济政策较为协调。货币联盟在防范货币危机中的作用有积极的一面。货币联盟一般建立于区域经济一体化建设的基础之上，并能促进经济一体化向更高层次发展；有利于区域内各国经济上的趋同和区域内产业结构的合理调整。经济基础的稳固是防范货币危机的根本。

诺贝尔经济学奖得主蒙代尔预测，在未来 20 年内将形成美元区、欧元区和亚洲货币联盟三足鼎立的局面。在货币联盟区域内建立统一的央行、发行统一的区域通货、执行统一的货币政策，国际货币汇率体系将由几大区域货币之间的汇率形成，取消各国央行发行的国别货币。但这一步需要先决条件。要建立区域货币联盟，首先要求区域内各国有非常密切的经济交往和贸易，共同市场是形成区域货币联盟的基础，资源需要在区域内自由流动。各国还要有趋同的经济水平，不能有的太高有的太低，内部要保持一定的经济平衡性，不能"跛脚走路"。按欧元的经验，其形成过程极为漫长，从 1962 年最初提出欧洲货币联盟建议，到 1999 年欧元问世，走过近 30 年历史。从步骤来看，要经历成员国之间的资本自由流动、实行统一的财政货币政策、成员国之间的经济趋同等。这对于整个亚洲来说，过程更长。

亚洲国家经济、金融状况具有明显差异。一些国家的金融市场开放程度很高，一些国家却采用严格的管制措施；一些国家的货币与地区性核心货币日元同步浮动，一些国家却采取相反措施。和欧洲相比，亚洲国家离最优货币联盟标准还存在较大差距。但在成立"亚元区"前，先建立"金砖五国货币联盟"则相对容易一些。

中国、巴西、俄罗斯、印度、南非五个金砖国家是新兴市场国家中最具有代表性的国家，作为世界上主要发展中国家和新兴经济体，金砖五国存在很强的利益基础，其他四国均与中国结成了战略伙伴关系。（1）金砖五国国土面积占世界领土面积近30%，人口占世界的42%。（2）从政治和安全的角度来看，俄罗斯和中国都是联合国安理会常任理事国，巴西、印度、南非目前都是非常任理事国。（3）从经济总量上看，金砖五国与发达国家相比还有一定差距，但动态来看，一直保持着较高的增长速度，未来前景值得期待。目前，金砖五国经济总量占全球18%，外贸总额占全球15%，吸引外资占全球17.5%。（4）从城市化率看，目前，金砖国家城市化率平均只有44%，全球是50.4%，其中，巴西和俄罗斯已实现了城市化率，巴西城市化率达到了86%，俄罗斯是73%；印度和中国是典型的二元结构国家，两国城市化率都比较低。预计到2015年金砖国家城市化率平均能达到47%，2020年达到50%，2025年达到53%，到2030年达到57%。预计到2030年，中国的城市化率有可能接近70%，基本完成城市化率进程，达到稳定状态。这是金砖五国最大的增长潜力所在。根据中国经验，每增加一个城市人口，需要增加基础设施和公共服务的潜在投资需求是10万元。这么大的投资需求，足以拉动中国经济未来一个较长时期内平稳发展。印度基础设施方面潜力更大，高速公路和高速铁路都刚刚起步，如果能够启动基础设施建设，经济增长会比现在更快。

建立"金砖五国货币联盟"好处是：（1）节约汇兑成本。开放度越高，内部贸易比重越大，引入共同货币带来的汇兑成本节约越多，开放经济体最能从货币联盟中获得汇兑成本节约方面的益处。金砖五国彼此之间的贸易往来日益密切，外贸总额占全球15%的贸易引入共同货币以后，带来的汇兑成本节约是相当可观的。（2）减少货币和银行危机的可能性。阿根廷有众多的西班牙银行，但是在2011年阿根廷遭受金融危机时，西班牙却能够避免被传染上货币和银行危机，主要得益于其加入了欧洲货币联盟。从理论以及历史经验上来看，共同货币比一般的固定汇率制度以及货币局制度更为可信，也更为强大，在防范货币和银行危机上的能力也更强。单独的金砖国家从经济实力以及应对冲击的直接能力都不够强大，如果能够实现合作，应对危机的能力将大大增强。另外，货币联盟排除了政府作为"最后贷款人"的角色，从而可以避免道德风险问题。（3）有效避免汇率波动风险。在目前通用的国际贸易中，一般都是以美元为结算单位的，而美元汇率近期一直下跌。金砖国家一旦在相互贸易中实行贸易本币结算，能有效避免汇率波动，减少风险。

从未来经济增长趋势看，金砖国家处于高速发展阶段。早在2001年，美国高盛公司经济学家吉姆·奥尼尔在一份研究报告中预测，中国、俄罗斯、印度、巴西四国GDP之和在2025年有望达到美、日、德、法、意、英六国之和的50%，并将在2050年之前全面超越六国。国经中心对未来5年、10年和20年金砖国家经济增长做了预测。预计到2015年，金砖国家GDP总量占全球比重会由现在的17%上升到23%，2020年这一比重将达到31%，2025年将达到41%，2030年将达到47%，甚至有可能会占全球的50%以上（见表7、表8）。试想一下，如果未来全球六大经济体中有一半都在使用人民币作为贸易结算和储备货币，那么，人民币国际化是不是已经成功了一半。

表7　金砖国家GDP和城市化率占全球比重

年　份	2010	2015	2020	2025	2030
金砖国家GDP占全球比重	17%	23%	31%	41%	47%
金砖国家城市化率	44.0%	47.0%	50.0%	53.5%	57.5%
全球城市化率	50.4%	53.0%	55.0%	57.5%	60.0%

资料来源：郑新立：《金砖国家经济发展现状及主要问题》，载中国国际经济交流中心：《智库言论》第10期，2011年3月29日。

表 8　金砖五国基本情况

	外贸总额 （百万美元）	吸收外资总额 （亿美元）	城市化率	GDP 总量 （亿美元）	人均 GDP （美元）
中　国	2972760	1010	47%	57451.3	4337.1
巴　西	383522	302	87%	20235.3	10540.8
俄罗斯	648419	397	73%	14769.1	10404.4
印　度	540300	237	30%	14300.2	1254.4
南　非	181768	13	62.2%	3544.1	8020.1
金砖五国占 全球的比例	15%	17.5%	44%	17.82%	

资料来源：WIND 资讯。

注：人口是 2008 年数据，GDP 是 2010 年数据。

金砖银行的成立使金砖国家的合作迈出了实质性的一步。

2."碳—人民币"国际化方案

如果说 WTO 制定了世界有形商品的贸易体系的话，那么京都议定书则制定了在全球范围内流动的以碳信用为标的的无形产品贸易体系。作为一种基于国际规则而具有内涵价值的无形商品，碳信用交易计价结算货币的选择同样适用于有形商品贸易计价结算货币选择的经典理论和一般规律[1]。碳交易市场份额、金融市场的完善程度和碳信用额差异性都将成为影响碳交易计价和结算货币的因素。

《京都议定书》正式生效之后，全球碳交易市场急剧扩张。巴克莱资本环境市场部总监预言，按照目前的发展速度，不久的将来碳交易将发展成为全球规模最大的商品交易市场。英国新能源财务公司预测全球碳交易市场 2020 年将达到 3.5 万亿美元，将超过石油市场，成为世界第一大市场。而碳额度也将取代石油成为世界第一大商品。

---

[1]　王颖、管清友：《碳交易计价结算货币：理论、现实与选择——碳战争的实质也是金融国币战争》，载《当代亚太》2009 年第 1 期。

CDM 项目的需求量远高于 CDM 的供应量。从需求看，根据世界银行估计，发达国家于 2012 年前需要减排约 50 亿吨碳量，其中一半减排量须透过本土减排达成，另一半的减排量必须从市场购买，即要以清洁发展机制（Clean Development Mechanism，CDM）的形式实现，所以 CDM 项目的需求量仍远高于 CDM 的供应量。发达国家通过 CDM 购买温室气体排放额度的需求为每年 2 亿至 4 亿吨，每吨的价格在 15—20 欧元，最高时甚至达 25 欧元。随着欧洲碳排放交易计划从 2004 年至 2007 年的第一阶段，进入 2008 年至 2012 年的第二阶段，各国所分配到的碳排放配额已进一步减低，可见近年各交易所的交易量及各类碳权交易量都不断上升。在未来碳排放配额逐步减少的情况下，各国对市场上碳排放配额需求将持续增长，预计 2030 年碳权价格将升至每吨 180 美元。从供给看，中国是全球最大的碳资源供给国家。近几年来，无论是注册成功的 CDM 合作项目和 CER 签发量都得到了迅猛增长，在全球碳市场中，中国已成为全世界核证减排量一级市场上最大供应国。中国在目前国际碳交易市场出售的年减排额已达到全球的 70%，有专家估计，中国当前已签订的碳交易项目收益可达 20 亿美元。联合国气候变化秘书处预计，到 2012 年中国将占联合国发放的全部碳排放信用交易的 41%，成为全球第一大供应国。根据 CDM 规则估算，以目前中国每吨 CERs（经核证减排量） 7 到 8 欧元的市场价格计算，在 2012 年之前，中国的碳交易潜力达数十亿欧元，约占全球市场份额的 50%。这意味着中国将成为一个具有巨大潜力的 CDM 市场，将成为最大的减排市场提供者。

由于一直以来英国都是碳减排最坚定的执行国，尽管英国排放交易体系已并入欧盟排放贸易体系，但伦敦作为全球碳交易中心的地位已经确立，英镑作为碳交易计价结算货币的空间能够继续保持。此外，由于日本、澳大利亚在碳减排方面的领先地位，日元、澳元也将在未来全球碳交易计价结算货币中占有一定比例。

一国货币要想成为国际货币甚至关键货币，通常遵循计价结算货币—投资货币—储备货币—锚货币的基本路径，而与国际大宗商品、特别是能源的计价和结算绑定权往往是货币崛起的起点。正像"煤炭—英镑"、"石油—美元"

的关键货币崛起之路，碳交易计价结算货币的绑定权是美元以外的国际货币走强和国际货币体系多元化格局的绝好契机。再说，碳交易市场供给方比较多元，包括发达国家、转型国家和发展中国家，不像石油供给高度依赖欧佩克，很难形成唯一计价货币的约定，客观上存在碳交易计价货币多元化的可能。

关键货币崛起与能源绑定高度相关，也是人民币国际化跨越式发展的路径。

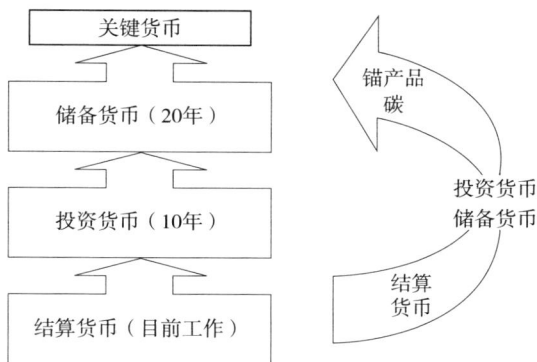

图 9　人民币成为关键货币的跨越式路径

在当前的国际碳交易市场上，人民币要成为碳交易结算货币进而成为国际货币，需要大力推进资本项目可自由兑换的进程。成为结算货币是一国货币国际化的起点，在一国货币国际化的进程中，货币发行国将会得到巨大的收益和更高的国际地位。正是由于巨大的利益空间，很多国家都为本国货币能成为碳交易结算货币展开了新一轮的博弈。现阶段，可适度放松人民币在经常项目上的可自由兑换，通过货币互换等手段增强人民币的流动性，稳定汇率，保证币值，借助国际碳交易扩大人民币跨境结算的范围，帮助人民币成为国际碳交易结算货币。

3. 将人民币纳入"特别提款权"战略

20 世纪 80 年代日元国际化后，日元国际地位显著提高，它在 SDR 特别提款权的比重一度达到 21%，日元力图成为国际主导货币。日本的做法给我们提供了人民币国际化的思路，即争取将人民币纳入"特别提款权"。

目前，中国在 IMF 和世行投票权跃升，给人民币纳入特别提款权提供了可能。SDR 归根到底就是国际性的货币创造，能够自己创造货币的国家不需要它们，但外围国家需要。因此，富裕国家应将它们的 SDR 配额借给需要的国家。受援国将以极低的利率向 IMF 支付利息，它们可以自由使用自己的配额。

预计 IMF 最高决策机构理事会将在 2016 年 1 月份启动新一轮的 SDR 份额和治理改革。改革后，中国的份额将从目前的 3.994% 大幅上升至 6.390%，跃身为 IMF 第三大份额国，比第二位的日本（6.461%）仅低 0.071 个百分点，而美国依然是第一位（17.398%）。金砖四国（巴西、中国、印度和俄罗斯）将全部跻身 IMF 份额最高的十大成员国之列。按照改革后的最新份额比重，IMF 十大成员国将依次分别为美国、日本、中国、德国、法国、英国、意大利、印度、俄罗斯和巴西。

第六章　产业强国战略推动中国迈向
经济强国

2014 年 5 月，习近平总书记视察中国商飞公司大飞机项目时指出，"我们要做一个强国，就一定要把装备制造业搞上去，把大飞机搞上去，起带动作用、标志性作用。"

中国正处于从工业大国迈向工业强国的关键阶段。但中国发展不仅存在着城乡和区域的严重不平衡，在工业结构内部也存在着行业、产品等制造能力和技术水平的严重落差：一方面，载人航天、探月工程、新支线飞机、大型液化天然气船（LNG）、高速轨道交通、时分同步码分多址接入通信（TD—SCDMA）、高性能计算机等领域取得一批重大技术创新成果。截至 2012 年，中国机械工业主要产品中约有 40% 的产品质量接近或达到国际先进水平。另一方面，工业制造能力总体上与发达工业化水平仍有很大差距，基础材料、基础零部件、基础制造工艺（俗称工业"三基"领域）的能力依然是制约整个工业制造能力跃升的短板，包括钢铁、水泥、船舶、玻璃等十多个产业还出现较为严重的产能过剩。而且，自 2008 年国际金融危机以后，工业化发达国家纷纷推出"再制造"战略。中国经济体量位居全球第二之后，已经面临着发达国家和水平相近的发展中国家在高端装备制造领域越来越激烈的竞争，这已成为未来中国参与大国博弈时须臾不得放松的核心问题之一。国家间经济和综合实力竞争的关键，很大程度上是装备制造业的竞争。正如 2011 年 12 月 30 日国务院发布《关于印发工业转型升级规划（2011—2015 年）的通知》（国发〔2011〕47 号）指出的，"工业转型升级是我国加快转变经济发展方式的关键所在，是走中国特色新型工业化道路的根本要求，也是实现工业大国向工业强国转变的必由之路。"

那么，中国工业转型升级的路子怎么走？就国家战略来说，怎样利用现阶段中国工业制造的禀赋优势，在众多关键领域中选取我们自己的核心项目取得突破？一个明智的思路应该是，围绕与大国地位相匹配的"大国技术"和"大国产业"做文章。

一、什么叫大国技术和大国产业

1. 产业战略中的比较优势和后发优势战略

在产业发展战略中，主流经济学比较优势理论一直居于主导地位。根据比较优势理论，一国的产业结构和技术结构内生决定于经济的禀赋结构，其中应当选取在各产业当中成本和技术都相对有优势的作为重点。也就是说，在国际贸易和竞争格局中，一国发展战略的长期绩效，决定于能否充分发挥本国内部产业之间的比较优势。据此，要实现向工业化国家转化并获得较快的经济增长，发展中国家并非一定是"越高端越好"，而是根据自身比较优势来确定哪些产业优先发展。比如对于 1990 年代早期的中国来说，因资本相对稀缺而劳动力极为丰富，最佳路径是利用丰富的劳动力资源，大力发展劳动力比较优势的产业，以最快速度缩小同发达国家差距。

与此不同，还有一种思路指出，一个国家要充分利用"后发优势"来确定产业发展战略。它是说后起国家要赶超，不必亦步亦趋地跟随领先国家之后，而应率先在一些前沿领域占据一席之地，直接展开技术创新和产业跟进。由于避免了领先者的封锁，也由于省却了早期的大规模投入和产业转型升级的周期，反而可利用领先者长期试错后得到的"公共知识"而直接行动，后起国家即可跳跃式地发展前沿产业实现赶超战略。

2. 产业战略的"大国优势"新思路

与上述传统比较优势或后发优势理论不同，"大国优势"是一个制定产业战略的新思路。尽管尚无严格的概念界定，但其含义可初步这样表述：国家规模——包括幅员规模和市场容量，完全可以成为支撑一国发展优势产业的基础。一个国家或地区在确定其产业战略时，不仅要考虑其各产业之间的优劣势，也不仅考虑与领先者相比有无发展水平的优劣势，还要考虑其国家规模和市场容量大小。对此不难理解，回顾经济发展史发现，在自然条件和发展水平相当的国家之间，仅在数量意义上的"大""小"之分，决定了它们分别发展特征极不相同的产业。例如，尽管科技和制造业水平相当，甚至国家地缘战略也很需要，以色列就不可能发展类似于美国那样的航空和航天产业；以尽管同属于高收入国家和地区，像巴林、新加坡和中国香港永远不可能发展类似于欧洲、日本那样的重化工业、电子信息以及新型材料之类的产业。同属发展中国家，在制定产业战略时，中国和越南之间，印度和斯里兰卡之间，决策者一定思考着十分不同的产业目录。这不仅取决于国家意志、自然资源和地理环境，显然是国家规模大小成了决定因素。

这样，我们就把"作为大国必须发展，同时也只有大国才能发展的技术或产业"称为"大国技术"或"大国产业"。其中的"大国"包括三层内容，一是面积规模之大，二是人口规模之大，三是由人均收入提高所决定的经济规模，即实质上是市场规模之大。这三个内容的"大"分别从必要性和可能性两方面，内生地决定了一国优势产业的选择和发展。

3. 规模经济和范围经济

规模经济（Economics of Scale），指在一个给定的技术水平上，随着产出规模的扩大，某种产品的单位成本逐步下降。一方面，生产规模的扩大有利于专业化分工的深化，从而使生产效率得以提高；另一方面，随着生产规模的扩大，一些固定投入包括机器设备、基础设施、管理体系、采购和销售支出，在较大的生产规模下得到更充分的利用；再者，前期的巨大研发费用分摊到每一单位产量的份额，将随着生产规模的扩大而下降。规模经济意味着大规模生产要比小规模生产更有效率，即专业化优于多样化。

高铁的规模经济存在于该技术和产业内部高度的技术集成。高铁包括系统集成、动车组、线路系统、客运服务等7个子系统。在每个子系统内部，都各有很复杂的专门标准体系，这些标准体系背后则是相应的基础科学的研究。其中高速动车组，其系统总成和关键子系统就含有 9 大核心技术，例如高速列车轮轴研制、列车制动技术、列车发动机、齿轮传动装置等领域的生产制造技术。而这背后又是从材料、零部件到制造工艺等基础学科为支撑。这意味着，一个成功运行的高铁系统，从产业链前端基础研发、应用研发到诸环节产品生产，乃至产业的形成，涉及多学科、多行业、多环节的长期投入。高铁产业规模越大，上述各项的单位成本和技术难度则降得越低。换句话说，一个运营距离有限、运营规模无法扩展的高铁系统，巨大的、长期的基础性投入是很难收回的。

范围经济（Economies of Scope），当厂商同时生产两种产品的费用低于分别生产每种产品时，所存在的经济即被称为"范围经济"。在如下两种情况下，厂商把两种或更多的产品合并在一起生产比分开来生产的成本要低。第一，一个地区集中了某项产业所需的人力、相关服务业、原材料和半成品供给、销售等环节供应者，使这一地区在继续发展某一产业时拥有比其他地区更大的优势。第二，企业通过扩大经营范围，增加产品种类，生产两种或两种以上的产品而引起的单位成本的降低。范围经济意味着多品种、小规模生产可能比单品种、大规模生产更有效率，即多样化优于专业化。

范围经济的存在主要是由于不同的产品可以共享企业的某些核心专长，如营销、研究与开发、工艺装备、零部件和管理服务等。但是，经济学中的边际递减原理表明，当范围扩大到一定程度后，继续扩大则可能导致成本的快速增加和收益的快速下降，出现所谓"范围不经济"。科斯的企业理论对此揭示得更清晰：一个地区或一个厂商，必须把握最优经济范围来配置资源和产业。

范围经济通常也表现为产业的辐射广度。高铁不仅在内部包括上述机车、控制和轨道的建设，还在外部包括因便捷舒适的交通方式所衍生的更广泛的行业，如工程研发、建设融资、航空—铁路一体化服务、沿线商业和地产开发，还有现代高级物流、广告、娱乐和观光等产业。这使得投资运营主体可能存在"东方不亮西方亮"的兼营选择。同样，潜在的多个产业是否可持续，也决定于相应类别的市场规模是否足够大。

4. 理论支持

这种故事的背后，蕴含着深刻的经济学经典理论。按照以亚当·斯密（1776）名字命名的著名原理，"劳动生产上最大的增进，以及运用劳动时所表现的更大的熟练、技巧和判断力，似乎都是分工的结果。""分工受市场规模的限制"。就是说，一个社会的技术进步、生产率提高和福利的增进，端赖于分工和专业化的不断加深；而分工和专业化的深化则受到该经济体市场规模（或曰"市场容量"）的限制。只要市场规模足够大，或者交易成本足够低，不断加深的分工和专业化足以催生形形色色的产业出现，并导致市场规模的进一步扩张。这就构成了交易费用降低——市场规模扩展——专业化分工加深——市场规模再扩展这样一个规模报酬递增的正反馈机制。① 林毅夫将一个经济体的禀赋及其结构进行了细分：自然资源、劳动力、人力资本和物质资本的相对丰裕程度。② 上述思想"还原"为现实世界里，我们则看到不同幅员的行政管辖——国家规模，决定了市场规模。这种市场规模，在一定制度规则下的交易费用水平上，实质性地决定了一个经济体的产业选择。这种选择应该成为各该经济体制定产业战略的基础。

这里以高铁和大飞机两个产业的发展情况为例，来说明上述理论思考，并以此讨论中国在诸如这两大产业相类似的产业发展战略。

二、中国高铁何以飞驰

1. 高铁技术和高铁产业的世界格局

所谓高铁，即高速铁路，根据国际铁道联盟的定义，是指新建铁路营运速

---

① 现代经济学新增长理论源自亚当·斯密（1776）关于分工和专业化随着市场规模扩展和交易费用降低而不断加深的思想，后来朝着两个方向演进：一是市场规模扩展和交易效率如何内生决定；二是交易费用的高低进而如何影响分工和专业化的深化。

② 见林毅夫：《新结构经济学——重构发展经济学的框架》，载《经济学（季刊）》2010年第10卷第1期。

率在每小时 250 公里以上，改建铁路营运速率在每小时 200 公里以上的铁路系统，包括路轨、车辆设备、信号与控制、运营和管理等子系统。20 世纪 90 年代以来，伴随着已建成线路的成功运营，高铁在安全、快捷、节能、环保等诸多方面的明显优势，受到很多国家的重视或大力支持。[①]

据国际铁路联盟统计，截至 2013 年 11 月 1 日，世界其他国家和地区高速铁路总营业里程 11605 公里，在建高铁规模 4883 公里，规划建设高铁 12570 公里。[②] 截至 2014 年 3 月，中国高速铁路总营业里程达到 11028 公里，在建高铁规模 1.2 万公里，成为世界上高速铁路投产运营里程最长、在建规模最大的国家，高铁建设规模在全球占据半壁江山。根据调整后的《中长期铁路网规划》，到 2015 年，中国高速铁路运营里程将达到 1.9 万公里；到 2020 年，中国铁路营业里程将达到 12 万公里以上，快速客运网基本覆盖中国各省省会及 50 万以上人口城市，其中 200 公里以上时速的高铁里程超过 30000 公里。届时高铁运营里程、平均运营速度在全球都遥遥领先。

长期以来，中国远距离的客货运输主要依靠铁路系统。20 世纪 90 年代之初，中国开始对高速铁路的机车设计、线路建造、安全控制、运营管理等方面的基础理论和关键技术开展大量的研发攻关。经过广深、大秦等个别路段的提速试验和客运专线试验，随后全国范围既有铁路进行了六次大提速。2008 年，京津城际高铁开通运营，使两地间运行由原来的 2 小时左右缩短至 30 分钟左右；2011 年 6 月 30 日，世界上一次建成里程最长的京沪高铁建成通车，全长 1318 公里，设计时速 350 公里；2012 年 12 月 1 日，哈大高速铁路通车运营，成为世界上第一条新建高寒高速铁路；2012 年 12 月 26 日，京广高速铁路全线贯通运营，全长 2298 公里，成为世界上干线最长的高速铁路。到 2013 年年底，随着宁杭、杭甬、津秦、厦深、西宝等一批新建高速铁路投入运营，我国成为世界上高速铁路投产运营里程最长、在建规模最大、运营管理业务最繁忙

---

① 世界上第一条高速铁路是 1964 年建成投产的日本东海道新干线（东京至大阪），全程 515.4 公里，最高运营时速 210 公里。欧洲第一条高速铁路则是法国于 1981 年建成的巴黎至里昂 TGV 东南线，全程 417 公里，最高运营时速 270 公里。

② 《中国高铁投产运营里程全球第一》，载《中新财经》2014 年 3 月 5 日。

的国家。高铁的大规模建设投运，带动了围绕机车的高端装备制造业和围绕路轨的高端工程建设的巨大进步，也极大地促进了人员、货物、信息的快速流动，在中国东中部等高人口密度地区形成了 1 小时、2 小时以及 6 至 8 小时城市圈，一定意义上改变了人们的时空观念，对中国交通结构和发展方式、人口及产业的分布，乃至整个经济社会的发展条件都带来了巨大变化。党的十八大以来，新一届国家领导人出访频频推出"高铁外交"。高铁设备制造、技术集成、路桥建设以及相关技术或运营服务，已成为中国高端装备制造业走向全球的"名片"。

2. 中国高铁发展的市场决定

从能耗与排放角度看，根据欧洲相关机构的一项研究，运输业对二氧化碳排放的贡献度是 30% 以上。中国铁路运输外部成本是公路的十一分之一，货运成本则是二十五分之一。能耗方面，中国公路的平均能耗是铁路的 5 到 10 倍，美国的研究是 3 倍。而到 2025 年，中国的碳排放量将超过 10 亿吨位，等于目前全世界运输系统排放量的总和。假定高速铁路能耗为 1，则小汽车为 5.3，飞机为 5.6。[①] 从土地消耗角度看，中国公路完成运输量所占的土地面积是铁路的 19 倍，据研究在美国为 55 倍。一条双向 4 车道高速公路占地面积是复线高速铁路的 1.6 倍，一个大型飞机场占地面积相当于建 1000km 复线高速铁路。作为人多地少（仅指可利用土地）禀赋特征的中国，发展高速铁路系统非常符合环境友好、生态文明的发展方向。

只有足够大的乘运密度，高速铁路的巨额投资和运营成本才得以摊薄，此即高铁投资回报率的市场规模决定。迄今为止，无论技术优劣，绝大多数高铁运营均处于巨额亏损状态。只有日本的东海道新干线，1964 年建成后第三年就开始盈利，第七年收回全部投资，成为全球少有的盈利高铁。这得益于其作为世界上高铁建设最早的集大成者，率先将高铁由试验阶段推进至商业运营阶段，更得益于其世界第一的运输密度：从 1965 年开通后 10 年内，年均运量增

---

① 当然，由于大型民机大规模使用先进复合材料，能耗也大幅度降低。以 A380 为例，其首架飞机每位乘客的百千米油耗不到 3L／人，而 A350 的百千米油耗预计 2.5L／人，几乎与小汽车一样。

长 12.65%。但是从 1975—1991 年开始，这条线路运量年均仅增长了 1%，此后基本不再增长。根据日本、法国等国家几十年的运营检验，高铁开通后，发运旅客人数及这些旅客乘坐高铁的平均运程达到一定水平后，将很难再有大的提高。①

长三角地区的沪杭、沪宁城际高铁，由于高密度的乘运市场存在，目前收益良好。尤其是远距离运输的京沪高铁，投入运营后客座率逐步提高，客运量逐步加大。2012 年，京沪高铁来自本线车、跨线车的收入合计接近 174 亿元，亏损 35 亿元，2013 年突破 7000 万人次，收入突破 200 亿元。据测算，京沪高铁每年收入在 210 亿—220 亿元时，基本可以实现收支平衡。很多中西部高铁花 10 年左右的时间基本可以实现盈亏平衡。而哈大高铁等东北地区的高铁线路，通过秦沈、津秦等高铁与京沪、京广高铁相连后，盈利应该不成问题。②

而且，未来我国高铁的潜在市场规模巨大。据测算，目前乘坐高铁客运专线（包括 G 字头和 D 字头列车）出行人数占全国铁路客运量的 30% 左右，即每天达到约 160 万人次。可是中国的路网密度和人均乘车次数与发达国家相比还有很大差距。按国土面积路网密度计算，中国是德国的十二分之一，日本的四分之一，印度的三分之一，美国的二分之一。按人口密度算，中国则是美国的十七分之一，俄罗斯的十分之一，法国的八分之一，日本的三分之一。若把中国人均乘车次数按 1 次计算，日本每人每年用铁路则为 70 次。据测算，在中国，包括城市地铁在内，每年需要新增高速动车至少 1000 辆。这一巨大的市场规模足以实现高铁总体上盈利。

国际金融危机之后，发达国家出现新一轮铁路热。日本拥有高速铁路 2340 公里，在建 580 公里，长期规划线路 4300 公里。欧洲高速铁路 2006 年为 4700 公里，2010 年达到 6000 公里，2020 年将达 1.2 万公里。印度"十一五"计划投入巨资于新线建设、复线改造、统一轨距、机车车辆制造、高速铁路

---

① 高速铁路建设成本，按时速 300 公里高速客运专线计算，每公里投资成本 1.8 亿元人民币，是一般铁路的 3 倍左右。

② 刘亮：《京沪高铁账本：范例还是特例？》，载《财经国家周刊》2013 年 12 月 9 日。

和货运专线等建设，其中计划建设总长为 11000 公里的重载货运专线。全球每年轨道交通设备的市场规模达 1300 亿美元。面临巨大的市场机会，发达国家和一些快速发展的发展中国家都将高铁视为重要的新经济增长点，纷纷出台政策抢抓机遇。而拥有"技术完善、运营经验成熟、质量有保障、性价比高、在国际市场享有良好声誉"① 等方面优势的中国高铁，面临的市场规模将无与伦比。

能说明将巨大的市场规模转化为对外合作的优势筹码的案例的，首先应提及西门子的悲与喜。中国高铁经过长期试验和摸索之后，真正大规模突进始于 2004 年。当年 6 月，原铁道部发布了"拟采购时速 200 公里的铁路电动车组，共计 200 列"的招标公告。当时，包括德国西门子、法国阿尔斯通、日本川崎重工和加拿大庞巴迪在内的国际名企都参加竞标。竞标过程中，凭借国际大佬地位，德国西门子向中国开出了"天价"转让费：每列原型车的价格 3.5 亿元人民币，而技术转让费高达 3.9 亿欧元，相当于 39 亿元人民币。此外，竞标方案对中方标书多达 50 余项不予响应。但竞标首轮，西门子出局。日本、法国、加拿大公司中标。出局直接导致德国西门子股价大跌、谈判负责人引咎离华，在华谈判团成员全部被撤职……

一年后的 2005 年，西门子重整旗鼓，再次回来，参加中国铁道部第二轮时速 300 公里以上动车组的竞标。这次，中方给出的竞标条件更加"苛刻"，但西门子不仅将关键技术悉数打包进入标书，技术转让费也从上一轮的 3.9 亿欧元降到了 8000 万欧元，并无条件接受中方的技术转让方案和价格方案。最终，西门子成功跻身中国高铁产业，开始了和唐山轨道客车有限公司的合作。随后，中国南车、北车等机车设备制造集团纷纷大幅度进军高速机车及控制设备领域，并根据中国路基、运力等情况自主开发专有技术，不断填补高铁技术空白。

3. 中国高铁发展的大国幅员决定

与全球竞争对手比较，除了具备成本优势外，中国拥有目前全球最大的高

---

① 2014 年 5 月李克强总理访问非洲"推销"中国高铁时的用语。

铁网络。鉴于辽阔的幅员，从高寒到热带，从沿海到戈壁，为适应最复杂的运营环境，中国高铁比其他国家同类产品经受了更多样、更严格的实践考验。这使得中国在高铁包括系统集成、动车组、线路系统、客运服务等7个子系统中，都有能力制定相应的标准体系。

高速动车组列车控制系统、牵引、制动等系统的核心技术，国外企业不转让，国内企业只能自主研发。2004—2005年，中国南车从日本川崎重工引进时速200—250公里的动车组技术。由此该公司成功研制出CRH2C型时速300—350公里的高速动车组。2010年，CRH380A新一代高速动车组诞生，2011年，时速500公里更高速试验车下线。这些成绩标志着中国高铁进入到全面创新和引领阶段。不仅如此，为适应复杂多样的地质条件，中国高铁的适应性开发和应用使自己处于国际领先水平：据披露，从运营效果看，日本的动车组、德国的城际特快列车等，时速达到270公里时，车身晃动十分明显，而南车的动车组时速达到300公里仍十分平稳。中国高铁动车组车厢内的噪音控制水平，也超过国外产品。CRTS Ⅲ型无砟轨道比Ⅱ型造价更便宜，与Ⅰ型比虽无成本优势，但寿命更长，能更有效解决沉降等问题。掌握核心技术的同时，中国高铁企业还在制订自己的标准体系。2012年，南车四方股份公司联合16家科研院所和企业，发起成立了中国高速列车产业技术创新联盟，目的是要使其生产的高速列车适应不同的环境条件，实现"谱系化、智能化"等目标。加之成本优势，中国南车的高速动车组比国外同类产品价格低30%—50%，将有利于推动中国高铁实现规模化、系统化的出口。[①] 这些都完全得益于在中国可以远距离、多地质条件、多市场分层建设运营高铁的大国禀赋。

4. 中国高铁由项目突破到成功实现产业化带动之路

一是积极对外合作的同时，充分将禀赋优势成功地化为策略筹码；二是充分利用体制优势，集中力量对引进技术进行消化吸收再创新；三是及时进行了体制机制的改革创新，在设备研发、路网运营、行业规划等方面，力图使体制

---

① 刘亮：《新一轮出海梦》，载《财经国家周刊》2013年12月9日。

机制"软件"与高铁设备设施"硬件"基本做到"动态适应"。

尤其是中国成功利用了"集中力量办大事"的体制优势。2008 年 2 月 26 日，科技部与铁道部共同签署《中国高速列车自主创新联合行动计划合作协议》，这是科技部有史以来首次与一个行业共同构建国家级自主创新平台。两部紧密合作，整合了全国科技资源，打破了部门、行业、院校、企业体制壁垒，以打造战略性新兴产业的公共创新平台。2008 年 8 月，经充分论证，相继批准启动了三个计划项目，共投入科技经费 10 亿元：一是以"高速轮轨铁路引进消化吸收、吸收与创新"和"中国高速列车关键技术研究及装备研制"等为代表的"支撑计划"；二是以"高速铁路用车轮材料及关键技术的研究"及"最高试验时速 400 公里高速检测车列车关键技术研究与装备研制"等为代表的"863"计划；三是以"最高运行时速 500 公里条件下的高速列车关键力学行为研究"为代表的"973"计划。

从 2005 年与国外联合生产动车组开始之后，中国高铁先后上升了三个台阶：第一为时速 200 公里级，第二为时速 300 公里级。这两个平台是在引进消化吸收再创新国外先进技术和设备的基础上形成。第三为时速 300 公里以上平台，则是通过中国自主创新形成的。自主设计的时速 350 公里以及时速 380 公里的动车，标志着中国动车设计制造水平已处于世界领先水平。目前中国铁路通过技术创新，在高速铁路的工务工程、高速列车、通信信号、牵引供电、运营管理、安全监控、系统集成等技术领域，取得了一系列重大成果，形成了具有中国特色的高铁技术体系。其中从 2003 年到 2010 年，中国已申请高速铁路相关专利共计 1902 项，其中已授权 1421 项，正在受理 481 项。目前中国在高速列车系统动力学理论、高速轮轨关系、高速弓网关系、流固耦合关系、宽车体技术、安全技术、牵引动力技术、完整的试验评估体系、运行控制系统等近 10 个方面实现了自主创新；在产业应用上，中国实现 5 个第一：运营速度世界第一，综合运量世界第一，节能环保世界第一，综合舒适度世界第一。可以说，中国已经把世界高铁发展包括机车制造、路轨建设、自动控制、运营管理等方面，都提升到一个新水平，开创了一个崭新的产业技术领域。

三、中国大飞机何时翱翔^①

所谓大型飞机，是指起飞总重量超过 100 吨的运输类飞机，有军用、民用型，也包括 150 座以上的干线客机，目前拥有这项技术的只有美国、欧盟和俄罗斯。作为大型战略性高技术装备，大飞机的研制兼有政治、国防等方面的重要意义，其所带来的巨大市场盈利空间也让许多企业趋之若鹜。

经过多年的试验、探索、争论和论证之后，2006 年，中国大飞机项目成为国家 16 个重大科技专项之一，成立了由国务院领导出任组长的专项领导小组，由工信部牵头，发改、财政、科技等部门参加。2008 年，大型央企中国商用飞机有限责任公司（以下简称"中国商飞"）在上海成立，作为实施国家大型飞机重大专项中大型客机项目的主体。公司按照"一个总部、六大中心"加快打造研发设计、总装制造、服务支援三大平台，快速形成我国民用飞机研发设计、总装制造、客户服务、市场营销、适航取证、供应商管理基本能力；建立和完善"主制造商—供应商"模式，最大限度聚集国内外资源打造中国民用飞机品牌，带动形成以中国商飞公司为主体、市场为导向、产学研相结合的民用飞机技术研发体系。国内 22 个省市、36 所高等院校、242 家大中型企业、数十万产业工人参与大型客机研制，以上海为基地、以中国商飞公司为核心的、辐射全国、面向全球的我国民机产业体系与产业布局初步形成。公司成立后即启动了 C919 大型客机和 ARJ21 新支线飞机的工程设计任务。其中"C919"中的"C"既是 China 的缩写，也是中国商用飞机有限责任公司（COMAC）英文缩写的首字母。"9"寓意"天长地久"，"19"表示的是最大载客量 190 座。

2014 年 9 月 19 日，C919 全面进入结构总装攻坚阶段，下半年的总装将为 2015 年实现首飞奠定坚实基础。目前，C919 累计订单 400 架，一个千亿规

---

① 《中国大型民用飞机产业发展战略研究报告》，中国商用飞机公司委托国家行政学院重大研究项目，2011 年 7 月。

模的产业链已经形成。

1. 大飞机是"现代工业之花"

大型飞机是现代高新技术的高度集成。一架大型商用飞机集成 300 万到 500 万个零配件。从上游看，其研制能带动新材料、现代制造、先进动力、电子信息、自动控制、计算机等领域关键技术的群体突破，可拉动众多高技术产业发展，技术扩散率高达 60%；而且产业的技术升级必然要求包括流体力学、固体力学计算数学、热物理、化学、信息科学、环境科学等诸多基础学科的大幅度进步。从下游看，大型民用飞机的商业运营，对民航运输、航空维修、航空金融、旅游、物流等产业有着极大的影响。美国国际贸易委员会有一份研究报告指出，由大型商用飞机制造串联起的飞机制造业影响了美国近 80% 的经济活动；美国国会研究服务报告指出，美国飞机制造业的交付额每增加 1 美元，就使美国经济的产值增长大约 2.3 美元。日本一项研究表明，如将民用船舶业对产业拉动值以 1 元钱计算，那么汽车为 80 元，大型民用飞机为 800 元。另有研究表明，从投入产出效益看，每向航空工业投入 1 万美元，10 年后大约可以产生 50 万至 80 万美元的收益。大型民用飞机的研制成功与商业成功，往往是一个国家工业实力、商业模式和产业组织能力强大的标志，因而常常被誉为"现代工业之花"。对于中国来说，大型飞机技术的突破，不仅会带动一批新产业的发展，而且通过在国内不断拓展产业链并引入适航认证，倒逼我国工业标准的升级，从而带动我国工业制造能力和水平的全面提升。进入 21 世纪，唯有像大飞机这样的高端大型装备制造业取得突破，才能支撑中国作为一个工业强国的基础。一定程度上，中国大飞机项目将会与当年的"两弹一星"、近年来的探月工程项目一样，成为实现中华民族伟大复兴的中国梦的重要标志之一。

2. 大飞机产业的特征

与其他产业相比，大型民用飞机产业属于典型的技术密集、资本密集和管理密集型产业。该产业具有如下特点：

（1）投入大

一款研制成功的大型民用飞机，背后是从基础研究到材料、零部件制造以及总装这样一个漫长、多环节参与的过程。而要实现商业成功，还需要营销、运营维护、售后服务以及文化知识普及等诸环节的配套。每个环节的成功无不以雄厚的资金投入为后盾。投入大这一特征，对于发展大型民用飞机产业的国家来说，首要考验就是是否具备相当程度的国力基础，是否存在一个围绕大型民用飞机各个环节高效灵活的融资机制和商业模式。对于研制者来说，需要在融资管理、业务外包和企业组织架构上采取一系列优化策略。

一是必须实现规模经济。大型民用飞机生产中的规模经济，归因于高昂的研究发展费用和大笔的生产工艺装备投入。巨额固定费用只能随着生产规模的扩大降低每架飞机分摊的份额。1986年，美国商务部与道格拉斯飞机公司合作模拟出150座大型民用飞机平均成本曲线。它表明，随着产量的增加，大型民用飞机的平均成本持续下降。（见图10）

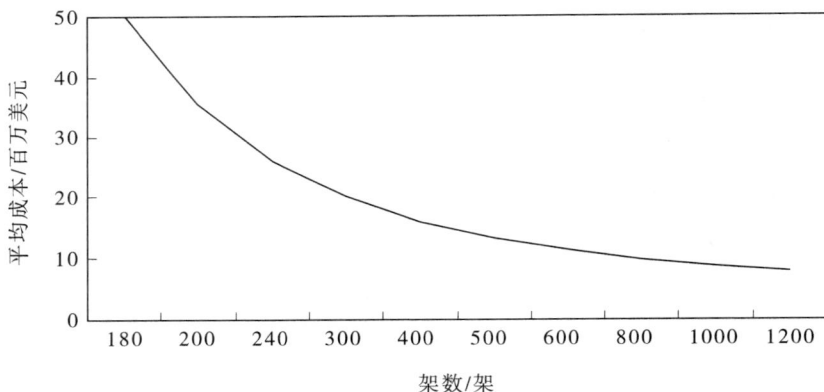

图10 150座大型民用飞机的产量与平均成本曲线变化

大型民用飞机研制成功后要实现商业成功，制造商必须尽可能扩大市场占有份额，通过产量增加"摊低"前期投入和固定费用，以实现利润最大化。但是从市场需求角度看，如果有能力提供系列化产品，使运营商具备多样化选择空间，厂商扩大市场份额的目标才能更容易地实现。这样，研制者必须在"专注于单个品种并扩大规模"与"满足多样化需求并扩大品种"之间进行权衡，在实现规模经济之外，还要兼顾范围经济。

二是必须实现范围经济。大型民用飞机生产中的范围经济主要体现在两个方面，一是发展不同系列的飞机，例如波音公司有 B737、B747、B767、B777 和 B787 等不同系列的大型民用飞机；二是在同一系列中发展不同型号的飞机，以 B737 为例，有 B737—100、B737—200、B737—300、B737—400、B737—500、B737—600、B737—700、B737—800、B737—900，以及以 B737 为原型开发的波音公务机 BBJ。不同系列、不同型号的飞机满足不同层次的市场需求，而它们在研制生产、零配件互换、市场开发和售后服务方面却能够共享资源。

此外，大型民用飞机的范围经济还包括企业同时生产客运飞机和货运飞机，以及军用飞机和民用飞机等情况。飞机厂商如果长期仅局限于一个系列甚至一种型号的飞机，在市场竞争中很难成功。

（2）周期长

大型民用飞机的周期长，表现在其研制周期长和市场寿命长，主要取决于两大原因。第一，技术储备和应用，需要较长时期的基础学科发展和人才培养；第二，市场培育和融资体系的建立，也需要较长时期的营销和组织投入。仅从市场能够接受一个品牌所用的时间长短来看，鉴于高度安全性和可靠性要求，民用飞机可能得用 30 年甚至 50 年，而汽车只用 20 年左右，家用电器更短，仅 10 年左右。

一是研制周期长。与普通工业品相比，大型民用飞机的研制周期要长得多。其决定因素包括：产品技术目标、研制者技术实力、与前期成熟产品的技术继承性、融资条件、产业间的合作关系、市场需求状况，甚至政治影响等。以厂商正式宣布开始研制到飞机正式交付的时间（年数）看，大型民用飞机的研制周期都比较长。（见表 9）

表 9　波音和空客大型民用飞机型号的研制周期[①]

波音飞机	起止年份	周期/年	空客飞机	起止年份	周期/年
B707	1952—1958	6	A300	1969—1974	5
B727	1959—1964	5	A310	1978—1983	5
B737	1964—1968	4	A320	1979—1988	9
B747	1965—1970	5	A330	1986—1992	6
B757	1979—1982	3	A340	1986—1992	6
B767	1978—1982	4	A380	1999—2007	8
B777	1990—1995	5			
B787	2001—2008	8			
均值	—	5	均值	—	6.5

资料来源：见波音公司与空中客车公司的新闻发布，转引自李小宁：《大型民用飞机的市场竞争与发展战略》，北京航空航天大学出版社 2009 年版，第 7 页。

　　二是产品的市场寿命长。一种客机的市场寿命以首架交付使用到该型号飞机绝大部分退役为止进行计算，通常以该型号飞机停产为止来粗略地表示。它决定于"现有产品"与"更新产品"的净收益现值之比。当"更新产品"收益净现值超过"现有产品"收益净现值时，理论上"更新产品"将取代"现有产品"，后者的市场寿命即告结束。产品的市场寿命既决定于物理性能，也受制于市场条件。

　　但大型民用飞机在"现有产品"与"更新产品"之间难以截然区分。一种类型的大型民用飞机研制成功，只要市场条件没有质的变化，厂商可不断改进以延长其市场寿命。如波音公司自 1968 年将 B737 飞机投入市场后，相继推出 B737—200 至 B737—900 多达 8 种改进型号，直到今天。不过业内一般将 B737—500 以前的飞机称为"传统型"，将 B737—600 以后的型号称为"新一

---

　　① 不过，厂商宣布研制某型号飞机之前，往往也做了大量的预研工作。这些预研工作可能并无明确的指向，例如有可能包含军用飞机项目或其他飞机项目。这样，厂商预研时间长度也难以确定。有时，出于策略考虑，厂商并不一定公开预研的准确时间。有些型号的预研时间在 2 到 3 年甚至更多。

代"B737。照此划分，传统型 B737 在 1988 年基本停产，其市场寿命约为 20 年。与此类似的还有 B747。1971 年，波音公司向市场投放 B747—200 型号，1990 年停产，改进型的 B747—400 于 1989 年投入市场，目前仍在生产。只有 B707 和 B727 作为完整类型大型民用飞机全部退出市场，前者市场寿命为 30 年，后者约 20 年。

当然，上述关于产品寿命的归纳只是相对的，具体情形要复杂得多。一要考虑技术条件。与普通产品不同，随着现代飞机制造中工艺的不断改进和材料技术的不断提高，大型民用飞机的物理寿命趋于越来越长，而其运营收益在不同市场环境中差距也趋于越来越大。二要考虑市场条件。在不同航线、不同运营商、不同国家管制条件或自然条件下，运营同一种大型民用飞机的盈亏各异，"现有产品"与"更新产品"的净收益现值之比就有所不同。

（3）风险高

一是技术风险高。飞机一般包括设计、试制、试飞、生产等步骤，其总价值的 80%—90% 则都由设计环节决定。

首先，与航天发射不同，航空器因需要重复使用，尤其是民用航空器，进入商业运营之后，需要在安全性能上为公众提供稳定可靠的信心，这是该产业安身立命之所在。与地面交通工具不同，大型民用飞机不存在质量上的差别化策略空间。也就是说，同类级次的航空器，在安全性能上不允许存在差别，因而也就不存在这样的市场区分，无论多晚进入民用飞机产业，研制过程都得接受当时最高的技术标准检验。大型民用客机研制中，在气动设计、发动机性能、材料选型、机载系统、制动技术以及总体集成技术等方面，需要符合一个时期内统一的高水平的质量标准，又要符合经济性、舒适性和环保性要求。

其次，进入民用飞机产业越晚，技术风险越大。从涉足大型民用飞机行业的时间顺序划分，较早进入并取得市场地位和社会认同的企业可称为行业的"在位者"，较晚进入者可称为行业的"新进入者"。在位者出现技术失误，很容易被当作"行业问题"得到理解，而新进入者出现任何技术失误，则容易被过度放大。新进入者很难在发展初期通过试错不断改进，而领先者当年却长期充分利用了这种机会。

第三，以平均每座研制费用衡量，20世纪60年代，扣除价格因素，大型民用客机的研制费为260万美元/座左右，70年代则在650万美元/座左右，80年代为1000万美元/座左右，90年代为1300万美元/座左右。进入21世纪，该费用达到1900万美元/座。

二是市场风险高。市场风险包含两重内容。首先，对于研制成功后的大型民用飞机来说，能否取得商业成功并实现产业化，需要经受运营市场的竞争考验。其中的运营市场竞争，既包括同类型飞机的性价比（这需要从航程、速度、载客量和载客成本等因素进行考虑），还包括可替代的其他交通方式及技术的影响，如高速铁路的出现对1000公里左右航空客运业务造成冲击。从世界各国情况来看，高速铁路对航空运输影响很大，日本新干线开通后，日航停飞东京至大阪、名古屋等航线。在我国，高速铁路网将覆盖民航60%以上的市场，近期内对短于1000公里以下的航线（航班数约占30%）造成较大影响（但对长程航线，高铁影响不明显）。

其次，在该行业中，"新进入者"往往遇到"领先者"的各种限制。"领先者"通过各种各样的技术、市场乃至各种隐秘的非法手段加以阻挠。当年印度尼西亚的努桑达拉公司以及加拿大的庞巴迪公司，虽然从实力上根本构不成空客与波音的对手，但在试图开发大型干线飞机项目时，都因这两家大型商用飞机市场霸主的联手遏制而黯然离场。

对于制造商来说，投入巨资研制大型商用飞机的某一型号项目，往往就是一次非死即生的赌局。当年美国洛克希德公司研制L—1011三星客机，后来麦公司研制DC—10竞争，技术上两家公司可谓一时"瑜亮"，但最后洛克希德公司L—1011项目亏损25亿美元，退出民用运输机市场，麦克唐纳—道格拉斯公司也元气大伤，最后被波音公司收购。参与市场竞争的公司越多，不确定因素就越多，项目风险也就越大。

市场风险还意味着，从商业上考虑，大型民用飞机技术并非单纯追求先进性和前端性。企业投入于新技术与原有技术的跨度时，必须考虑一定时期内能否承担起平均每座研制成本，并补偿其市场风险。

（4）辐射广

一是产业链纵深延长。广义的飞机产业链，涵盖从设计研发到完全退出使用及回收处理各个环节，具体包括设计研发、总装制造、销售租赁、运营使用、维修维护和回收处理等。（见图 11）

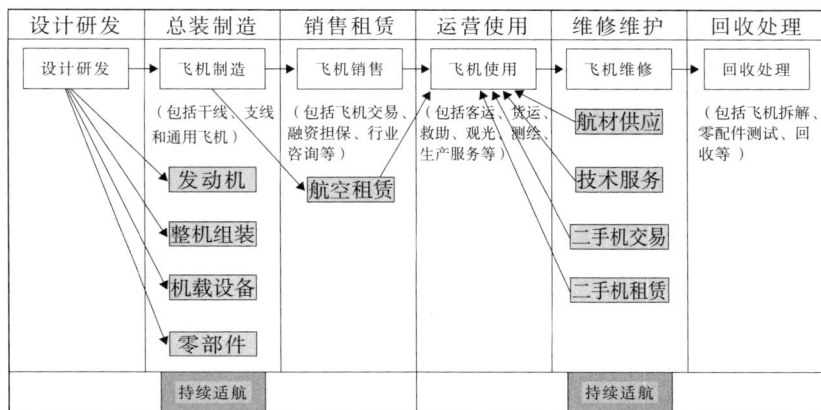

图 11　大型民用飞机的广义的产业链

狭义的飞机产业链则主要涉及生产领域，在销售和维护领域只包括若干业务，包括飞机 R&D（设计研发）、技术方案、原材料、零部件加工、大部（构）件制造、总装、销售与维护等。每个环节内部，又可以进一步细分。在这一产业生态链条中，存在着明显的层级结构，即一家企业处于主导或领先地位，其他企业处于依附或配套地位。前者即主制造商或核心制造商，后者即不同层次的供应商。主制造商位于产业链的技术高端，控制着飞机的设计思想、核心技术、技术标准、市场销售渠道和服务网络，有权选择和支配供应商。供应商，尤其是初级供应商处于产业链的技术低端，不掌握设计全过程，不拥有核心技术，无法控制技术标准，也不掌握市场渠道，在产业链中处于受支配的地位。在产业价值链的分割上，主制造商以及拥有独占和核心技术的供应商占有绝大部分，其他企业只分得总收益的"一小羹"。

二是产业链全球分布。早期大型飞机的零部件都几乎是由整机制造商的下属企业或其内部不同部门生产的。随着整机企业边界的不断扩大，企业内部组织成本逐渐递增，整机企业如果再试图为自己生产它在市场上可以采购得到的投入品，规模和范围经济就可能被牺牲掉。2001 年，空中客车已在 27 个国家中分布了 1500 多个供应商。目前的供应商网络已遍布全球：一架 A380 飞机所需的 400 多万个零部件由来自 30 个国家的企业提供。波音公司也是这样。二次大战后，波音的外包业务主要在日本，目前其供应商达 1.5 万个，分布于全球范围。2007 年 3 月，空客宣布"Power8"计划，拟在 A350 飞机开发过程中将风险合作供应商所承担的机体制造业务提高到 50%，并着手将位于法国、德国和英国的 6 家工厂转让出去。

与空客一样，波音也不断地剥离部件制造类资产，降低部件自制率。波音公司 20 世纪 90 年代各类大型民用飞机的部件自制率平均 40%，计划到 2016 年下降到 25%。据统计，在波音 787 的开发过程中，通过全球合作，波音缩短了 33% 的进入市场时间，且节省了 50% 的研发费用。结果作为飞机工业大国的美国，飞机及其零部件进口额之比却不断上升：1970 年为 11.8%，到 2000 年升至 44.9%。

3. 大飞机产业属于典型的大国技术和大国产业

2014 年 5 月，习近平总书记视察中国商飞的大飞机项目时指出，"中国是最大的飞机市场，过去有人说造不如买、买不如租，这个逻辑要倒过来，要花更多资金来研发、制造自己的大飞机。"如前所述，"大国技术"和"大国产业"，就是作为大国必须发展，只有大国才能发展的技术和产业。前者指其必要性；后者指其可能性。

一是从必要性看，在现代国际政治经济格局中，作为一个大国，要保证其传统安全，高质量、大规模的快速通达能力将是必不可少的要件。所谓高质量，是指能够实施有效的干预和处置行动；所谓大规模，是指单位时间内输送数量或重量足够大。中国疆域面积辽阔，南北跨度由北纬 4° 至北纬 55°，长达 5500 公里；东西跨度由东经 73° 至 135°，长达 5000 公里。在如此辽阔的疆域内，地势基本上呈西高东低走势，而且地质条件复杂，道路修建占地多、地质风险大，加之石油紧缺，有效的快速通达能力很难过分依赖地面交通。这样的要素禀赋，决定了中国必须自主研制大型（军民用）航空器，以便从疆域内由南至北，由东至西，甚至周边邻国，中途不用加油。进一步，无论从地缘政治还是资源竞争出发，拥有在全球范围内高质量、大规模的快速通达能力，对一个快速复兴和发展中大国也将必不可少。正因为如此，新中国成立之初，为实施"一五"计划，毛泽东就指出，"我国是一个大国，世界上有的东西，我们不能样样都有，但是重要的东西，如飞机和汽车，我们就一定要有。"

二是从可能性看，鉴于大飞机产业特征，集技术密集、资本密集与管理密集于一身，必须有一个规模巨大的市场容量作为"供养条件"。也就是说，如果把大飞机比作现代"产业生态"中的"高端物种"，则需要一个多样性的产业"生态系统"作为支撑。与其说大型民用飞机的研制"拉动"了相关产业的升级，不如说是从原材料、零配件、大部件以及核心部件等配套产业在资金投入、技术研发和风险分担方面，"支撑"着大型飞机产业的发展。正是由于巨大的市场规模，才使该产业的规模经济和范围经济成为可能；正是由于巨大的分工与协作网络，才使该产业的投入负担得以分摊，技术与市场风险得以分散。这就是为什么目前世界上只有美国、欧洲四国和俄罗斯有能力制造大型民用飞机的原因。其中欧洲空客项目之所以成功，是因为参与国主动打破相互间的疆域限制，整合内部资源，并统一应对外部竞争，某种程度上创造了一个"大国效应"。

中国独特的历史文化、广袤的国土面积、众多的人口、快速增长的经济实力，蕴含着一个容量巨大的市场。在这样的市场中，诸如高速铁路、大型飞机等巨型工业设备设施，以及它们的高端制造技术，理应并足以从中内生出来。但这毕竟需要一个相当长的过程。国家通过战略安排、体制准备和相应的投入，可以大大加快这一进程。

4. 中国大飞机项目的两大问题

除了激烈的外部竞争之外，参照高铁项目突破到成功产业化经验，中国大飞机要顺利实现研制成功和商业成功，还存在不少需要克服的障碍，必须正视两大问题：

一是市场容量巨大但缺乏有效整合。我国航空运输业存在巨大增长空间。据统计，2007 年，美国人均乘机出行达 2.2 次，而中国人均仅有 0.14 次。空客公司总裁兼首席执行官密法布里斯·布利叶认为，在未来 20 年中国将成为世界最大的航空市场。根据中国商飞公司的预测，中国已迎来"大众航空"时代，2013—2032 年的 20 年中，中国市场共需 5300 多架干线和支线客机，市场机队规模将由 2012 年的 1969 架增长到 6494 架，占全球客机机队比例将从现在的 11% 增长到 17%；中国市场将接收 50 座以上客机 5357 架，价值约 6470 亿美元，折合人民币近 4 万亿元。

但因为各种各样的原因，与高铁项目实施之初的格局不同，中国巨大的飞机市场并未得到有效整合，在进行国际竞争和合作中不构成一个关键筹码。

首先是国内市场分割严重。尤其在对外合作中，缺乏统一协调，各自为战，有关部门仍然缺乏对大型客机研发的整体规划和布局。国内多条生产线重复建设、恶性竞争局面仍然存在，比如 C919\ARJ21—700 等型号同级次的合作生产或组装项目（包括天津空客、哈飞 E190 等）如何布局、与国外合作组装项目是否需要引进、引进的条件是什么、怎样布局，一直缺乏统筹安排。许多项目在有关部门主导或地方政府推动下纷纷上马，不仅造成国内资源的分散，而且正在研制的同类型号的干线和支线民用飞机的国内市场将被分割。

其次是缺乏战略买家意识。发达国家政府及其企业总是能够从思想观念、规则制定到谈判策略影响我国内各方面决策主体，成功抑制我对国内市场的整合努力。每次中国向这些国家订购大型民用客机，都会成为引发世界关注的重大外交和财经事件。但在这些交易中，发达国家及其企业在哪些方面降低了对华高技术转让的条件，鲜有提及。

上述问题表明，类似于汽车产业和家电行业当年市场分割、分散决策的格局，因缺乏科学的市场整合和决策协调，中国飞机研制行业内部资源本来有限却浪费严重，在对外合作中不仅市场这一关键而宝贵筹码没有利用，反而被人切分打乱。

二是政府主导体制优越但运行机制低效。"政府主导体制"在我国综合国力落后、要素供给有限和市场机制缺失情况下，成功实施了诸如"两弹一星"

这样的大型公共项目。高铁项目的成功也属此列。这种体制因能够避免分散决策引发的过高的交易成本，实现资源的快速动员。但它也往往存在致命的缺点：激励分散、效率低下。

首先，政府多头管理。我国飞机研制行业内，立项投资、型号规划、研制和生产保障等分属不同政府主管部门分散决策。在现行体制下，有些地方自行寻求合作或者引进项目，往往导致同类项目无序上马，分割潜在市场。

其次，行业缺乏整合。因对大飞机研制缺乏"大国技术"和"大国产业"的战略定位，我国对该行业缺乏长期稳定的规划，资源稀缺却与分散浪费使用并存。例如航空、航天骨干研究机构大多为央企直属，专注于纵向国防科研任务和军工产品研制，而对先进军用技术或专用技术向民品渗透关注较少。科技人员、实验设备、研究经费等科技资源部门所有，使用中互不共享。再如，多年来国家通过自然科学基金、"863"计划、"973"计划和国家重大科技攻关计划等，每年在大型客机研制方面投入大量的科研经费。但这些经费投入非常分散，相当多的研发课题重复立项。一些项目根本不符合我国大型客机研发实际，缺乏现实基础。即使出现一些有价值的研究成果，也没有共享机制，造成新的浪费。还有专业人才浪费问题。我国航空制造业全行业有 50 多万就业人员，34 个部级研究所、50 个厂级研究所和 100 多个大中型企业，6 个国家级重点实验室和 38 个部级重点实验室，以及世界上最大的风洞试验基地之一。但这支宝贵的力量因生产和科研体系细碎分割，大而全、小而全，低水平重复设置。

在我国，攻克科技难关、站在世界科技前沿已经有了不少成功案例——载人航天、探月工程、载人深潜都是属于中国人的荣耀，但在重大项目上取得研制成功的同时同样取得商业成功，则还比较缺乏，高铁是一个难得的范例（当然实现全面盈利还需要时日）。受发展水平和历史阶段制约，中国人对于现代工业和技术的发展规律，对于现代市场经济的运行规律，还有待于全面认识和深刻理解：基于自身的禀赋条件，在市场化、全球化环境中发展"大国技术"和"大国产业"，明确战略定位、政策促进和体制机制的保障。

四、借鉴高铁经验，促进大飞机项目研制成功和商业成功

1. 以发展"大国技术"和"大国产业"制定产业战略

要按照发展"两弹一星"的决心，举国之力，不仅应该制定30到50年的战略规划，甚至同样值得"坚持一百年不动摇"。作为顶层设计，需由中央牵头制订，通过立法形式明确各届各级政府必须贯彻实施，避免短期利益或局部利益干扰国家战略的实施。在行业整合、资源整合、市场开放、投入保障、产业配套、关键技术突破、工业标准提升等方面，设定分项目分阶段的任务和目标。

2. 加快科技和教育体制改革

一是结合事业单位体制改革的推进，促进人才的全社会评价和全社会流动，打破人才的部门分割。二是结合事业类国有资产体制改革，盘活由公共资金投资形成的现有科研设施条件，打破科技资源的单位分割。三是倡导学术规范，鼓励建立行业评价体系，建立可共享的成果识别分类和检索体系，并在全社会普及保护知识产权意识，严格执行知识产权保护法律。四是深化教育体制改革，破除教育行业壁垒，鼓励社会各界办学，从根本上扭转应试教育局面。

3. 制定扶持政策

一是对于中国商飞公司制定个性化的考核方案。按"初始投入→研制成功→商业成功→产业带动"顺序，不同阶段对相应指标赋予不同权重，分阶段确定业绩考核重点。

二是参照美国、欧洲、加拿大和巴西等国的做法，制定包括税收、金融、土地、政府采购等优惠政策，降低中国商飞公司制造成本，鼓励其他企业加入民用飞机产业链。

三是对航空运输企业优先选用国产大型民用飞机提供优惠。在航空客运航线、航班以及国内机场经停方面，对于使用国产大型飞机给予鼓励。

四是在军品采购或其他政府采购中，制定措施优先选用我国大型飞机产品

或者其中间产品。

五是公职人员包括高级领导干部空乘，凡以公共资金支付旅行费用者，原则上要求使用国产大型飞机。

4. 制定战略性贸易政策

一是在 WTO 规则下，把大型民用飞机产业纳入我国幼稚性产业范围，制定贸易保护措施。

二是加大政府对外营销力度。参照美国、欧洲、加拿大和巴西等国在飞机出口方面做法，制定相应的出口税收、补贴和信贷支持政策。

三是将推介我国大型民用飞机纳入我国驻外机构的工作内容，并像高铁项目一样，今后将推介我国大型民用客机纳入国家领导人出访事项。

5. 深化体制改革，加强制度保障

一是改革领导决策体制。成立国家级的航空工业技术和政策协调机构。这可分为三步：第一步，在现行"大型飞机重大专项领导小组"基础上，建立相关部委联席会议制度，对资金投入、优惠政策制定进行定期论证、统筹规划、"阳光"审批，赋予一定的政策方案制定权。第二步，成立中国航空发展战略研究院，集中国内高层次专业人才，对大型飞机的关键技术进行研发攻关，对产业战略及其实施方案进行整体规划，对战略实施效果和政策配套情况进行实时评估。第三步，借鉴美国 NSA 经验，成立领导和组织国家航空工业振兴、发展的专门机构，承担国内军民两类飞机共同发展的规划、协调、布局和基础研究任务。

二是培育行业组织发展。结合社会体制改革，鼓励民用航空行业组织成长。借鉴国际经验，从材料研发、零配件制造、安全与环境监管、运营服务等行业，都分门别类地成立各种专业协会等行业性组织，以表达利益、制定标准、改进监管、创新技术和普及知识。

三是在全社会倡导科学精神。长期深入地进行传统价值观重塑和科学精神的普及，以恢复文化自信的同时，树立现代科学意识和现代市场观念，确保一代代技术人才源源不断地涌现，营造开发大国技术、培育大国产业的社会环境。

五、结　语

根据世界银行的统计，中国 R&D 支出占 GDP 之比，已经从 2009 年的 1.7%升至 2012 年的 1.98%，超过加拿大、英国、意大利等国。2013 年全社会 R&D 支出占 GDP 之比超过 2%。美国竞争力委员会在"2013 年全球制造业竞争力指数"报告中指出，中国制造业竞争力在参评的 38 个国家中位列第一，并在 5 年内将保持这一地位。2014 年 4 月，波士顿咨询公司发布全球制造业竞争力排名，中国也排在全球首位。[①] 经历 30 多年的快速发展和追赶，中国初步具备了跻身制造强国的基础。

2008 年国际金融危机以来，新一轮科技革命和产业变革在全球兴起。为抓住全球格局重塑之机，中国须在诸如高档数控机床、智能装备、航空装备、船舶、先进轨道交通装备等高端装备制造业项目上取得突破，逐步实现从装备制造业大国向强国的战略转变。例如，作为实现两个一百年的标志，到 2025 年，我国装备制造业进入世界装备制造强国第二方阵，部分优势产业率先实现又大又强；到 2035 年，我国装备制造业位居世界第二方阵前列，成为名副其实的装备制造业强国；到 2050 年，我国装备制造业进入世界装备制造强国第一方阵，成为具有全球引领影响力的装备制造业强国。[②] 必须明确，作为一个大国，这本身就可以成为一种禀赋优势：国家规模和市场规模能够为相应的产业战略提供坚实的基础。需要进一步做的就是通过体制机制的改革与创新，真正把"市场"搞对，激发其活力，同时使之成为国际竞争与合作中的有效战略筹码，发展与一个大国地位相匹配的"大国技术"和"大国产业"。

① "我国研发支出占 GDP 比超部分发达国家"，载《人民日报》2014 年 9 月 25 日。
② "C919 飞起来"，载《中国新时代》2014 年 5 月 7 日。

附录1 国内外关于跨越"中等收入陷阱"观点综述

改革开放以来，我国顺利实现了两次历史性跨越：一是 1978 年至 2001 年，用时 23 年人均 GDP 从 155 美元到突破 1000 美元（1042 美元），实现了由低收入国家向中等（下中等）收入国家的跨越；二是 2001 年至 2010 年，用时 9 年人均 GDP 突破了 4000 美元（约 4200 美元），从下中等收入跻身上中等收入行列，完成了第二次历史性跨越。实际上，跨越中等收入陷阱不仅是一个增长问题，需要国民经济持续增长，更是一个发展问题，需要在保持适度增长速度的同时完成发展战略、制度和结构的调整和发展方式的转变。因此，跨越中等收入陷阱是我国实现由经济大国迈向经济强国过程中必须解决的一个重大理论问题和现实问题。本附录通过文献综述，辨析学术界关于中等收入陷阱内涵、特征、原因的探讨和争论，总结成功跨越陷阱国家的经验与陷入陷阱国家的教训，从经济结构转换、经济增长方式、人口红利与城市化、制度机制层面归纳跨越中等收入陷阱的战略选择，从中等收入陷阱的视角，为我国实现由经济大国迈向经济强国提供理论上、现实上的依据和参考。

一、中等收入陷阱的内涵与存在性争论

（一）中等收入陷阱的内涵

世界银行（2006）《东亚经济发展报告中》第一次明确提出了中等收入陷阱的概念，认为中等收入陷阱是指当各经济体从低收入状态进入中等收入状态，原有的经济政策和增长机制就无法支持其继续发展，以达到更高的收入水平，因此人均 GDP 很难突破 10000 美元，从而使经济增长陷入停滞。世界银行又在《东亚复兴：关于经济增长的观点》中进一步阐释了中等收入陷阱概念，即"中等收入国家受到低收入国家低工资竞争者在制造业和高收入国家创新在快速技术变革行业的双重挤压"而出现的经济增长放慢并由此出现的一些社会矛盾和问题（Gill，Indermit and Homi Kharas，2007）。米兰·布拉姆巴特（Milan Brahmbhatt，2007）也指出，如果政府不能合理地处理好发展中出现的新问题，新的挑战会放缓甚至阻碍经济的持续高速增长。中等收入陷阱指原有的经济政策只能保证一些国家从低等收入国家进入中等收入国家行列，而不能保证这些国家继续进入高等收入国家行列。大野健一从产业升级的角度给出了中等收入陷阱的概念，他根据亚洲和拉美经济体发展历史经验，认为经济体可以通过外资引进、规模扩张、技术吸收和技术创新的方式完成五个阶段的产业赶超。但是很多经济体由于无法提升其人力资本，无法完成技术吸收进入第三阶段。他认为，这种"玻璃天花板"现象就是"中等收入陷阱"。可见，虽然中等收入陷阱概念并不统一，但其实质是经济增长及其动力问题。

（二）中等收入陷阱是否存在的争论

并非所有学者赞成"中等收入陷阱"的提法。关于"中等收入陷阱"是否存在，大致有三种观点。

1. 不存在论

刘福垣（2011）认为中等收入阶段，是经济社会发展不可避免的一个历史阶段，大多数国家都有一个相当长的中等收入阶段。既然进入中等收入阶段是大多数国家的历史命运，怎么能称之为陷阱呢？他认为所谓中等收入陷阱，其成因与发展阶段、收入水平没有必然联系，恰恰都是现代化陷阱的症状。世界上从来没有什么收入陷阱，只有道路陷阱，所谓的收入陷阱，不过是思想陷阱和利益陷阱。因此，中等收入陷阱是一个伪命题。江时学（2011）也指出，"中等收入陷阱"概念不仅含混不清，而且令人误入歧途。他认为，"中等收入陷阱"的假设忽视了发展的艰难性。从经济发展规律看，发展中国家从中等收入阶段向高收入阶段跨越的时间是漫长的，而人口大国的人均 GDP 要进入高收入国家行列，是个更加漫长的过程，难道这就意味着它们将长期陷于"中等收入陷阱"？以人均 GDP 为基础的所谓"中等收入陷阱"的唯一可取之处在于，它指出了加快发展的紧迫性和必要性。

2. 未确定论

刘伟（2011）认为，低收入国家和中等收入国家，面临的是不同的增长难题和发展难题。如果不能很好地解决自身发展中的各种矛盾，就有可能进入"中等收入陷阱"而导致经济增长放缓或停滞，但"中等收入陷阱"只是增长陷阱中的个例，不具有广泛适用性，因而，不是所有发展中国家都会陷入中等收入陷阱。马晓河也认为，当前和今后一段时间内，中国经济无疑还会增长，但是能否实现"中等收入转型"，顺利进入高收入国家行列，关键是要看其经济结构特别是需求结构、产业结构能否顺利实现调整和升级。江时学（2011）质疑"中等收入陷阱"的概念过于模糊，并从经济发展具有长期性和艰难性的角度否定其适用性，具体表现为以平均值（人均 GDP）掩盖了收入差别和"陷阱"的要害，并在数量关系研究中回避了社会制度这一本质问题。江时学（2013）还反对将"中等收入陷阱"的概念泛化至发展中国家在发展道路上遇到的一切问题。

3. 存在论

多数学者并不讳言中等收入陷阱的存在。哈拉斯和考利（Kharas & Kohli，2011）指出，并非所有经济体都会陷入贫困陷阱和中等收入陷阱，但是经济体的发展过程中都会受到上述陷阱的影响。蔡敏和周端明（2012）认为，大多数存在差异的国家未能达到高等收入水平，这一事实有力地驳斥了"泛化"抹杀发展阶段特殊性的看法。他们还指出，"中等收入陷阱"是有科学性的，因为它体现了资本主义世界体系下导致世界两极分化这一必然结果。一些学者还从实证的角度验证了"中等收入陷阱"的存在。Shekhar Aiyar 等 IMF 专家（Shekhar Aiyar，Romain Duval，Damien Puy，et al.，2013）在 Jesus Felipe（2012）和索罗增长模型的基础上，通过对 138 个经济体 11 个阶段内（1955—2009 年）的经济增长进行测算，发现中等收入经济体明显比高收入和低收入经济体更易遭受经济增速下降，有力地证明了"中等收入陷阱"的存在。蔡昉（2007）采用了 72 个国家和地区经济体 1970—2003 年的人均国民收入（GNI），通过统计检验三十年前后不同经济体收入水平的相关性，发现人均收入在 1000 美元—30000 美元间，存在一个"导致国家或地区进入一个发展的分化期和社会敏感区间"，也存在所谓的"中等收入陷阱"。

二、中等收入国家经济发展现状与特征

（一）中等收入国家经济发展现状

世界银行亚太地区的研究报告（2007）在提出东亚地区摆脱中等收入陷阱的建议中指出，东亚地区已经迅速成为一个中等收入地区，但是在这些难以置信的成就背后严峻的挑战也随之而来，如果处理得不当，下一轮的增长就会减缓，甚至出现倒退，挑战的关键就是所谓的中等收入陷阱。历史表明，虽然许多国家能够从低收入成功地进入到中等收入国家行列，但其中只有少数国家可以持续发展进入高收入国家行列。报告中提供的数据表明东亚中等收入国家 GDP 的增长在 2006 年已经超过了 8.1%，达到自 1997 年金融危机以来的最高峰。然而到了 2007 年 GDP 的增长开始放缓，仅为 7.3%。东亚各国的人均收入也在稳步增长，其经济状况均超过了危机前的水平。在中国和处于低收入经济转型期的国家中，例如越南、柬埔寨、老挝，人均收入都获得了高速的增

长。平井智子（Tomoko Hirai，2007）认为在2010年之前，90%以上的东亚国家将成为中等收入国家，避免中等收入陷阱问题实际上就是如何保持高速持续的经济增长问题。世界银行《地域经济发展半年报》指出，自从1997年金融危机以来，东亚的经济开始复苏，但是东亚国家需要进一步的改革措施以取得更长足的发展。

越南商业财经新闻（2010）指出，许多经济学家目前开始担心越南是否会陷入所谓的中等收入陷阱——即经济从低收入状态迅速地增长，之后就出现了停滞，陷入困境，并出现增长大大放缓的现象。大野健一（Ohno Kenichi，2009）在对越南的经济研究中发现，1991—2008年间，越南GDP的平均增长率为7.6%，根据世界银行的统计方法，1990年越南以人均GDP为98美元，处于低等收入国家行列，而到了2008年人均GDP已经达到了1024美元，成为中等收入国家。越南的发展面临的挑战就是中等收入陷阱和是否具有足够的动力来实现工业化。

卡拉斯（Homi kharas，2009）对印度的经济增长状况进行研究，指出在过去的几十年中，印度成为最显著降低贫困的国家之一和亚洲第三大经济体，所取得的成就是巨大的。如果按照这个速度继续发展下去，印度会在一代人的时间内进入发达国家行列。然而事实上，这种发展面临着巨大的挑战。从世界范围来看，仅有极少数的国家可以在一代人的时间里从低收入国家进入到高收入国家的。大多数的国家会陷入中等收入陷阱中无法自拔或者在中等收入阶段呈现出经济显著下降的情况。通过比较其他有过此情况的国家，包括巴西、摩洛哥、菲律宾、南非和叙利亚，发现在以货币为基本单位的假设前提下，只有巴西和摩洛哥的人均收入在2005年时大于1995年的水平。巴西产生这种现象完全归功于2005年开始的商品繁荣（在此之前的2004年人均收入依然低于1975年）；摩洛哥在过去的30多年里年均增长率每年都不足0.1%。然而让人震惊的是在1965—1975年间，这些国家的经济都得到了迅猛的发展，在1975年被认为是成功发展的典范。

卡兹（Kazi Matin，2007）认为泰国现在是中等收入国家，要成为高收入国家，泰国还面临着更大的挑战。根据世界银行公布的世界发展指标（2007）

显示，20 世纪 90 年代末，泰国的经济虽然受到金融危机的影响，但在 1995 年之后的十年间，泰国已经成为世界经济增长最快的国家之一，达到年均 8%—9%。然而最近泰国的经济增长由于私人消费疲软和投资需求下降已经开始放缓。

世界银行在首次针对马来西亚的研究报告——《马来西亚经济检视，2009 年 11 月》中指出，马来西亚作为东亚经济体受到重创的国家之一，经济能够迅速复苏，预计到 2010 年经济增长率达到 4.1%，但是危机过后马来西亚面临的首要挑战是如何加入高收入国家的行列。

（二）"跨越"与"未跨越"中等收入陷阱经济体的特征比较

王一鸣（2011）将韩国和马来西亚及阿根廷作为学术界普遍认同的"迈过"类国家样本和"陷入"类国家样本，通过对经济增长、需求结构、产业结构、技术创新、人力资源、收入分配、社会发展和对外依赖等几大宏观指标进行了长期的动态横向比较，对两类国家和地区经济特征进行了总结，并认为经济增长稳定性差、研发能力和人力资本劣势、收入分配公平程度低、社会发展指标偏低和对外部经济依赖程度高，是"陷入"类经济体的主要特征，而在需求结构"三驾马车"和产业结构的差异不明显。马晓河（2012）对日本、韩国和巴西的发展经验进行了横向比较，通过从产业结构、需求结构、收入分配和政治结构等四个方面的分析，认为完成产业结构向服务业主导及知识和技术密集型产业的升级转变、通过培育扩大中产阶级社会向消费型社会转变和城市化进程、政治结构转型与经济发展阶段相适应，是高收入国家和地区发展的关键经验。Feilpe Jesus（2012）通过对显性比较优势、关键工业部门显性比较优势、出口产品复杂程度和潜在比较优势结构等维度对陷入和跨越"中等收入陷阱"国家的对外贸易产品结构进行对比分析，发现虽然出口产品结构的复杂性和多样性并不是陷入陷阱的显著特征，但是经济体在发展过程中可能会遇到"产品陷阱"，即出口产品复杂程度低且与其他产品关联度差。对韩国、马来西亚和菲律宾的对比分析表明，韩国成功的原因在于提高了复杂程度高和关联度高的核心产品的显性比较优势。Shekhar Aiyar 等（Shekhar Aiyar, Romain Duval,

Damien Puy，et al.，2013）从经济增速下降的角度分析了"中等收入陷阱"的特征，利用"贝叶斯平均法"（贝叶斯移动平均和移动平均最小法）从制度、人口、基础建设、宏观经济环境和政策、产出结构、贸易结构和其他因素（热带地理、战争和内战）等七个维度构建了概率模型对比分析中等收入经济体的特征。其检验结果显示，政府规模、基础建设发展水平、区域性贸易整合度、产出多元性和贸易多元性与中等收入经济体的经济增速下降是显著负相关的。

通过对两组经济体特征的分析和比对，可以看出陷入"中等收入陷阱"经济体存在比较明显的特征（权衡、罗海蓉，2013）：一是经济增长的波动性很大，高增长到低速增长甚至负增长；二是产业结构升级缓慢，经济增长缺乏新的动力；三是经济增长方式粗放，研发、技术进步和创新不明显；四是城乡居民和地区收入分配差距扩大，基尼系数高，劳动者报酬偏低；五是内需尤其是消费需求不足，对外经济依赖性程度高，国际收支不平衡；六是微观机制扭曲和宏观体制不完善，资源配置效率低。

三、发展中国家陷入中等收入陷阱的成因

（一）收入分配的不公

《世界银行发展报告2006：平等与发展》中指出，经济中一定程度的不平等水平确实可以起到刺激投资的作用，然而还有一些形式的不平等却对经济效率和增长有着致命的阻碍作用。事实上，无论是从完善政策还是从发展相关机构，政府解决分配不公问题的途径都对经济的发展产生了极为重要的影响。布拉姆巴特（Brahmbhatt，2007）指出，过大的不平等可能会成为经济增长的巨大障碍，原因是低收入者可能会因为得不到信贷，从而丧失了可以投资的机会，这些都会成为政治和社会的不稳定因素，成为投资与增长的绊脚石。菲利普·阿吉翁、卡罗莉和塞西莉亚·加西亚·派纳洛萨（Philippe Aghion, Eve Caroli and Cecilia Garcia-Penalosa, 1999）从两个方面分析了收入分配和经济增

长的关系指出，一方面当资本市场不完善、机构多样繁杂或者机构的投资受到制约时，便很难实现公平和效率的平衡；另一方面，通过对收入分配的研究发现，自 19 世纪 80 年代开始美国和英国的收入差距明显增大，主要原因是由于技术变迁所带来的直接或间接的影响，而只有在发生技能型技术进步时，所谓的国际贸易和组织变迁才会引起收入差距的增加。世界银行《东亚经济半年报》（2007）指出，在 1997 年金融危机之后的十年，东亚面临的挑战之一就是如何将增长与公平很好地结合。报告中称东亚在危机发生之前，一半人口的日均生活费是低于两美元的，虽然目前的贫困率已经下降到了总人口的 29%，但是很多东亚国家的收入差距却在逐渐扩大，在一些国家表现得特别明显。

霍米·卡拉斯（Homi Kharas，2009）在研究印度陷入中等收入陷阱原因的分析中指出，印度是否能沿着韩国和巴西的发展轨迹，摆脱中等收入陷阱，很大程度上决定于它能否正确处理收入分配不公的问题。事实上，印度社会的收入分配问题已经十分严重了，主要表现在以下四个方面。第一，相对于 GDP 来说，印度亿万富翁数量的增速已经远远超过巴西、墨西哥和美国；第二，相对于国民消费来说，个人消费水平增速缓慢；第三，区域收入差距显著，尤其是城乡差距；第四，教育问题仍然是加剧收入分配不平等的重要因素。

（二）产业结构的制约

大野健一（Ohno Kenichi，2009）把造成中等收入陷阱的原因归结为是由于产业结构升级所引起的。他描述了一个国家经济发展所要经历的四个阶段：首先，在零阶段（stage zero），低等收入国家在经历了政乱和严重失误的经济调控之后，其经济结构是支离破碎的，经济增长过度依赖于资源的开发、单一的出口、现存的农业和国外的援助。传统产业如农业和采矿业创造的核心价值是微不足道的，而新型制造业在产品制造和贸易上也都处于劣势，处于零阶段的国家要想实现工业化还有漫长的路要走；然后，在第一阶段（first stage），由于出现了大量外国直接投资（FDI）的工厂，经济开始实现起飞。这些工厂主要从事用于出口的简单的商品组装和加工，例如衣服、食品、鞋子等消费品。电子产品和零部件的加工也是以这种方式产生出来的。在第一阶段，设计、技术、产品和市场都是被外国人直接控制的，核心原料和部件是进口的，而在起飞阶段的这些国家只能提供廉价的无技术劳动力和生产场地。虽然制造出的产品内在核心价值很小，但是即使这样也能为低收入国家的劳动者提供就业和收入；在第二阶段（second stage），资本积累、生产能力、国内零部件的供给都有了显著的增加，这一方面是由 FDI 的资金流动带来的，另一方面是由大量新生的国内供给商带来的。同时产品内在核心创造能力的增强也促进了工厂数量的增加，不过这个阶段的基础制造仍然由国外机构管理运行。显然，如果外国相关企业继续控制着生产过程中所有重要的环节，本地工人的工资和收入还是不能得到实质性的提高。泰国和马来西亚目前就处于这个阶段。之后，面临着巨大的挑战就是如何聚集工业化人才，把技术和知识内部化，即本国企业必须替代外国企业控制所有的生产环节，包括管理、技术、设计、企业营运、物流、质量监控和市场。随着对外依赖的逐步减少，内在价值会大幅度地得以提升。这个时候会出现一大批以出口高质量产品为主的出口商，他们能够应对更加激烈的国际市场竞争，从而重塑全球工业格局。韩国和台湾就是这样的生产者；在最后一个阶段，即第三阶段（third stage），该国就完全拥有了创新产品和引领全球市场的能力。像日本、美国和一些欧盟的成员国就是这样的工业创新者。

但是，并不是所有国家的发展条件都能完全吻合技术进步的要求。在零阶段时，很多国家都没有足够的 FDI 支持。即便到了第一阶段，发展也会随着深入而遭遇更大的阻力。还有一部分国家由于无法升级人力资本而陷入第二阶段无法自拔，东南亚国家联盟里没有一个国家在从第二阶段到第三阶段的跨越中能够成功地突破"玻璃天花板"的障碍。大多数拉美国家早在 19 世纪已经达到了较高的收入水平，而至今仍然是中等收入国家，这就意味着陷入了中等收入陷阱。以下介绍一下各经济体在各阶段的情况。

（三）对外贸易的不平衡

发展经济学家如普雷维什（Prebisch，1950）、纳克斯（Nurkse，1953）、

库兹涅茨（Kuznets，1980）认为自由贸易和扩大出口并不能保证增长率的持续提高，如果国内市场得不到有效合理的发展和扩大，对外贸易也不能成为经济增长源源不断的动力支撑。同时，他们认为过度于依赖发达国家的需求将会把中等收入国家推入一个陷阱，使得这些国家自身的技术能力得不到提高，也享受不到国内技术变迁带来的好处。多西和帕维特罗克·苏特（Dosi and Pavitt Soete，1990）提出在传统的贸易中，非均衡的贸易所得也是阻碍经济增长的重要原因。例如比较优势理论中把一个国家不同的要素禀赋，如资本、劳动和自然资源通过分工，用于生产那些机会成本较低的产品，进口那些成本相对较高的产品。更进一步地说，两国资源禀赋的差异越大，贸易所得就会越多。然而，为了使本国生产的产品具有高附加值，而不仅仅是依靠廉价劳动力和廉价产品的优势取得贸易，该国就有能力去吸纳新技术，创新产品，最终从技术阻碍的枷锁中脱离出来，缩小与高收入国家的差距。

沙伊德·尤素福和锅岛薰（Shahid Yusuf and Kaoru Nabeshima，2009）在对马来西亚能否摆脱中等收入陷阱的研究中以马来西亚槟榔岛为例指出，尽管在电子产业的发展中成功的引进了外资，但是在产能深化和技术革新上还未实现真正意义上的转型。大多数跨国公司更关注于低端的工作环节，例如装配和检验。马里奥·西莫尼、纳尔逊·克里亚（Mario Cimoli and Nelson Correa，2002）认为，在实行自由贸易政策过程中产生的一系列复杂问题导致了拉丁美洲的低增长，例如贸易平衡在自由化中的作用，特化模式的作用和技术积累的作用等。拉美的国际收支平衡是阻碍经济持续增长的一个十分重要的因素。当经济增长率与其他国家类似时就会引起进口的增长高于出口，同时也会削弱国内产品出口机制。因此，当一个地区过分依赖于外在需求作为出口源的话，就会出现瓶颈，原因是进口总量仍然要超过其出口能力。在一个更加微观的层次上，这种现象产生的主要问题包括拉美国内的技术积累量和本国与国际生产力边界的差距（Cimoli and Katz，2001；ECLAC，2002）。非贸易活动、自然资源开采业和加工回销业（大部分产品都是为了迎合美国市场）在 GDP 中的比重增大，而生产特化模式、新兴贸易和知识密集型产业对 GDP 的贡献率减少，于是影响技术变革和生产力进步的要素会迅速转移。因此，用国外的知识技能来保证外贸部门和国内生产厂商技术进步的做法会从结构和效果上影响技术积累的模式。结果就是，仅仅在少数境外的外国领土上通过世界"最优形式"的边界，相对技术差距才有所减少。

（四）金融系统的风险

加尔比斯（Vicente Galbis，1977）指出，如果一个不发达经济体的金融系统发展不均衡会有两个方面的影响，一个是持续的高通货膨胀率，另一个是产生某种信贷配给形式。信贷配给是抑制通货膨胀的一个重要的工具，但是在不发达国家这种工具的运用并不成熟。通常政府信贷配给的最终结果往往会使传统场外证券市场背离货币政策，导致资源分配与政府计划相违背。实例证明金融危机会对贫困者造成严重的影响，同时也会恶化收入分配状况（Marina Halac and Sergio L. Schmukler，2004）。拉丁美洲就是其中之一，拉丁美洲有20多次的危机是伴随着总贫困人口比率的不断攀升，其中15次危机是伴随着基尼系数的增长，1997—1998年的东亚金融危机给社会福利带来了巨大的损失（Lusting）。

世界银行《东亚经济半年报》（2007）指出，在1997年金融危机之后的十年，东亚各国所建立起来的作为防范金融危机的外汇储备工具，有可能给社会带来经济过热和资产价格泡沫等副作用。另外，在经济危机过后，尽管各国仍在加强和健全其金融系统，但是事实上这种金融改革是时候要加快了。世界银行2007年4月对亚太地区的研究报告中指出，导致东亚出现金融危机的一个重要因素就是该区域的银行和企业承接了大量短期外币外债。一部分原因是汇率长期盯住美元，于是给金融界造成了一种假象，认为这种借贷是安全的，同时也是可以得到鼓励的，所以导致了金融和企业部门过度暴露的外汇风险。在泰国和东亚其他地区产生的经济过热已经无法得到控制，因此就导致了大量对外收支赤字，财产和股市泡沫。当银行贷款组合急剧恶化时，宽松谨慎的政策和金融监督是无法缓解这种状况的。1997年6月，私人投资者突然间从泰国、韩国、马来西亚、菲律宾和印度尼西亚五个国家转移出大量的资金。事实上，在1997到1998年间共有1000多亿美元的资金被抽出，大约相当于该地区年均 GDP 的 5%，结果是这五个发生危机的国家经济出现了大规模的衰退，货币的大幅度贬值，过高的通货膨胀率和股市的崩溃。在几个月的时间内，印尼的失业人口至少增加了 80 万，泰国增加了 150 万，韩国大约是 135 万。由于货币贬值，人们的实际工资下降，在韩国和泰国分别下降了 12.5% 和 6%。

（五）其他因素

世界银行《亚太地区行情》研究报告（2007）题为"东亚城市边缘区可持续发展"的文章中分析了该地区城市化政策所带来的问题。到 2025 年之前，城市人口将会增加 65%，即大约增加 5 亿人口，为交通、水利、电力和公共卫生事业部门等带来压力。报告同时还提到了另一个因素——政治因素。通过对该地区的小国经济体，包括太平洋岛国、巴布亚新几内亚和东帝汶的调查发现，在过去的几年里，由于物价上涨，这些国家的经济都有所增长，但是政治上的不稳定和社会的动荡依然是制约它们未来发展的巨大阻力。

此外，政治因素也可能是导致中等收入陷阱的重要因素。马晓河（2012）认为，"中等收入陷阱"的根本原因在于发展战略调整和体制改革滞后，经济结构、社会结构以及政治结构未能适应迈入高收入社会的要求。而蔡敏和周端明（2012）在归纳"中等收入陷阱"政治体制时，指出权贵资本主义、政治腐败等内部性政治问题。杨承训、张新宁（2012）认为，外部政治是发展中国家陷入陷阱的主要问题，因此，发达国家主导的国际经济体系不利于发展中国家，因而造成"中等收入陷阱"。

四、国外应对中等收入陷阱的经验与对策

（一）推进体制改革

方浩认为，拉美地区难以跨越"发展之坎"的主要原因在于利益集团以及

由此形成的有偏差的政策。因此，减少利益集团的影响，消除二元体制，提高激励机制，增强政府治理水平，是走出"中等收入水平陷阱"最重要的措施。世界银行亚太地区的研究报告（2007）指出，为了实现高收入国家的目标，陷入中等收入陷阱的国家需要大力发展优势产业，使其达到规模经济和技术领先地位。然而中等收入国家既没有贫穷国家的廉价劳动力优势也没有富裕国家的创新优势，想摆脱陷阱是很困难的，中等收入国家面临着巨大的挑战。如果不实行强硬的政策和体制改革，如提高有技能和创新能力的劳动力、创造先进的金融系统、增强社会的凝聚力、大规模减少腐败等，该国就无法得到持续的发展，很难走出中等收入陷阱。

布拉姆巴特（Brahmbhatt，2007）也强调了政府改革的重要性。他说，东亚地区在经历了金融危机后，政府进行了十年的改革来刺激经济的复苏，但是东亚地区目前面临着新的一轮改革，而且这轮改革的力度应当丝毫不比1997年7月之后的改革力度弱。世界银行《东亚经济半年报》（2007）指出，在中国要摆脱中等收入陷阱，就需要制定相应的政策来处理环境问题及其他一些由于过去20年高速发展所带来的不平衡发展问题。政府需要全面改革政策的内容和结构，同时完善决策机构。这些发展政策要有助于越南增强国内产品的内在核心价值，也要有助于越南有效地参与国际价值链，发展有竞争力的工业型人力资源，支持工业和服务业，加强物流。越南还需要进行根本性的改革才能继续推进工业化，提高改革的质量和政策的执行效率。并提出成立一个技术小组，由总理制定主要政策，由内阁监督执行（Ohno Kenichi，2009）。

（二）鼓励技术创新

乔纳森·平卡斯（Jonathan Pincus）说，目前处于中低收入状态的越南仍然是以将劳动力从非常低的生产活动中转移出来为基础，中等收入国家要增长就必须掌握新技术、制造更为复杂的产品、开拓新市场同时提高劳动者技能。大野对中国台湾地区和韩国的成功经验进行了总结指出，台湾和韩国仅仅用了三十年时间就从贫穷的农业国转变成全球化的工业国家和地区。两者具有很强的引进技术能力。韩国在 19 世纪 70 年代建立了首个全集成钢铁厂，在 19 世纪 80 年代建立了汽车制造厂，几年之后，韩国就不再需要日本技术人员的帮助便可独立生产制造了。随后，他在为越南摆脱中等收入陷阱的对策中指出，产业政策创新是越南经济突破瓶颈的必要手段。世界银行关于 2007 年东亚和太平洋地区报告"危机后的十年"称，越南，如同其他东南亚国家一样，需要实施迅速彻底的政策以走出陷阱。报告说，要想向更高收入的国家转型，各国应该选择优势产业并进行专门化的发展。沙伊德·尤素福等（Shahid Yusuf and Kaoru Nabeshima，2009）在对马来西亚槟榔岛的研究中指出，马来西亚要想摆脱中等收入陷阱关键是要进行产业升级和多样化选择。文章最后提出该地区的发展规划是以电子产业和生物制药为基础，教育和科研部门作为刺激产业升级和多样化的知识依托，把医药服务业作为主导产业来带动当地其他经济部门。这种产业升级也许需要 5 到 8 年，但却能使当地的 GDP 达到年均 7%—8%。政府需要学习日、韩、新、台（地区）的经验，走出中等收入陷阱，向更高的阶段迈进。为了克服陷阱，发展中国家要充分利用其内部资源，建立合理的工业目标并制定有效的政策，而非仅依靠原油和其他自然资源的出口（Ari Kokko）。

（三）实施人力资源战略

大野健一（Ohno Kenichi，2009）在谈到越南问题中把越南人民和韩国、马来西亚人民作比较，指出韩国之所以能够成功的成为高收入国家，原因是在于韩国人民的勤劳。他说，马来西亚人相对"较为放松"，结果是尽管该国是世界上工业政策和人力资源政策都比较完善的国家之一，但是它的人均收入还是不及韩国和中国台湾地区。朱基菲·阿巴杜·拉札（Dzulkifli Abdul razak，2009）从教育的角度提出了走出陷阱的措施，他说，马来西亚陷入中等收入陷阱反映出其教育体制的弊端，长时间陷入"老师无所不知"的模式中，结果是人们只知道什么是正确的，却不知道哪种是更好的。他得出的结论是教育必须要重视创新能力的培养，这样才能发展教育，从而摆脱陷阱。

（四）改善投资环境

世界银行《东亚经济半年报》（2007）认为，东亚国家应当继续推行他们的改革方案，特别是要重视改善政策和投资环境；发展惠及穷人借贷的更广泛的资本市场；开展服务贸易；促进教育机构的发展以便更好的提高劳动者素质；加强基础设施建设；重视谨慎的宏观经济政策；建立更好的社会保障机制。华盛顿总部的开发机构（Washiongton-based development institution）建议投资环境的改善需要降低政策上的不稳定性，缩减政府审批步骤，增强劳动者技能，加强基础设施建设和完善金融机构。郝福满（Bert Hofman）对中国改善投资环境的建议是政府要更好地平衡国际贸易。中国的贸易盈余过多，政府应当帮助资本分散而不是减少。他还指出，环境污染也是影响投资环境的重要原因之一，它严重地制约着中国经济的可持续增长，环境污染可能会对国内的 GDP 造成很大的损失，政府通过结构性调整促进服务业的发展，以提高经济增长的质量。

（五）优化政府决策

大野（Ohno，2009）指出，越南产业政策的失败在于政策制定的组织缺陷。越南如果不对政策制定程序和组织进行基础性改革，就无法跨越障碍成为高收入国家。同时，他们也指出，在任何发展中国家，政策的执行都会受到财政预算、人力资源和配套机制的制约。因此，跨越中等收入陷阱的关键是提高领导水平和效率，革新发展战略。政府的政策必须涵盖所有的企业，包括国有企业，迫使他们参与竞争，以增强其创新能力和提高效率。社会均等化政策也是跨越中等收入陷阱的重要经验。乔俊峰（2011）将韩国成功跨越"中等收入陷阱"的主要经验归结为，韩国充分发挥了就业、教育、税收和社会保障等一系列与经济发展相适应的社会均等化政策，从而实现了高速增长同时的社会均等化发展。

五、中国跨越中等收入陷阱面临的挑战与政策选择

（一）中国跨越中等收入陷阱面临的挑战

吴敬琏（2008）指出，中国实体经济中普遍存在以"投资驱动"和"重化工业"为典型的粗放型经济增长模式，而这种低效率模式和中国资源禀赋稀缺的冲突必然导致严重的社会后果。尤其是近几年低效率投资泛滥下放松了技术创新和产品升级，以及出口导向弥补内需不足的外向型发展方式，使中国经济增长的持续性面临越来越大的风险和挑战。同时，中国也面临着诸多"中等收入陷阱"的潜在风险，例如，劳动力比较优势降低、老龄化趋势明显、生态环境破坏、外贸环境恶化、收入差距扩大、社会群体事件增多等问题。

刘伟（2011）认为，中国存在制度创新中断、技术创新能力不足、经济发展失衡和供需失衡以及对外过度依赖等四大问题，可能分别导致经济和社会发展缺乏持久的动力、难以通过效率提高稳定经济增长、资源配置恶化和供需失衡以及经济活动缺乏内在的稳定性，因此，存在进入"中等收入陷阱"的可能性。

蔡昉（2007）认为，从人口转变、资源禀赋变化以及增长方式等一系列经济发展阶段特征看，中国正面临着中等收入陷阱的挑战。他指出，中国特定的经济发展阶段之中，即农业剩余劳动力的减少、劳动力短缺现象的普遍化和普通劳动者工资的持续上涨，中国经济已经超越"刘易斯拐点"，开始向索洛式的新古典增长模式转变。因此，中国"逐渐失去在劳动密集型产业中的比较优势，而尚未获得在技术和资本密集型产业中的比较优势"，即面临"比较优势真空"的挑战。

此外，蔡昉（2011）还从"十二五"时期主线的要求分析了中国面对的三大挑战，一是完善居民收入分配，建立中等收入群体为主的社会结构，转变为消费需求拉动经济发展方式；二是通过东中西部地区间协调发展，推动产业结构转移、升级和优化，通过人力资本和技术累积提高全要素生产率，转变为技

术进步驱动型经济发展方式；三是推动农民工市民化和城市化进程，提高社会保障体系范围，实现产业结构均衡发展。

中国银行国际金融研究所（2012）认为，中国面临"中等收入陷阱"四大挑战：一是年龄结构老化、城乡结构趋衡和教育投入偏低导致"人口红利"的消失；二是投资难度加大和外部环境恶化造成经济增长动力衰退；三是收入差距持续增大；四是土地、能源、资源和污染问题造成资源能源和环境约束不堪重负。

此外，清华大学社会学系社会发展研究课题组（2012）从既得利益集团阻碍改革的角度，认为中国需要警惕的主要问题是"转型陷阱"，形成以维护既得利益为主要目标的混合型体制。

同样，国外也有专家学者担忧中国经济的可持续性。原世行行长佐利克（2011）指出，如果中国不进行根本的结构性改革，有可能陷入"中等收入陷阱"。他认为，中国无法依赖出口战略达到高等收入水平，因此需要刺激国内消费、降低储蓄率，扩大消费。他列举了中国可能面临的短期问题，如，食品价格通胀的风险和长期问题，城乡资源矛盾、老龄化、生产效率低下等。他认为，中国最关键的问题在于"如何完成向市场经济的转变，包括重新定义政府的角色以及实现法治，发展私人部门、促进竞争，以及深化对土地、劳动力和金融市场的改革"。

克鲁格曼（Paul Krugman，2011）认为，中国经济正面临房地产主导的资产泡沫和影子银行推动的信贷风险。他担忧这种投资驱动型的经济增长方式使中国经济处于类似1980年日本式泡沫崩溃和2007年美国次贷危机的边缘。

然而，多数学者认为，即使中国面临中等收入陷阱的诸多挑战，但也看到了中国跨越中等收入陷阱的优势，对中国的成功跨越充满信心。胡鞍钢（2011）并不讳言中国可能掉入中等收入陷阱的诱因——经济原因、政治原因、社会原因和国际原因，以及这四种因素相互关联、相互作用、相互影响，形成了特有的"收入差距陷阱"、"政治民主化陷阱"等等，但他同时也指出，中国可以跨越中等收入陷阱的最大优势就在于社会主义优势，这是中国与其他中等收入国家最大的不同之处（胡鞍钢，2011）。马常基（2011）也认为，"中等收入"与"陷阱"没有必然联系，中等收入阶段不能避免，但"陷阱"却可以避免。因为以前那些落入"陷阱"的中等收入国家，主要是那些国家在经济发展中，采取了不合理的发展战略和经济体制，使其快速的经济增长与制度调整、人力资本供给发生失衡，如果我们吸取他人的教训，主动地避开那些他人走过的弯路，自觉地克服那些不合理的因素，我们就可能不会陷入中等收入陷阱；事实上，也曾有一些发达国家（地区）就成功地跨过了"中等收入陷阱"；即使一旦走入了"中等收入陷阱"，也可以通过调整发展战略和经济体制，弥补过失，从"陷阱"中走出来。郑秉文（2011）认为，30 多年的改革开放为中国顺利度过中等收入阶段和跨越"中等收入陷阱"积累了丰富经验，为中国经济长远可持续发展奠定了重要基础。王一鸣（2011）认为，中国经济增长的潜力还很大，不会出现徘徊或停滞的局面，原因是内需市场加速扩展，产业转型升级加快推进，研发投入逐步加大"新人口红利"加快形成，城市化形成新动力。

（二）中国跨越中等收入陷阱面临的政策选择

1. 全面深化改革，推进制度创新

厉以宁（2012）针对中国即将丧失红利的观点提出了不同意见。他否定了有关人口红利、资源红利和改革红利三大红利丧失将导致中国经济衰弱的观点，他从红利的概念出发，认为红利不具有绝对性。经济体在不同阶段会因为技能进步、科技开发、制度创新和体制改革等方面创造出新的红利，因此，中国仍然能够从改革中获得红利。林毅夫（2012）认为，中等收入国家可以利用技术和产业的后发优势，"靠引进、消化、吸收来降低创新的成本和风险，以加速产业、技术升级"，维持持续的技术创新和产业升级，实现经济增长，成为增加居民收入的源泉。由此，林毅夫（2012）认为，中国和美国存在的技术和产业差距能够成为中国的"后发优势"。通过人均收入水平测算和对日本、韩国和中国台湾地区同水平发展经验的比照，认为中国维持二十年平均 8% 的经济增长率是完全可能的，即顺利跨越"中等收入陷阱"。匡贤明（2011）认为，"中等收入陷阱"实质是"改革陷阱"，中国面临的主要问题并

不是所谓"中等收入陷阱"的风险，而是改革停滞与倒退的风险，是"改革陷阱"。因此，深化改革是我国避免陷入"中等收入陷阱"的根本出路（高世楫等，2011）。孔泾源（2011）认为，中国成功地实现从低收入经济体向中等收入经济体的转变，有赖于持续不断的体制改革和对外开放，中国要成功地跨越"中等收入陷阱"，迈向高收入经济体，同样依赖于加快推进全方位的制度创新，这包括更充分地发挥市场配置资源的基础性作用，加快推进国有经济和垄断行业的改革，加快推进金融体制改革，加快推进城乡经济社会一体化发展，加快推进收入分配制度改革，加快推进政府管理体制改革，此外，要加快推进社会体制改革，加强和创新社会管理，推进民主制度建设，有序扩大公民政治参与。陆铭（2011）也认为，中国经济的特点决定了要破除"中等收入陷阱"，必须立足于中国经济制度的差异性去思考，当前破除"中等收入陷阱"的突破口就是打破城乡分割、解决劳动力市场的扭曲问题。郑秉文（2011）还强调了保持社保制度与经济增长的同步发展的重要意义。

2. 调整发展战略

马晓河（2011）认为，从中等收入阶段向高收入阶段转型，完全不同于从低收入到中等收入阶段的转型，此时的内外部环境已经发生根本变化，要想避免"中等收入陷阱"，必须调整发展战略，并采取综合性的对策思路，将经济增长速度降到合理区间，培养以中产阶层为主体的橄榄型社会结构，支持发展战略新兴产业，改变贸易结构方式，加快推进体制改革，从而为促进经济结构调整和社会结构转型创造制度条件。

3. 转变发展方式

王一鸣（2011）认为，只要我们积极主动地推进经济发展方式转变，使之更加适应发展环境和发展阶段的变化，从而避免原有发展方式的制约，最大程度地化解各种矛盾，就完全可以创造新的增长空间，从而为成功跨越"中等收入陷阱"创造条件。刘伟从宏观和微观层面指出，转变发展方式对我国未来的经济增长和社会经济发展具有的重大影响后指出，突破"中等收入陷阱"的关键在于转变发展方式。胡鞍钢（2011）也认为，中国成功跨越中等收入阶段的关键在于：加快转变发展方式，推动科学发展、绿色发展、和谐发展。他将我国实现经济发展方式的转变分为三步走："十一五"时期初步纳入科学发展轨道；"十二五"时期基本纳入科学发展轨道；"十三五"时期全面纳入科学发展轨道。其中"十二五"时期承担着承前启后、继往开来的重要作用，是纳入科学发展轨道的关键时期与攻坚时期；因此，能否利用全球金融危机形成的倒逼机制，抓住全球格局调整的历史机遇，加快发展模式转变和经济结构调整，决定着中国能否在 2020 年全面实现科学发展。张卓元（2011）也认为，避免"中等收入陷阱"关键在于转变经济发展方式，这就需要适当放缓经济增速，着力深化改革和调整政策。

4. 内外并举

陆文强（2011）主张我国防止掉入"陷阱"，要内外并举。从外部条件看，中国是一个大国，如果进入高收入阶段，将对世界格局产生巨大影响，一些国家不愿意看到这种变化，极力围堵和限制我国发展，诱导我们掉入"陷阱"。对此，我们除了要努力通过外交等手段，争取好一些的外部环境外；同时还要注重国内因素。一要有正确理论指导，正确认识发展阶段和经济本质特征。二要找出主要工作方面。从经济领域看，像国际贸易、投资、收入分配、社会保障、消费等，都是关系能否规避"陷阱"的重要方面。三要在制定这些重要方面的政策时综合协调，具有预防"陷阱"的意识。四要做好宣传教育工作，使广大干部群众了解基本国情，避免产生不切实际的预期。

5. 合理推进人口城市化

田雪原（2011）认为，要想跨越"中等收入陷阱"，就必须首先避开"人口城市化陷阱"。要把握好人口城市化的方向、速度、结构和质量，一要把握好人口城市化的速度和节奏；二要把握好人口城市化的规模和结构；三要把握好城市发展方式转变和相关体制改革，要从过去片面重视城市发展转变为统筹城乡协调发展，逐步实现城乡经济社会发展一体化。

6. 努力实现包容性增长

郑秉文（2011）指出，改革开放以来，城乡之间、沿海和内陆之间、行业之间、城镇居民内部的收入差距日益扩大，分配不公始终受到社会的诟病，因此，在踏进上中等收入"门槛"的关键时刻，亟须从"GDP 增长"向"包容性增长"转变。为此，要尽快进行收入分配制度改革，加快户籍制度改革，积极推动城镇化进程，缩小城乡差距，防止两极分化，将是确保稳妥跨越"中等收入陷阱"的必要举措。魏婕、任保平（2011）认为，实现包容性增长，需要实现从"先富"到"共富"改革共识的转型，从"以物为本"到"以人为本"增长理念的转型，从"数量至上型"到"质量提高型"的增长模式的转型，以及从"模糊分享"到"清晰激励"的增长制度的转型。方大春（2011）认为，实现包容性增长，需要调整经济增长动力，突出包容性增长的民生内涵；加强与创新社会管理，构建包容性增长社会环境；深入贯彻科学发展观，转变经济考核方式；积极参加国际合作，构建包容性增长的国际环境。乔俊峰（2011）借鉴韩国跨越"中等收入陷阱"时期的社会均等化政策，认为中国应着力从创造社会流动性、合理分配教育资源、发挥税收和社会保障制度的再分配效应等方面入手，制定社会均等化政策，突破"中等收入陷阱"。

附录 2 　国内外关于中国迈向经济强国 观点综述

改革开放 30 多年来，我国经济发展取得了举世瞩目的巨大成就，经济总量、制造能力、外汇储备、货物贸易总额等均居世界前列。在建设成就面前，国内学者普遍认为中国正在向世界经济强国迈进，也有一些国外学者认为中国已经成为了经济强国，针对国内外学者有关中国经济强国建设的相关研究，本文将其主要观点做一综述。

一、中国"经济强国"问题的提出

"经济强国"问题的提出不是偶然的，不是某个时期或某个人提出的一个简单口号，其深深植根于我国历史和现实中，体现在无数仁人志士奋斗牺牲的实际行动中，"经济强国"既是对我国近现代历史经验教训的深刻总结，也为我国未来健康发展指明了努力的方向。

（一）中国近现代经历的艰难曲折是"经济强国"问题 产生的历史渊源

张占斌（2014）认为，近现代我国经济发展经历了由盛到衰，由衰到大，由大到强的三次重大历史转折，其中"由盛到衰"指的是从康乾盛世顶峰时占世界经济总量的 32%下降到八国联军侵华时的 6%，成为一个贫穷落后的半封建半殖民地国家，因此改变中国受列强欺辱的状况、建设"经济强国"成为一百多年来中国人民的主要奋斗目标，而且这段历史告诉我们错失发展机遇、不重视工业化和城市化进程、忽视科学技术、闭关锁国、遏制国家变革力量只能导致国家的衰败与落后，这对我们现在建设"经济强国"仍然具有强烈的警醒意义。

（二）其他经济强国的兴衰历程是"经济强国"问题产生的国际借鉴

唐晋（2006）认为，从15世纪葡萄牙人将海上探险和殖民贸易结合起来、成为第一个世界性经济大国开始，人类历史上先后出现了葡萄牙、西班牙、荷兰、英国、法国、德国、日本、俄罗斯和美国9个具有全球影响力的经济大国。美国、日本和德国仍然是当今世界上名副其实的经济强国，而其他几个国家在世界经济格局中的影响力则已经远不及强盛时期，应该说每一个经济强国的成功崛起和经济社会的跨越发展，都是在当时特定的历史背景下，该国自觉顺应发展潮流、紧紧抓住发展机遇、甚至引领发展方向的结果，但如何在世界经济格局不断调整、多轮工业革命、新科技革命浪潮不断涌现的情况下，始终走在世界潮流的前面，保持世界经济强国的地位是一个值得认真思考的问题。

（三）中国经济建设的成就和挑战是"经济强国"问题产生的现实基础

魏礼群（2013）认为，目前我国GDP总量已位居世界第二，外汇储备、制造业产值连续多年世界第一，货物进出口总额成为世界第二[①]，另外部分省（市）GDP总量或人均GDP已接近甚至超过中等发达国家水平，从这些指标看我国已成为一个名副其实的经济大国。但同时也存在着人均收入偏少、科技创新能力不足、产业结构层次低、城市化发展滞后、金融体系不完善等不协

---

① 根据世界贸易组织统计数据，2013年中国已成为世界第一货物贸易大国。

调、不稳定、不可持续的问题，我国迈向经济强国之路依然任重道远。

二、经济强国的基本内涵

对研究对象概念的内涵、外延的科学界定是一切研究工作顺利进行的首要前提条件，"经济强国"问题也不例外，只不过现阶段中国学者对经济强国的基本内涵尚未形成一致看法，因此在研究中往往表现出一定的概念逻辑不统一问题。

（一）经济强国包括哪些国家

葡萄牙、西班牙、荷兰、英国、法国、美国、德国、俄罗斯、日本是我国《大国崛起》这部纪录片和相关书籍指出的世界近现代历史上出现的9个经济强国，许多学者进行研究时一般均将这9个国家作为强国或曾经的强国进行考量，但也有一些学者在研究时，将以色列、韩国甚至新加坡等经济上比较富裕、对所在区域有一定影响力的国家也作为经济强国进行分析，这表明研究者对"经济强国"存在两种不同的理解。

一种理解是将"经济强国"视同"世界霸权地位"，这种观点与西方社会对"经济强国"的普遍认识基本一致，即"强国"意味着对世界的统治力和主导作用，经济强国是一个包含政治、经济、外交等国家实力的综合概念，甚至军事实力也是经济强国的重要组成部分，这种理解是传统的殖民思维、霸权思维对世界强国、世界关系的典型理解。

另一种理解更多的是从经济角度、从全球一体化的角度界定经济强国，认为成为经济大国和成为经济强国两者的内在逻辑是不同的，数量和规模是衡量一个国家是否是经济大国的主要标准，而质量和效益则是衡量一个国家是否是经济强国的主要标准，我国的经济强国目标与历史上这些西方"强国"有着本质的区别，在追求经济振兴、民族崛起的同时，不谋求世界霸权地位，而是努力促进世界的长久和平和和谐发展。

一言以蔽之，第一种理解侧重"强国"，而第二种理解则侧重"经济"，但两种内涵的含混使用，对我们的经济强国研究事实上造成了一些混乱和干扰。

（二）经济强国的主要特征

陈沙（1989）是我国改革开放后较早对经济强国问题进行研究的学者，他认为要成为经济强国必须具备以下三个基本条件，即相对强大的经济实力、以军事实力为依托的世界政治影响力、位于世界经济政治中心，并认为在世界局势相对缓和、交通日益发达、以日本为代表的亚太地区成为新中心的情况下，决定经济强国的主要是包括人口和资源的经济实力。

蔡来兴（2010）认为，经济强国需要具有"六大核心能力"，即强大物质生产力、一流科技创新力、全球资源配置力、深厚文化软实力、和谐外交亲和力、国防军事威慑力。

上海社会科学院世界经济研究所在2002年前后对"经济强国之路"较早进行了系统研究。张幼文（2002）认为，在全球化的大背景下，中国的经济强国建设应当包括以下内容：世界领先的经济规模与中等以上的人均产值；名列前茅的贸易总量与具有绝对优势的现代产品；代表世界发展水平的产业结构与在国际分工中的有利地位；在全球经济发展进程中的主动地位；科技先进并具有把高新科技转化为生产力的能力；充分拥有代表知识经济发展的广义上的生产要素；可自由兑换的货币和发达稳健的国内金融体系；较强的体制竞争力与综合竞争力；较强的国际影响力和对外抗风险能力；有效的宏观经济管理和强有力的政府；在国际经济体系及其发展中具有重要地位；在国际格局中具有重要地位。张幼文将经济强国的特点划分成十二个方面，概括较为全面的同时，难免出现特征界定不准确或各特征存在相互包含关系等问题，例如"具有绝对优势的现代产品"的情况，在技术研发、产品生产全球化的情况下出现的可能性较小；"在全球经济发展进程中的主动地位"、"在国际经济体系及其发展中具有重要地位"、"在国际格局中具有重要地位"，彼此之间往往存在交叉、包含关系，很难逐条独立作为相应的特征。

魏礼群（2013）认为，可以从以下几个方面来理解经济强国，一是世界排名靠前的经济规模及较高的人均收入；二是具有很强的科技创新能力，掌握相当一批核心关键技术；三是具备高端化和生态化的产业结构，在全球产业分工中占据有利地位；四是具有高度的城市化，并形成一批具有国际影响力的城市群；五是具有可自由兑换的国际货币，发达稳健的金融体系；六是在国际经济体系中具有重要地位，拥有较强的国际影响力。

（三）经济强国的评价指标

陈沙（1989）在经济实力主要包括人口和资源两大要素的前提下，将人均GDP5000美元、人口5000万、国土面积300万平方公里作为经济强国的基本标准，并将世界主要国家划分为标准型、近似标准型、资源需求型、人口需求型和财富需求型五种类型。由于时间较早、国内研究积累较少等客观因素限制，陈沙对经济实力所包含要素（仅指人口、资源）的分析比较简单粗糙，他将国土面积等同资源情况的做法也不够严谨，对我们目前研究参考价值不大。

潘英丽（2003）认为，经济强国应该考虑国家社会经济福利最大化问题；陈宪（2003）认为，应该参照联合国对各国排名的内容，将人类发展指数（HDI）纳入经济强国指标体系；诸大建（2003）认为，除用传统的GDP、人均GDP、世界排行榜来衡量经济强国外，还要兼顾两个指标，一是劳动者如何更多地就业，即在获得高产出的同时解决人力过剩问题；二是解物质化，即单位GDP用多少能源产生的、用多少二氧化碳产生的、用多少水产生的，一头减少资源消耗，另外一头减少物质排放，用这样来换的高的经济增长是新版本的经济强国必须包容的；金润奎（2003）认为，经济强国还应该考虑企业的竞争力的问题①。

吴雪明（2004）将经济强国指标体系分为3层综合指数和8大分类指数和50个单项指数，三层综合指数包括经济强度指数、经济强大指数和经济强盛

---

① 本段内容主要来自于2003年上海社会科学院世界经济研究所召开的有关中国国际地位与经济强国之路的学术研讨会。

指数，八大分类指数包括科学技术水平指数、信息化水平指数、市场化程度指数、开放度水平指数、抗风险能力指数、生产能力指数、发展前景指数和可持续发展指数，其中每个分类指数都代表了经济强国某一方面的具体内涵，并通过对58个国家、19年的数据样本进行计算分析，对我国经济逐步变强的趋势进行了综合比较。

章玉贵（2012）认为，世界经济强国的标准可以从六个方面进行考查，一是经济规模，没有一定的经济规模即使一国的国际竞争力再强也不能称之为世界经济强国；二是核心技术，大、快并不等于强，要看经济增长质量就要衡量经济增长中技术进步所起作用的大小；三是世界级企业和世界品牌，凡是经济强国必然拥有一大批具有国际竞争力的世界级企业和世界级品牌；四是货币是否是主流货币，拥有具国际影响力的可自由兑换的货币是衡量世界经济强国的一个重要指标；五是世界经济规则的影响力，一国在世界上的经济地位高低不仅取决于竞争对手和自身经济实力的消长，更要看该国的实力成长能否改变世界经济力量的对比，能否打破既有的世界经济规则；六是地区经济影响力，一国能否在地区经济中发挥主导作用也是衡量该国是否为世界经济强国的一个重要表征。

魏礼群（2013）认为，一个国家能否算是经济大国，可以用经济总量、人均GDP、制造业产值、贸易进出口总额和外汇储备五个主要指标来衡量；而表征经济强国的特征，则可用国内生产总值的世界占比、科技创新水平指数、服务业产值占比、城市化率、国际储备货币占比这五个量化指标。这十个关键指标可清晰勾画出一个国家由经济大国迈向经济强国的发展路径，因而构成了一个完整的指标体系。

陈沙、蔡来兴对经济强国的认识明显侧重"强国"，而其他学者则更倾向于"经济"，虽然研究者各自学术背景不同、对经济强国内涵的认识存在明确差别，在经济强国评价指标的确定上也往往各有侧重，但整体来看，学者们对经济强国的认识逐步深入，由原先主要考量经济结果扩展到经济发展动力的评价，由原来静态评价发展到动态评估，对深刻认识我国经济取得的成绩和面临的发展挑战提供了较为全面、客观的参考依据。

三、中国是否是"经济强国"的基本判断

对于中国经济强国的基本判断包含了两部分内容，一是从现阶段发展状况看，中国是否属于经济强国；二是从未来发展趋势看，中国能否成为经济强国。对于这两个问题，国内外研究者的认识具有明显差异性。

（一）中国成为世界第一大经济体的各种预测

国外研究机构对中国何时超越美国，成为世界第一经济大国保持了浓厚的兴趣。法国国际关系研究所（2003）认为到2050年中国（包含中国大陆、香港、澳门和台湾）将跃居世界经济强国之首；高盛集团（2003）认为2045年后中国经济将上升到第一位；卡内基和平基金（2007）认为到2030年中国国内生产总值将赶上美国，2050年则将达到美国的两倍；世界银行（2006）预测2020年中国人均GDP将会达到相当于葡萄牙的水平，进入发达国家的行列；兰德公司和安格斯·麦迪森（2009）按照购买力平价法预测，2015年中国GDP将超美国，甚至高出7%；而美国《商业周刊》网站（2012）则认为到2016年中国就可以超越美国，成为世界第一经济强国；另外David Shambaugh（2013）在《China Goes Global·The Partial Power》一书中预测，中国将在2025年左右成为世界最大经济体。

2014年4月30日世界银行发布其"国际比较计划"项目（International Comparison Program）的最新报告，对2005年后的世界各经济体的GDP总量进行了数据更新，按照世行利用购买力平价方法（PPP）进行的测算，中国在2014年年底就将超过美国，成为世界第一经济体。

中国学者也做过相关预测。梁优彩（2002）预测2050年前后中国可以基本实现现代化，此时经济总量仅次于美国，人均GDP与世界平均水平的差距也将明显缩小，由一个发展中的经济大国成长为世界经济强国。梁优彩仅仅是从经济增长速度、人口增长速度角度对我国经济发展水平进行的预测，即将GDP和人均GDP作为衡量经济强国的指标，预测模型过于简单，其预测结果

与现阶段我国的发展情况存在较大差距。

李慎明（2009）认为，如果中国继续以每年8%左右的速度增长，欧美增长率仍不足2%，在2018年前中国的经济总量会取代美国，成为世界第一大经济体，亚洲经济体与传统发达经济体的实力格局将彻底扭转。不过随着中国经济进入中高速发展阶段，经济发展下行压力增大，加上体制机制障碍、转型升级压力、资源环境约束等多种限制条件的综合作用，中国经济总量成为世界第一仍然有很长的路要走。

总体而言，国外研究者和相关机构比较倾向于使用购买力平价法来衡量中国的经济规模，例如除了上面提到的世行自己的国际比较项目外，国际货币基金组织和世界银行（2011）还曾经估算，2010年中国GDP为10.1万亿美元，美国为14.6万亿美元，即中国的经济规模已经达到美国的70%；而华盛顿彼得森国际经济研究所根据宾夕法尼亚大学搜集的经济数据，用购买力平价方法计算的结果是，2010年中国经济规模为14.8万亿美元，而美国只有14.6万亿美元，中国经济总量已经超过美国。另外美国皮尤研究中心（2012）公布的一项全球调查结果显示，在许多国家民众心目中，中国已经超过美国成为了当今世界的"头号经济强国"。

对于国际机构利用购买力平价方法评估中国经济的做法，一些国内学者认为这种做法是"醉翁之意不在酒"，有更深层次的战略目的。向松祚（2011）认为这是"别有用心"，目的是利用这些数字敦促中国承担更大的国际社会责任，甚至是某些情况下的主要责任，并将某些发达国家经济增长缓慢、失业率居高不下的责任推向中国，最终实现迫使中国在人民币大幅升值、人民币资本账户完全自由兑换、率先履行碳排放义务等方面做出让步，从而维护其国际政治经济霸权地位。

表10　中国成为世界第一经济大国的时间预测

研究者/机构	发布时间	预测结果
法国国际关系研究所	2003年	2050年
高盛集团	2003年	2045年

研究者 / 机构	发布时间	预测结果
卡内基和平基金	2007 年	2030 年
世界银行	2006 年	2020 年
兰德公司和安格斯·麦迪森	2009 年	2015 年
美国《商业周刊》网站	2012 年	2016 年
David Shambaugh	2013 年	2025 年
世界银行	2014 年	2014 年
梁优彩	2002 年	2050 年
李慎明	2009 年	2018 年

资料来源：笔者根据相关文献、报道汇总所得。

（二）国内研究者对中国经济强国建设的主要判断

国内研究者的判断较为一致，在肯定我国经济建设成就的同时，认为我国仍然是发展中国家，是一个经济大国但非经济强国，即将经济大国和经济强国进行了区分，二者之间是一种递进关系。

1. 中国仍是发展中国家

马建堂（2011）也认为，虽然我国经济总量已经跃居世界前列，但还远未成为经济强国，现阶段我国人均水平需要提高、经济结构需要优化、经济发展质量需要改善，经济规模的提升并没有改变我国发展中国家的世界定位，也没有彻底改变我国仍然处于社会主义初级阶段的基本国情。

张宇燕（2011）明确提出，发展中国家的经济具有 3 个基本特征，一是经济整体上可以划分为现代部门和传统部门；二是在同等劳动时间、同等劳动强度条件下，不同部门的工资不同；三是农村劳动力大量过剩。现阶段我国经济与上述 3 个特征完全吻合，因此即使经济总量超过日本，我国依然是一个典型的发展中国家。

2. 中国"大而不强"

徐一帆（2006）较早提出了我国"大而不强"的观点。他在 2006 年时提出，我国在经济总量世界第四、对外贸易总量世界第三、外商直接投资连续多年居发展中国家首位、许多产品产量位于世界前列的同时，人均水平只在全球位居 110 位，经济效率依然不高，产品的技术含量和附加值低，因此应该清醒地认识到，我国虽然已是一个经济大国，但还不是一个经济强国。

张占斌（2013）认为，经过改革开放三十多年的高速增长，我国已经进入上中等收入国家行列，从经济总量、经济结构、经济效益、经济影响等方面看，我国已经是名副其实的经济大国，但结合经济强国的内涵特征和中国的基本国情，我们在体制机制、需求结构、科技创新、资源环境等方面与美日等世界经济强国还有较远差距，实现经济强国之梦依然任重道远。

（三）国外研究者的主要判断

国外研究者对中国经济的判断因为学科背景、对中国的了解程度等原因具有明显差异性，中国崛起论和中国崩溃论并存，介于二者之间的这种观点更是可谓众说纷纭。

1. 中国即将成为经济强国

Martin Jacques（2009）是中国崛起论的典型代表，他认为，中国将超越美国成为世界第一大经济体，并且取代美国世界第一强国的位置。他强调构成这个现代国家的核心要素是它的历史和文化，中国从来没有人认为权力是需要分散的，因此中国绝对不会走上西方民主化的道路，只会选择一条不同于西方世界的发展模式，而中国的崛起将改变的不仅仅是世界经济格局，还将彻底动摇西方世界的思维和生活方式。

David Shambaugh（2013）认为，虽然在过去 20 年间中国贡献了全球经济增长的约 40%，是当今全球最大的能源消费国、最大的出口国，并持有全球最庞大的外汇储备，但中国金融业发展不充分、对外援助未跻身世界 10 大捐助国之列、没有居于领导地位跨国企业、海外投资仅排全球第 5，因此中国现阶段"仍然是一个不完全经济大国"（remains a partial economic power）。

2. 中国难以成为经济强国

Gordon Chang（2011）是中国崩溃论的主要鼓吹者，他认为鉴于自身经济的内在缺陷和失衡，中国没理由成为世界经济强国，不断增多的结构性问题将使中国经济面临严重下滑，世界看到的将是中国经济出现崩溃，甚至可能出现像日本那样长达几十年的经济衰退。

David Roche（2007）认为，中国由于自身基础薄弱，甚至30年内都无法成为真正的世界经济强国。原因在于，第一中国自身基数小，增长速度较快但绝对增长量依然较小，与美国、欧盟等的绝对差距仍然很大；二是廉价增长模式难以为继，资本正变得日益昂贵，劳动力短缺问题也已凸显，因此中国虽然发展速度很快，但人均GDP与美国的绝对差距仍呈扩大趋势，高速发展并不一定意味着能够成为真正的世界强国。

3. 中美均衡论

Alexander L. Vuving（2012）认为，中国即将取代美国成为世界第一大经济体和中国因为结构失衡经济即将崩溃两种预言都是不准确的，中国仍将延续投资密集型的发展路径，尽管存在结构不平衡，这一路径仍会使中国经济维持良好发展势头。他认为能够代表国家硬实力的理想指标是社会财富和生产率，而非单纯的经济规模，中美实力竞争可能是一场势均力敌的较量，但中国可能不会超越美国成为第一强国。

综上所述，国内外研究者虽然对我国经济建设取得的成就基本持肯定态度，但对经济强国的认识具有明显的差异性，国外学者比较关注中国何时能够成为世界第一经济强国，西方学者对"强国"的界定基本是以一国经济总量作为主要衡量标准，在国际比较中则是GDP绝对数量的比较和购买力平价相对数量的比较并用；国内学者在关注中国经济总量不断增长的同时，更加关注我国经济的健康发展问题，关注经济内部各种发展要素之间的匹配协调问题，而在经济预测时则极少使用购买力平价法。总而言之，对于中国经济强国问题的研究，国外研究者注重发展速度，国内研究者更注重发展质量，国外研究者大多数默认"大"就是"强"，而国内研究者则明确区分了"经济大国"和"经济强国"。

四、中国经济强国建设的优劣势分析

经济强国梦是我国两个"百年目标"的重要组成部分，在经济社会发展的新阶段，我们依然具有发展的比较优势，同时也面临许多新老问题的挑战。

（一）中国经济强国建设的主要优势

1. 发展模式优势

柳思维（2010）认为，我国经济强国建设的最大优势在于正在形成中的有中国特色的经济发展模式，这一模式具有以下特征，一是宏观战略决策与经济建设为中心、分步走发展战略和渐进式改革相结合；二是市场化运行机制与宏观调控科学化相结合；三是公有制经济主导与经济主体多元化相结合；四是分配方式多样化与效率公平相结合；五是对外开放与独立自主相结合；六是市场经济活力与社会大局稳定相结合。

Andrew J. Nathan（2013）认为，"坚持有所保留的中国模式"（HOLDING SOMETHING BACK：THE"CHINA MODEL"）使中国在加入 WTO 后没有任何损失，中国经济不仅没有被强制转型成西方经济模式，而且中国政策制定者还创造出了一种独特经济形态：市场自我调节起主要作用但存在政府指导的经济模式。这种后 WTO 时代的中国模式从全球贸易和投资中获益的同时，又不会失去国内市场在经济增长中的首要地位；从私人和国外投资部门的不断发展壮大中获利的同时，又不会被这些私人和国外投资部门控制；而且更重要的是，在利用市场机制提高效率的同时又不会损害政府对经济命脉的掌控能力。

2. 独有的比较优势

欧阳峣（2009）认为，我国经济发展具有独特的"大国综合优势"，即由于中国的"大国"特征和"转型"特征所决定的一种特殊优势，原因在于中国是一个经济技术发展不平衡的"大国"，有些地区或部门具有廉价的劳动力资源优势和适用技术优势，有些地区或部门又具有高新技术优势和资本密集型产业优势，因而有些地区或部门具有发展中国家的优势，有些地区或部门又具有发达国家的优势。这些不同的优势的存在，都可能成为增强中国经济国际竞争力的积极因素，它们不是各因素简单相加，而已经成为一个整体，有机地融合在一起，形成具有大国特征的综合优势。

林毅夫（2014）认为，从新结构经济学角度看，中国从 2008 年起还有 20 年高速增长的潜力。衡量一个国家后发优势的标准是人均收入水平与发达国家的差距，因为人均收入代表平均劳动生产率、平均技术水平和平均产业附加值水平，2008 年我国人均收入水平是美国的 21%，也就是相当于日本在 1951 年、新加坡 1967 年、中国台湾 1975 年、韩国 1977 年与美国的差距，而这些经济体分别利用后发优势实现 20 年左右 8%—9% 的增长，所以中国从 2008 年开始也应该有 20 年左右的高速增长潜力。这种潜力就在于与发达国家的技术、产业、基础设施等方面的差距所决定的巨大后发优势，利用好这一优势，发展中国家技术创新和产业升级速度会比发达国家快很多，相应的投入和风险也都小于发达国家。

3. 国内外具体优势

魏礼群（2013）认为，国内外环境为我国经济强国建设提供了许多有利条件。从国际方面来看，经济全球化深入发展，促进共同发展的有利因素在增加；世界科学技术日新月异，有助于我国发挥后发优势；国际金融危机引发世界政治经济格局深刻变化；国际形势总体稳定，这些都为提高我国的国际影响力提供了便利条件。而从国内方面来看，我国经济具备更大发展的实力；经济发展的物质技术基础更加坚实；城镇化能够为经济发展提供内生动力；对外开放程度不断提高；政治优势充分发挥将为经济发展开辟广阔道路，这些都为我们建设经济强国奠定了坚实的物质基础。

（二）中国经济强国建设的主要挑战

1. 经济增速放缓

Nouriel Roubini（2011）认为，过度投资引发的潜在债务风险和产能过剩问题最终将拖累经济增长并导致硬着陆，2012 年出于换届平稳过渡需要的依靠投资的非均衡增长模式从 2013 年开始将日益难以为继，为避免在 2014 年经济出现硬着陆，中国必须建立更加均衡、可持续的增长模式。但由于中国高储蓄率、低消费率状况是一种刚性结构，需要几十年艰苦卓绝、极具政治智慧的改革才能改变，因此他较悲观地认为，在中国投资泡沫破灭前消费贡献率的显著提高的情形应该不会出现。

并非所有学者都认同经济硬着陆的观点，Stephen S. Roach（2012）就认为关于中国经济硬着陆的担心是过分夸张的，中国经济减速是政府主动调控的，而且为了未来发展的可预见性，政府的这种调控还将继续，在这种情况下，经济软着陆才是必然的。他指出对于可能出现的硬着陆问题，中国中央政府早已察觉，近期在天津、重庆、上海等地区针对低收入家庭的保障房建设有利于拉动经济增长，而且不像3、4年前投资主要来自银行贷款导致地方债台高筑，中央政府在新一轮投融资中将扮演重要角色；城镇化是中国经济增长的引擎，人口向城市迁移将需要大量投资；与外向型经济体易受外界冲击不同，中国体量巨大，加上有力的经济再平衡策略，完全可以避免经济硬着陆。

2. 经济领域的具体挑战

Kelly Sims Gallagher（2007）从能源科技创新政策角度出发，认为中国在2007年超过美国成为世界第一大温室气体排放国，虽然中国政府大力通过提高能源利用效率、使用清洁能源来减少温室气体排放，但作为一个发展中国家，中国仍然在技术转化、环境保护方面缺乏相关的机构、政策和强化机制，亟须国际社会的大力帮助。

Michael Beckley（2011）对中国的高新技术发展情况进行了深入研究，他认为，虽然很多专家因为中国出口了比世界任何其他国家都多的高科技产品，便想当然地认为中国是"世界领先的、以技术为基础的经济体"（the world's "leading technology-based economy"），但其实这些产品既非中国的也非高科技含量的，因为这些产品超过90%是由外资企业生产的，而且是从国外进口零部件，在中国则仅仅是完成组装工作。实际上中国高科技企业过去20年在研发、专利、盈利能力等方面已经全面落后于美国竞争对手。

Andrew J. Nathan（2013）对全球化带来的利弊进行了系统分析，他认为，全球化深入发展除了带来很多益处外，也将给中国等所有全球化参与方的国家安全带来一系列挑战：不管是故意还是无意，一国经济稳定政策，特别是在劳动力市场、国际产品市场和本国汇率政策方面采取的各种措施，可能在稳定本国经济的同时对他国经济造成伤害，从而出现各国经济政策相互倾轧的风险。

3. 多重因素的综合影响

James Kynge（2006）认为，未来20年中国通过对海外就业、原材料、能源、食品的争夺，将极大的重塑世界贸易、资本流动和国际政治格局，同时环境污染、社会信任危机、脆弱的金融体系和臃肿的政府机构（its environmental pollution, its crisis in social trust, its weak financial system and the faltering institutions of its government），使中国经济发展面临重重阻力，其中任何一个问题不能得到妥善解决，都可能对世界产生破坏性影响。

蔡来兴（2010）对我国国内发展问题进行了较系统梳理，他将我国经济发展面临问题归纳为"六大失衡"，即内需外需失衡、投资消费失衡、投入产出失衡、城乡区域失衡、收入分配失衡、经济社会失衡，认为要建设经济强国就要大力推动我国发展战略重大调整，加快转变发展方式，创造并激发巨量有效需求，全面释放经济增量，实现"民富"与"国强"齐头并进。

马建堂（2011）也对国内经济发展面临的问题进行了概括总结，他认为我国的经济强国之路面临的艰难挑战主要有三个，一是现阶段国际经济发展环境更趋复杂严峻；二是国内经济社会发展面临的资源环境约束日益突出；三是劳动力、资源等支持过去经济高速发展的传统优势日趋弱化，依赖投资拉动的经济增长模式难以持续，因此我们必须对发展中存在的各种矛盾和困难保持清醒认识。

魏礼群（2013）对国内外发展形势进行了综合分析，他认为，从国际上看，美日等发达国家为了保持其在国际经济体系中的秩序红利、格局红利，通过反倾销起诉、阻挠中国企业对外投资等贸易摩擦掣肘我国经济的发展，制约中国崛起意图越来越明显；国际金融危机后，发达国家提出"再工业化"、"2020战略"、"重生战略"等口号，发展中国家也在重塑产业优势，保护主义重新抬头，世界经济竞争日趋激烈；外部需求短期内难有根本好转，使我国出口面临相当大的压力；另外气候变化、粮食和能源问题、重大自然灾害和疾病、恐怖主义和地区动荡等传统和非传统安全问题相互交织，给我国经济强国建设提出了新的挑战。而国内经济结构调整进展缓慢，科技创新能力整体偏低，资源环境约束日渐突出，各类体制、机制障碍依然较多，这些都在制约着我国经济社会的科学发展。

五、世界其他经济强国的发展经验研究借鉴

以史为鉴可以知兴替，中国建设经济强国，离不开对世界其他经济强国兴衰各种历史经验教训的总结、借鉴，在这方面国内学者也做了非常细致的研究。

（一）选择适合的发展道路

伍贻康、杨逢巩（2003）通过对日本"经济至上"发展模式、德国注重社会保障的市场经济模式、韩国"工业化优先"发展模式的研究，认为任何照搬照抄别国成功模式的做法，都是注定没有活力的，一国只能根据本国历史沿革和社会经济基本状况，并结合经济发展时机确定符合本国国情的发展模式。但日、德、韩等经济发展进程仍可以给我们一些共同的启示，一是市场经济的核心和原动力是竞争；二是符合市场规律的国家干预调节必不可少；三是恰当的行政干预手段。

柳思维（2010）认为，世界历史上的9个经济强国按其发展特色大致可以分为四种崛起模式。一是外向扩张主导、贸易型经济强国模式，以葡萄牙、西班牙、荷兰为代表，自身具有邻海区位优势，在地理大发现过程中，一方面进行殖民扩张，强占别国财富资源；另一方面控制海上航路，大力发展海上贸易和转口贸易，同时实行重商主义战略。二是制度与技术创新领先、工业主导型经济强国模式，以英国、美国为代表，技术创新和产业革命进行的同时，政治制度也进行了革命或创新，建立了统一的国内商品和要素市场，然后利用自身工业和技术优势向海外扩张。三是技术与工业优势支撑下的武力侵略型经济强

国模式，以二战前的德国、日本为代表，在工业基础不断壮大的同时，建立了高度集权的军事官僚专制体制，妄图以武力征服世界扩张自己的领土版图。四是混合型的经济强国模式，以法国、俄罗斯为代表，例如法国受法国大革命、拿破仑统治的深刻影响，俄罗斯受亚欧文化的双重影响和彼得大帝、叶卡捷琳娜甚至斯大林等威权人物的影响，除了利用自身工业实力向外扩张外，其崛起模式受到自身地理、文化、制度等多重因素的影响，具有复杂性。

（二）重视科技和教育

覃明贵（2002）认为，以色列经济实力的发展壮大主要得益于其对人才培养和吸纳工作的重视。他认为以色列人才工作主要包括以下四个方面的内容，一是通过健全法律、完善教育体系、保障教育资金投入、重视移民教育等使教育处于优先发展位置；二是重视注重技能培养，积极开发人才的创造力；三是促进国际交流，提高本国人员的学术与科技水平；四是敞开移民大门，广泛吸纳国际人才，这些政策对我国培养和吸引人才具有积极地借鉴意义。

龚旭（2003）以1995年日本《科学技术基本法》为主要研究对象，阐释了科技创新体制对经济强国建设的重要性，他认为《科学技术基本法》拉开了日本重建科技体制的序幕，通过重构科技政策体制与机制、制定与实施科学技术基本计划、改革科技管理部门和科研机构等多种措施，改变了日本战后对基础科学重视不够的问题，对我国经济强国建设具有借鉴意义。

（三）坚持对外开放

余建华（2004）认为，世界市场的形成始于地理大发现，首先开辟新航线的葡萄牙和西班牙成为首批经济强国，英国凭借工业革命、美德凭借第二次工业革命和世界市场的形成成为世界经济强国，战后日本经济复兴也得益于贸易立国和科技振兴，因此，重视世界市场、依靠科技革命是世界经济强国实现经济腾飞和国家崛起的共同经验。

另外魏礼群（2013）认为，从世界经济强国发展的历史进程看，这些强国基本上都有"七个重视"，即重视世界历史的发展机遇、重视科学技术的创新、重视人力资本的投资、重视城市化的持续推进、重视体制机制的变革、重视实施海洋强国战略、重视扩大对外开放。

六、中国如何建设经济强国

我国的经济强国建设是一个系统工程，需要多方面统筹协调推进，归纳学者们的观点，主要包括以下几个方面：

（一）坚持理念创新

张维迎（2011）认为，中国建设经济强国应该摆脱任由凯恩斯主义忽悠的局面，放弃凯恩斯主义的短期政策，而要回到经济学的基本原理，也就是回归到亚当·斯密的市场理念。

洪银兴（2010）认为，我国成为世界第二大经济体以后，不能维持过去思维定势，而要进一步解放思想，从世界经济大国的历史起点上思考我国建设世界经济强国的发展走向。推动经济大国向经济强国转变的基本前提是实现经济发展方式的根本性转变。这就要求经济发展目标由追求 GDP 总量增长向人民收入增长转型，科技进步路径由跟随转向引领转型，参与经济全球化战略由比较优势转向竞争优势转型。

贾尔斯·钱斯（2013）认为，中国的迅速崛起正在扰乱 1945 年以来的全球势力均衡，但中国仍处在长期的"光荣孤立"符咒的影响之下，如果邻国联合起来抵制中国影响力的提升，那么中国就可能被孤立，落到孤家寡人的地步。特别是面对以美国为首的、排除中国的"泛太平洋伙伴关系"（TPP），中国迫切需要在世界各经济大国中寻找战略盟友。

（二）坚持结构调整

厉以宁（2009）认为，中国要成为经济强国、工业强国，一是要抓紧时间实现产业结构和产品结构的调整，把经济增长点质量放在首位；二是要抓紧时间实现劳动力结构的调整和劳动力素质的升级，使技术人员、研发人员、熟练技工的比重上升，只有实现产业结构、劳动力结构两方面转型后，我国才能成为名副其实的经济强国。

迟福林（2010）认为，解决未来10年甚至30年面临的挑战、建设经济强国的根本出路是推动第二次改革，第二次改革是包括经济体制、社会体制和行政体制等在内的结构性改革，应该把构建消费大国的体制机制作为改革的主线，引导中国发展模式由生产主导向消费主导转变。

吴敬琏（2010）认为，中国未来发展的希望寄托于经济发展方式转型，而经济发展方式转型的根本在于经济改革的推进。中国从经济大国蜕变成经济强国，关键就在于实现经济发展方式的转型，即应该解决长期发展存在的问题，而不在于短期货币政策的松或紧上，当前政府很好地运用了宏观智慧，基本保持了市场繁荣又不至于市场混乱，同时政府还应该把精力放在增长方式的转型上，提高增长效率和产出附加值，解决中国经济发展的根本问题。

朱启贵（2013）认为，实现经济强国梦的关键在于转变经济发展方式，打造中国经济升级版。这就要通过释放改革红利推进科技创新；通过推动"四化"深度融合提升产业智能化水平；通过抓住第三次工业革命机遇，抢占世界产业分工制高点；通过改革政绩考核体系，引领发展方式转变；通过完善宏观调控，实现稳中求进。

Rajah Rasiah（2013）认为，不照搬新自由学派的自由市场理论、经济转型中有选择的政府干预、工业向高附加值产业升级、资本账户余额充足等诸多有利条件使中国在未来十年能继续保持较快增长，但中国同时也要妥善处理好电力和水资源短缺、经济不平衡迟迟不能消除引发潜在政治动乱危险等问题。

（三）发展教育科技

世界生产力联盟名誉主席托·道尔（2006）认为，美国经济总量中，10%属于加工型经济，10%属于交易型经济，而剩下80%则是知识经济，知识经济在给美国带来金色发展机遇、实现经济繁荣的同时，也在科学、艺术、生活等诸多方面给世界文明带来了进步，寻求知识经济应该成为整个世界的重要发展目标，中国等其他国家也应该加入其中。

李重庵（2009）认为，职业教育是支撑中国经济持续健康发展、使中国真正成为经济强国的重要支柱，也是保证中国社会和谐与良性发展的必要条件。应该进一步提高职业教育在国家战略中的地位；对职业教育提出积极的发展目标，近期使中职学校和普通高中的学生比例大体相当，远期则要培养更多技能型人才；应当在实行中等职业教育免费的基础上，研究从"免费"发展到"义务"的时间表和路线图；在刺激经济的同时，让尽可能多的年轻农民工免费接受一年的职业教育，并给予相应的生活补贴；政府和社会从用工制度、税收政策、社会舆论等各个方面，营造有利于职业教育发展的和谐社会环境，提高职业教育被认可的程度和吸引力。

Belton M. Fleishera（2011）以实证方法利用中国企业面板数据研究了教育在提高员工工作效率和企业全要素生产率方面的积极作用，他研究发现，多接受一年教育，边际产量将增加30.1%，所有制结构不同，教育的作用也存在较大差别，其中在外资企业教育对提高产量的作用最为明显。他认为市场机制更有利于企业内部人力资本的开发利用。

刘学谦（2013）认为，只有知识和技术积累走在世界前面，我们才可能建成世界强国。建设经济危机、世界战争会使财富资本遭到巨大破坏，但知识和技术资本却可以完整地保留下来，因此要实现中华民族的伟大复兴和由经济大国向经济强国的转变，我们必须实现单纯重视资本积累向高度重视知识和技术积累转变，这就要高度重视教育，重视创新和人才，当前则应该加大引进国外先进技术的力度。

（四）完善资本市场

尚福林（2008）认为，全球金融市场格局随经济全球化进程正在发生深刻变化，投资者和融资者不通过银行等金融机构而直接以股票、证券、保险、基金等形式进行资金交易的金融脱媒趋势进一步加速，资本市场日益成为21世纪大国金融博弈的核心金融平台，发展资本市场、加快资本市场制度创新步伐，是中国由经济大国向经济强国转变的关键一环。

章玉贵（2013）认为，金融与武力是西方大国最后的两个优势，在核心金融信息严重不对称、国家层面道德风险不断泛滥的今天，世界金融日益呈现"达尔文主义"式的竞争，中国通过扩大人民币的行为空间来有效维护国家金融主权，面临非常不利的竞争局面，因此我们决不能只满足于简单地适应国际规则，而应尽早准备，构筑自己的金融竞争力。

（五）积极主动走出去

裴长洪（2013）认为，在未来30多年后成为开放型的经济强国，这是实现中华民族伟大复兴梦想的重要组成部分，为此一要培育新的国际竞争优势，使我国的"世界工厂"成为贸易强国的摇篮；二要采取有效政策激励，有针对性地扩大商品和服务进口，使我国成为位居世界前列的全球市场；三要转变吸收外商投资的指导思想，提高利用外资的综合优势和总体效益；四要对外投资应以建立全球性生产经营的供应链网络为重要政策目标；五要以全球跨国生产经营为基础推进人民币国际化的发展；六要采取更加积极主动的开放战略，应对参与全球经济治理的新挑战。

王跃生（2012）认为，以金砖国家为代表的发展中新兴大国的对外投资属于FDI"后发大国模式"，这一模式既不同于发达国家曾经走过的早期殖民模式和后来的资产利用模式，也不同于中小发展中国家达到所谓"邓宁标准"才开始对外投资，具有自己独特的优势。我国企业在未来国际化发展进程中占据主动关键在于以下三点，一是通过海外投资与并购能够获得具有长期价值的战略性核心资产；二是通过海外投资与并购获得的资产能够内部化为自身的资产；三是海外并购不应成为引进国外技术占领国内市场的途径，并购应显著提升并购者的国际存在和国际盈利能力。

林毅夫（2013）倡导中国劳动密集型制造业向非洲转移，他以华坚鞋业在赴埃塞俄比亚投资的成功案例说明了非洲是中国劳动密集型产业转移的"蓝天碧海"。他认为在迈向高收入国家的过程中，对我国经济发展做出巨大贡献的劳动密集型制造业将面临工资成本迅速提高的挑战，必须转移到其他低收入地区，而非洲人口规模大、平均收入水平较低，劳动力比较优势明显，而且相当多国家社会稳定，教育水平比我国八十年代的水平高，基础设施比我国在八十年代的条件好，具备承接中国劳动密集型制造业转移的能力。

与林毅夫劳动密集型制造业向非洲转移的观点不同，Martyn Davies（2011）认为，非洲从中国强大制造业对原料、能源的巨大需求中获益良多，中国的经济增长对非洲原材料的依赖程度也越来越高，中非在经济增长上是共生共荣。他同时指出，虽然中非在历史上政治联系密切，但中国公司在非洲投资失败的案例仍比比皆是，而且还会有更多的公司面临失败，投资非洲是成长为一项长远的、具有战略红利的行为，还是沦为一种短期的、企业逐利行为，主要取决于在精英政治外交支持下，中国企业是否有能力适应非洲市场条件并从容应对政治经济大环境时常变化带来的挑战。

（六）其他综合改革

胡鞍钢（2003）较早地对如何建设经济强国进行了系统论述，提出必须抓好八个方面的工作，一是保持经济稳定增长，不断提高经济总量；二是强化人力资本投资，加速发展中等教育和高等教育；三是要充分利用国际战略性资源；四是加快由投入要素驱动增长向知识技术驱动增长的转变；五是加快金融体制改革，规范资本市场；六是建立公共管理和公共财政体制；七是大力增强国防实力；八是进一步推进贸易自由化和投资自由化进程。

蔡来兴（2010）认为，经济大国迈向经济强国的战略调整应该包括以下几方面内容，一是中国经济从以物质增长为核心的传统发展转向以人为本的科学发展；二是增长动力要从以外需拉动为主转向内需驱动为主；三是从以"引进来"为主的单向开放转向全面参与全球经济大循环的双向开放；四是改革重点要从经济体制转向社会、政治领域，三者有机统一；五是建设重点要从城市转向广大农村；六是外交、军事和文化要更好地为建设经济强国服务。

魏礼群（2013）认为，综合考虑国内外机遇和挑战，我国在向经济强国迈进的历史进程中应该实施"六大战略"，一是经济持续健康发展战略，着力提高经济增长质量和效益；二是经济结构优化战略，着力推进产业结构优化升级；三是创新驱动发展战略，着力建设创新型国家；四是体制改革战略，着力构建有利于科学发展体制机制；五是海洋强国战略，着力开拓我国经济发展空间；六是更加积极主动开放战略，着力提高开放型经济水平。

张占斌（2013）认为，由经济大国到经济强国的战略转变，是实现中国梦的重要组成部分，这一过程需要推进财税、金融、城乡等体制改革，释放改革红利，破除体制机制障碍；要挖掘内需潜力，调整需求结构；要推动创新驱动，增强自主创新能力；要发展绿色经济，推进生态文明建设；要深化对外开放，开拓未来发展空间；要不断改善民生，促进社会公平公正。

樊继达（2013）认为，提高政府治理能力是我国迈向经济强国的前提条件之一，国家治理体系和治理能力是一个国家制度和制度执行能力的集中体现，而提高国家治理能力，首要的是提高政府治理能力。我国改革进入攻坚期和深水区，发展处于换挡期和转型期，亟须在提升政府治理能力的基础上构建现代化的国家治理体系，当前需要在厘清政府与市场的边界、释放各类企业活力、兼顾富民与强国、创新社会治理、有效激励各级政府等方面有所突破。

学者们对经济强国特征、指标的研究，以及对中国经济强国建设的各种研究、判断，为我国实现经济强国目标的战略结构和政策制定提供了许多理论依据，对中国和平发展、积极参与全球治理、实现世界和谐发展、互惠共赢具有重要的参考价值和启示意义。

参考文献

第一类：中央文献、中央领导论述等

[1]《十八大报告》，人民出版社 2012 年版。

[2]《中共中央关于全面深化改革若干重大问题的决定》，人民出版社 2013 年版。

[3] 习近平：《切实把思想统一到党的十八届三中全会精神上来》，《人民日报》2014 年 1 月 1 日。

[4] 习近平：《关于〈中共中央关于全面深化改革若干重大问题的决定〉的说明》，载《〈中共中央关于全面深化改革若干重大问题的决定〉辅导报告》，人民出版社 2013 年版。

[5] 习近平：《在中央政治局常委会会议上关于化解产能过剩的讲话》，2013 年 9 月 22 日。

[6] 李克强：《关于深化经济体制改革的若干问题》，《求是》2014 年第 10 期。

[7] 张高丽：《以经济体制改革为重点全面深化改革》，《人民日报》2013 年 11 月 20 日。

[8] 马凯：《坚定不移推进生态文明建设》，《求是》2013 年第 10 期。

[9] 杨晶：《努力推动中国经济转型升级》，《行政管理改革》2013 年第 9 期。

[10]《国务院关于同意建立金融监管协调部际联席会议制度的批复》（国函〔2013〕91 号），中国政府网。

第二类：学术文章

[11] 蔡昉：《"十二五"时期中国经济增长新特征》，《青海社会科学》2011 年第 1 期。

[12] 蔡昉：《收入差距缩小的条件——经济发展理论与中国经验》，《甘肃社会科学》2007 年第 6 期。

[13] 蔡昉：《中国经济如何跨越"低中等收入陷阱"》，《中国社会科学院研究生院学报》2008 年第 1 期。

[14] 蔡来兴：《经济大国迈向经济强国的战略调整》，《中国产业》2010 年第 5 期。

[15] 蔡敏、周端明：《"中等收入陷阱"研究文献述评》，《政治经济学评论》2012 年第 7 期。

[16] 曹勇：《国际贸易计价货币的选择——兼论人民币国际化》，《对外经济贸易大学学报》2007 年第 6 期。

[17] 陈沙：《经济强国类型的统计分布及我国的抉择》，《世界经济》1989 年第 9 期。

[18] 陈阳波：《第二次改革：经济强国的核心因素——对话中国（海南）改革发展研究院院长迟福林》，《人民论坛》2010 年 1 月下。

[19] 陈雨露、王芳、杨明：《作为国家竞争战略的货币国际化：美元的经验证据——兼论人民币的国际化问题》，《经济研究》2005 年第 2 期。

[20] 迟福林主编：《市场决定：十八届三中全会后的改革大考》，中国经济出版社 2014 年版。

[21] 樊继达：《提高政府治理能力：为迈向经济强国奠基》，《中国经济时报》2013 年 12 月 31 日。

[22] 方浩：《利益集团与"中等收入陷阱"：拉美模式之反思》，《经济体制改革》2011 年第 5 期。

[23] 高世楫等：《"中等收入陷阱"：教训与启示》，《广西经济》2011 年第 11 期。

[24] 龚旭：《构建经济强国的科技创新体制——日本科技体制改革的政策解析》，《中国科技论坛》2003 年第六期。

[25] 郭树清：《推动 QFII 扩容市值占比目标 16%》，《第一财经日报》2013 年 1 月 15 日。

[26] 何增科：《理解国家治理及其现代化》，《马克思主义与现实》2014 年第 1 期。

[27] 洪都：《有效的政府治理是实现国家治理体系和治理能力现代化的关键》，《中国机构改革与管理》2014 年第 5 期。

[28] 洪银兴：《成为世界经济大国后的经济发展方式转型》，《当代经济研究》2010 年第 6 期。

[29] 胡鞍钢：《"十二五"：如何跨越中等收入陷阱》，《财经界》2011 年第 8 期。

[30] 胡鞍钢：《"中等收入陷阱"逼近中国？》，《发展》2011 年第 6 期。

[31] 胡鞍钢：《我国成为经济强国有八大举措》，《政工研究动态》2003 年第 24 期。

[32] 贾尔斯·钱斯：《中国需要在经济大国中寻找盟友》，《IT 时代周刊》2013 年第 15 期。

[33] 江必新：《推进国家治理体系和治理能力现代化》，《光明日报》2013 年 11 月 15 日。

[34] 俞可平：《衡量国家治理体系现代化的基本标准——关于推进国家治理体系和治理能力现代化的思考》，《北京日报》2012 年 12 月 9 日。

[35] 江时学：《"中等收入陷阱"：被"扩容"的概念》，《国际问题研究》2013 年第 2 期。

[36] 江时学：《真的有"中等收入陷阱"吗》，《世界知识》2011 年第 7 期。

[37] 孔泾源：《"中等收入陷阱"的国际背景、成因举证与中国对策》，《改革》2011 年第 10 期。

[38] 匡贤明：《"中等收入陷阱"实质是"改革陷阱"》，《南方日报》2011 年 11 月 22 日。

[39] 厉以宁：《论中等收入陷阱》，《经济学动态》2012 年第 12 期。

[40] 联合国开发计划署：《2001 年人类发展报告》，中国财政经济出版社 2001 年版。

[41] 梁优彩、伞锋：《从经济大国到经济强国——未来 50 年中国经济增长的轨迹》，《中国经济信息网》2002 年第 12 期。

[42] 林毅夫：《我国有条件维持 7.5% 左右中高速增长》，《第一财经日报》2014 年 4 月 8 日。

[43] 林毅夫：《中国经济发展奇迹将延续》，《求是》2012 年第 8 期。

[44] 林毅夫：《中国怎样从"中等收入陷阱"中突围》，《理论导报》2012 年第 10 期。

[45] 刘福垣：《中等收入陷阱是一个伪命题》，《南风窗》2011 年第 16 期。

[46] 刘伟：《警惕中国进入"中等收入陷阱"》，《经济参考》2011 年 5 月 23 日。

[47] 刘伟：《突破"中等收入陷阱"的关键在于转变发展方式》，《上海行政学院学报》2011 年第 1 期。

[48] 刘学谦：《建设经济强国必须高度重视知识和技术积累》，《科学中国人》2013 年第 2 期。

[49] 柳思维：《西方经济强国模式类型及中国特色经济发展模式的思考》，《湖南商学院学报》2010 年第 2 期。

[50] 陆铭：《"中等收入陷阱"的中国突破口》，《人民论坛》2011 年第 4 期。

[51] 陆文强：《"中等收入陷阱"的理论分析与思考》，《求是》2011 年第 21 期。

[52] 马常基：《"中等收入陷阱"会与中国结缘吗》，《财经界》2011 年第 11 期。

[53] 马海：《日本与欧美对外直接投资理论之比较》，《日本问题研究》2004 年第 1 期。

[54] 马建堂《全面实现经济强国任重道远》，《中国集体经济》2011 年第 4 期。

[55] 马相东：《FDI、"后发大国模式"与企业走出去——访北京大学国际经济研究所所长王跃生教授》，《浙江金融》2012 年第 10 期。

[56] 马小芳：《适应经济全球化，构建开放型经济新体制》，《中国经济时报》2013 年12 月 3 日。

[57] 马小芳：《企业"走出去"的机遇、风险及对策》，《学习时报》2012 年 6 月 4 日。

[58] 马小芳：《上海自贸区负面清单管理促政府职能转变》，《中国经济时报》2013 年11 月 14 日。

[59] 马小芳：《以开放战略提高中国经济水平》，《中国经济时报》2013 年 7 月 26 日。

[60] 马晓河：《"中等收入陷阱"的国际观照和中国策略》，《改革》2011 年第 11 期。

[61] 马晓河：《迈过"中等收入陷阱"的结构转型——国际经验教训与中国挑战》，《农村经济》2011 年第 4 期。

[62] 欧阳峣、易先忠、侯俊军、罗会华：《大国综合优势：中国经济竞争力的一种新诠释——兼与林毅夫教授商榷》，《经济理论与经济管理》2009 年第 11 期。

[63] 裴长洪、郑文：《中国梦：开放型经济强国之路》，《中国经贸导刊》2013 年 7 月下。

[64] 乔俊峰：《跨越"中等收入陷阱"的公共政策因应：韩国做法及启示》，《改革》2011 年第 8 期。

[65] 清华大学凯风发展研究院社会进步研究所：《"中等收入陷阱"还是"转型陷

阱"》,《文化纵横》2012 年第 3 期。

[66] 权衡、罗海蓉:《"中等收入陷阱"命题与争论:一个文献研究的视角》,《学术月刊》2013 年第 11 期。

[67] 尚福林:《发展资本市场——中国由经济大国向经济强国转变的关键一环》,《经济导刊》2008 年 3 月 1 日。

[68] 宋洁尘、叶素云、叶振宇:《提高我国全要素生产率,促进经济持续健康发展》,《中国经济分析与展望(2012—2013)》,社会科学文献出版社 2013 年版。

[69] 覃明贵:《狠抓教育广纳人才——以色列成为经济强国的关键因素》,《当代世界》2002 年第 1 期。

[70] 唐晋主编:《大国崛起》,人民出版社 2006 年版。

[71] 田雪原:《"中等收入陷阱"的人口城市化视角》,《人民日报》2011 年 5 月 5 日。

[72] 托·道尔:《中国会超过美国成为世界第一的经济强国吗?》,第 14 届世界生产力大会论文,中国沈阳,2006 年 10 月 8 日至 11 日。

[73] 汪红驹:《加快完善现代市场体系》,《时事报告》2014 年第 1 期。

[74] 王菁:《世行报告称中国今年或超美国成全球最大经济体》,中国日报网,2014 年 4 月 30 日。

[75] 王一鸣:《跨越"中等收入陷阱"的战略选择》,《中国投资》2011 年第 2 期。

[76] 王一鸣:《凝聚力量,着力打造中国经济升级版》,《宏观经济管理》2013 年第 6 期。

[77] 王颖、管清友:《碳交易计价结算货币:理论、现实与选择——碳战争的实质也是金融国币战争》,《当代亚太》2009 年第 1 期。

[78] 王宇:《中国利率汇率市场化进程加快》,《西部金融》2013 年第 8 期。

[79] 王志刚:《健全技术创新市场导向机制》,《〈中共中央关于全面深化改革若干重大问题的决定〉辅导报告》,人民出版社 2013 年版。

[80] 魏婕、任保平:《中国经济增长包容性的测度:1978—2009》,《中国工业经济》2011 年第 12 期。

[81] 魏礼群:《由经济大国到经济强国的发展战略》,《全球化》2013 年第 6 期。

[82] 吴敬琏:《从〈大国崛起〉看各国富强之道》,《同舟共济》2007 年第 4 期。

[83] 吴敬琏:《中国增长模式的抉择》,上海远东出版社 2008 年版。

[84] 吴立贤:《中国由经济大国走向经济强国的发展取向研究》,《商业时代》2011 年第 7 期。

[85] 吴雪明:《经济国力的国际比较——评估方法与指标体系》,《上海社科院博士论文》2009 年 5 月。

[86] 吴雪明:《经济强国指数——中国排名分析(上、下)》,《世界经济研究》2004 年第 1 期。

[87] 伍贻康、杨逢� 玑:《战后经济强国盛衰的几点启示》,《世界经济研究》2003 年第 10 期。

[88] 徐一帆:《努力实现中国由经济大国向经济强国的历史性跨越》,第 14 届世界生产力大会论文,中国沈阳,2006 年 10 月 8 日至 11 日。

[89] 亚当·斯密著,杨敬年译:《国民财富的性质和原因的研究》,陕西人民出版社 2001 年版。

[90] 杨承训、张新宁:《科学运用"两期论"把握阶段性特征——兼析"中等收入陷阱"论的非科学性》,《政治经济学评论》2012 年第 1 期。

[91] 杨庆芳、韩嫔月:《我国国债收益率曲线分析》,《华北金融》2013 年第 9 期。

[92] 余建华:《世界市场和科技革命:经济腾飞的两个巨轮——世界经济强国盛衰的历史启迪》,《世界经济研究》2004 年第 7 期。

[93] 张军:《产品生命周期理论及其适用性分析》,《华北电力大学学报》(社会科学版)2008 年第 1 期。

[94] 张维迎:《中国经济不能再任凯恩斯主义忽悠了》,《中国集体经济》2011 年第 4 期。

[95] 张幼文、黄仁伟等:《中国国际地位与经济强国之路——学术研讨会暨新书首发式观点纪要》,《世界经济研究》2003 年第 5 期。

[96] 张幼文:《建设经济强国的目标与机遇》,《世界经济研究》2002 年增刊。

[97] 张占斌、周跃辉:《两个百年战略节点与中国经济强国梦研究》,《中共党史研究》2014 年第 1 期。

[98] 张占斌、周跃辉:《释放经济体制改革红利的基本思路与战略重点》,《中国延安干部学院学报》2013 年第 5 期。

[99] 张占斌:《城镇化是我国统筹城乡和现代化建设的"王牌"》,《21 世纪经济报道》

2012 年 10 月 9 日。

[100] 张占斌：《打造中国经济升级版，努力实现中国经济强国梦》，《中国经济时报》2013 年 9 月 11 日。

[101] 张占斌：《放权是为了让把该管的事管好》，《北京日报》2013 年 9 月 21 日。

[102] 张占斌：《新型城镇化的战略意义和改革难题》，《国家行政学院学报》2013 年第 1 期。

[103] 张占斌：《中国跨越"中等收入陷阱"的战略问题》，《经济研究参考》2012 年第 56 期。

[104] 张卓元：《避免"中等收入陷阱"在于转变经济发展方式》，《当代经济》2011 年第 14 期。

[105] 章玉贵：《没有金融竞争力成不了顶级经济强国》，《上海证券报》2013 年 1 月 30 日。

[106] 章玉贵：《中国离经济强国有多远》，《经济参考报》2012 年 1 月 18 日。

[107] 赵学森：《解读上海自贸区：中国的"二次入世"》，《经济参考报》2013 年 8 月 26 日。

[108] 赵振华：《怎样发挥经济体制改革牵引作用？》，《光明日报》2013 年 12 月 3 日。

[109] 郑秉文：《"中等收入陷阱"与中国发展道路——基于国际经验教训的视角》，《中国人口科学》2011 年第 1 期。

[110] 郑新立：《金砖国家经济发展现状及主要问题》，中国国际经济交流中心《智库言论》第 10 期，2011 年 3 月 29 日。

[111] 郑言、李猛：《推进国家治理体系和国家治理能力现代化》，《吉林大学社会科学学报》2014 年第 2 期。

[112] 中国银行国际金融研究所课题组：《中国：跨越"中等收入陷阱"面临四大挑战》，《国际金融》2012 年第 2 期。

[113] 朱启贵：《打造经济升级版 实现经济强国梦》，《中国社会科学报》2013 年 11 月 6 日。

[114] 宗寒：《从经济大国走向经济强国》，《中华魂》2012 年 10 月上。

[115] 佐利克：《世行行长佐利克：中国面临陷入中等收入陷阱危险》，人民网，2011

年 9 月 2 日。

第三类：学术著作

[116] 保罗·克鲁格曼著，黄胜强译：《国际贸易新理论》，中国社会科学出版社 2001 年版。

[117] 本书编写组：《打造中国经济升级版》，国家行政学院出版社 2013 年版。

[118] 本书编写组：《释放改革红利》，国家行政学院出版社 2013 年版。

[119] 本书编写组：《〈中共中央关于全面深化改革若干重大问题的决定〉辅导读本》，人民出版社 2013 年版。

[120] 本书编写组：《中央党校专家学者深入解读深化改革若干重大问题》，中共中央党校出版社 2013 年版。

[121] 丁见民、付成双、张聚国和陈志杰：《世界现代化历程（北美卷)》，江苏人民出版社 2002 年版。

[122] 国家行政学院编写组编著：《攻坚：全面深化经济体制改革》，国家行政学院出版社 2014 年版。

[123] 高尚全主编：《改革是中国最大的红利》，人民出版社 2013 年版。

[124] 哈耶克：《通往奴役之路》，中国社会科学出版社 1997 年版。

[125] 何毅亭、张伯里等：《深入学习贯彻十八届三中全会精神》，中共中央党校出版社 2013 年版。

[126] 李慎明：《美元霸权与经济危机》，社会科学文献出版社 2009 年版。

[127] 李兴山主编：《社会主义市场经济理论与实践》，中共中央党校出版社 2004 年版。

[128] 马晓河：《跨越"中等收入陷阱"的战略选择》，载《中国经济分析与展望 (2011—2012)》，社会科学文献出版社 2012 年版。

[129] 欧阳峣：《大国综合优势》，格致出版社 2011 年版。

[130] 苏星：《新中国经济史（修订本)》，中共中央党校出版社 2007 年版。

[131] 王一鸣等：《走向 2020：中国中长期发展的挑战和对策》，中国计划出版社 2011 年版。

[132] 俞可平:《论国家治理现代化》,社会科学文献出版社 2014 年版。

[133] 张占斌主编:《中国经济强国梦》,河北人民出版社 2014 年版。

[134] 张国庆:《进步时代》,中国人民大学出版社 2013 年版。

[135] 张幼文、黄仁伟:《2003 中国国际地位报告》,上海远东出版社 2003 年版。

[136] 张幼文、徐明棋等:《经济强国——中国和平崛起的趋势与目标》,人民出版社 2004 年版。

第四类:英文文献

[137] Aaron Chew and Straits Times, 2007, East Asia Growth Strongest in 10 Years, 6th April 2007.

[138] Alexander L. Vuving.The Future of China's Rise: How China's Economic Growth Will Shift the Sino-U.S. Balance of Power, 2010—2040. Asian Politics & Policy, Volume 4, Number 3—Pages 401-423 © 2012 Policy Studies Organization. Published by Wiley Periodicals,Inc.

[139] Andrew J. Nathan, Andrew Scobell.Globalization as a Security Strategy: Power and Vulnerability in the"China Model". POLITICAL SCIENCE QUARTERLY, Volume 128 Number 3 2013.

[140] Bacchetta, Philippe and Eric Van Wincoop. A theory of the Currency Denomination of Inter-national Trade. Journal of International Economics, 2005, Vol.67, No.2, 295-319.p.31.

[141] Beckley Michael. Don't Worry, America: China is Rising But Not Catching Up[R]. Christian Science Monitor, December 14, 2011.

[142] Belton M. Fleishera,Yifan Hud, Haizheng Lie, Seonghoon Kim. Economic transition, higher education and worker productivity in China[J]. Journal of Development Economics, Volume 94, Issue 1, January 2011, pp.86–94.

[143] Chang Gordon. The coming collapse of China: 2012 edition[J]. http://www.foreignpolicy.com/articles/2011/12/29/the_coming_collapse_of_china_2012_edition.

[144] David Shambaugh.China Goes Global-The Partial Power. Oxford University Press, 2013.

[145] De Melo, Martha, Denizer, Cevdet, Gelb, Alan, Tenev and Stoyan, 1997, Circumstance and Choice: The Role of Initial Conditions and Policies in Transition Economies, *Policy Research Working Paper*, WPS1866, Vol.1.

[146] Dzulkifli Abdul Razak, 2009, Stop Being "Clever": Just Be Smart, *New straits times*, 10th Nov. 2009.

[147] Edmonds.j.Maccranken, c.et.al.; Unfinished business, the economic of the Kyoto protocol. Pacific Northwest national laboratory, prepared for us. Department of energy.

[148] Gill, Indermit and Homi Kharas, 2007, An East Asian Renaissance: Ideas for Economic Growth, Washington D.C.: World Bank.

[149] Homi Kharas, 2007, Trends and Issues in Development Aid, *Wolfensohn Center for Development Working Paper*, No.1.

[150] Homi Kharas, 2009, The Challenge Is to Escape The Middle Income Trap, *The Finance Express*, 24th Jan. 2009.

[151] Huong Le, 2010, Vietnam Needs Strong Action to Escape Middle-Income Trap, *Special Report*, Thanhnien News, 3rd Jan. 2010.

[152] I. B. kravis. Availability and Other Inf Iuence on The Commodity Composition of Trade[J]. Journal of Pol it ical Economy, 1956, (4) .

[153] Indermit Gill and Homi Kharas, 2008, Gravity and Friction in Growing East Asia, available at: http://www.Iig.Ox.Ac.Uk/Output/Articles/Oxrep/Iig-Oxrep-Gill-Kharas.pdf.

[154] Intellasia, 2009, Escaping Middle-Income Trap Vital for Growth, *Saigon times daily*, available at: http://www.Dailynews.vn/News/Government/94-Government/10972-Escaping-Middle-income-Trap-Vital-For-Growth.html.

[155] Jacques Martin.When China rules the world: The rise of the Middle Kingdom and the end of the Western world[M]. London: Allen Lane, 2009.

[156] James Kynge. China Shakes The World: The Rise of a Hungry Nation[M].London: Phoenix, 2006.

[157] John Aglionby, 2007, East Asia Warned Of "Middle Income Trap", *The Financial Times*, Limited 2007.

[158] Jon Fernquest, 2007, Avoiding the Middle Trap: The Challenges Ahead for Thailand, *Thai Economics Library*, Bangkok Post.

[159] Jong Kim, Total Factor Productivity Growth in East Asia: Implications for the Future [R]. *Asian Economic Papers*, 2002(2): pp.50-70.

[160] Kang Du-Yong, 2005, Patterns and Characteristics of Korea's Growth Driver Industries [J]. *E-Kiet Industrial and Economic Information 277*, 15th Nov. 2005.

[161] Kawai, Masahiro, 2000, East Asian Economic Recovery and Structural Reform, World Bank, Working Paper, Vol.1 of 1.

[162] Kelly Sims Gallagher. China Needs Help with Climate Change[J]. CURRENT HISTORY, November 2007, pp.389-384.

[163] Krugman and Paul, 2006, Wages, Wealth and Politics, *New York Times*, 18th August 2006.

[164] Kuznets, 1955, "Economic Growth and Income Inequality", *American Economic Review*, 45(1), pp.1-28.

[165] Lewis, 1954, Economic Development with Unlimited Supplies of Labor, *Manchester School of Economic and Social Studies 22 (1954)*: 91-139.

[166] Lewis, Arthur. Unlimited Labour: Further Notes. Manchester School of Economics and Social Studies, 1958, XXVI (1) : pp.1-32.

[167] Lim Kit Siang, 2009, End NEP Which Has Trapped Malaysia in Middle-Income Group Instead of Becoming a High-Income Economy, available at: http://Blog.Limkitsiang.Com/.

[168] Marina Halac and Sergio L. Schmukler, 2004, Distributional Effects of Crises: The Financial Channel [M], World Bank, 2004.

[169] Mario Cimoli and Nelson Correa, 2002, Trade Openness and Technological Gaps in Latin America: A "Low Growth Trap", *Laboratory of Economics and Management*, Sant'Anna School of Advanced Studies, LEM Working Paper Series.

[170] Martyn Davies.How China is Influencing Africa's Development[M].Edited by Jing Men and Benjamin Barton. from China and the European Union in Africa: Partners or Competitors? MPG Books Group. UK, 2011.

[171] Mckinnon R, Ronald I. Money and capital in economic development[M]. Washington,

DC: Brooking Institution, 1973.

[172] Milan Brahmbhatt, 2007, Ideas and Innovation in East Asia, *World Bank Policy Research*, Working Paper No.4403, East Asia and Pacific Region.

[173] Nouriel Roubini. China's Unsustainable Growth Model: The Rising Risk of a Hard Landing After 2013[R]. Aug 17, 2011.

[174] Ohno Kenichi, 2003, Will Vietnam's Growth Last? available at: http://Kyotoreview. Cseas.Kyoto-U.Ac.jp/Issue/Issue3/Article_290_P.html.

[175] Ohno Kenichi, 2009, Avoiding the Middle Income Trap: Proposing Proactive Industrial Policy for Vietnam, VDF/GRIPS, 30th Oct. 2009.

[176] Ohno Kenichi, 2009, Avoiding the Middle-Income Trap: Renovating Industrial Policy Formulation in Vietnam, *Asian Economic Bulletins*, April 2009.

[177] Ohno Kenichi, 2009, The Middle Income Trap: Implication for Industrialization Strategies in East Asia and Africa, *Grips Development Forum*.

[178] Philippe Aghion, Eve Caroli and Cecilia Garcia-Penalosa, 1999, Inequality and Economic Growth: The Perspective of the New Growth Theories, June 1999.

[179] R.Vernon. International Investment and Internat ional Trade In The Produt Cycle[J]. Quart erly Journal of Economics, May, 1966, (5).

[180] Rasiah Rajah, Miao Zhang, Xin Xin Kong. Can China's Miraculous Economic Growth Continue[J]. Journal of Contemporary Asia, May 2013, Vol. 43 Issue 2, pp.295-313.

[181] Sanjay Kathuria, 2008, How Can the Small Countries in the Western Balkans Continue to Grow? *Europe and Central Asia Region*, World Bank, July 2008.

[182] Shahid Yusuf and Kaoru Nabeshima, 2008, "Knowledge Deepening and Industrial Change in Malaysia", *Tiger Economies under Threat: Comparative Analysis of Malaysia's*, World Bank.

[183] Shahid Yusuf and Kaoru Nabeshima, 2009, Can Malaysia Escape the Middle-Income Trap?A Strategy for Penang, The Word Bank Development Research Group, Director's Office (WPS4971), June 2009.

[184] Shaw P. Edward G. Finance deepening in economic development[M]. Oxford County: Oxford University Press, 1973.

[185] Stefaan Pauwels and Lorena Ionita, 2008, FDI in Romania: From Low-Wage Competition to Higher Value-Added Sectors, *ECFIN Country Focus*, Vol.5, Issue 3.

[186] Stephen S. Roach.China is okay[R]. Project Syndicate, 29 August, 2012.

[187] Tomoko Hirai, 2007, Ten Years after the Financial Crisis: East Asian Economies Are Going Strong, *News and Broadcast*, World Bank,5th April 2007.

[188] Vicente Galbis, 1977, Financial Intermediary and Economic Growth in LDCs: A Theoretical Approach, *Journal of Development Studies*, 58-72, 1977.

[189] World Bank, 2005, *"Malaysia:Firm Competitiveness, Investment Climate and Growth"*, Poverty Reduction, Economic Management and Financial Sector Unit (PREM), World Bank,30th June 2005.

[190] World Bank, 2005, *Integration of National Product and Factor Markets-Economic Benefits and Policy Recommendations*, Poverty Reduction and Economic Management Unit, East Asia and Pacific Region,Report No.31973-cha, 13rd June 2005.

[191] World Bank,2006,Word Development Report 2006: Equity and Development, Washington D.C.: The World Bank and Oxford University Press.

[192] World Bank, 2007, Escaping the Middle Income Trap: Trade Integration and Growth in the Western Balkans.

[193] World Bank, 2008, International Bank for Reconstruction and Development, *Doing Business 2008 Romania*.

[194] World Bank, 2009, Industrial Prospects and Policy Options, Washington D.C.:World Bank.

[195] World Bank, 2009, Innovation for Development and the Role of Government: A Perspective from the East Asia and Pacific Region, Washington D.C.: World Bank, pp.80-149.

[196] World Bank, 2009, Malaysia-Productivity and Investment Climate Assessment Update, *Investment Climate Assessment* (ICA), Vol.1 of 1.

[197]World Bank, 2009, Transforming the Rebound into Recovery, *East Asia and Pacific Update*, November 2009.

后　记

　　本书系中国国际经济交流中心的重大课题"我国由经济大国迈向经济强国战略"项目的最终成果。由著名经济学家魏礼群、林兆木担任课题顾问，国家行政学院经济学部主任张占斌教授担任课题组组长并组织研究工作，其他参与本书写作工作的有：董小君、樊继达、王海燕、周跃辉、张莱楠、时红秀、冯俏彬、马小芳、黄锟、孙志远等。

　　中国国际经济交流中心在曾培炎理事长的领导下，已成为中国一家标杆性的新型智库。本课题有幸得到该中心的资助和支持，自立项以来，已取得了一系列的研究成果：课题顾问魏礼群撰写的《由经济大国到经济强国的发展战略》一文被《新华文摘》2013 年第 8 期全文转载，单行本在国内公开发行，该文在政策界和理论界产生了很大反响；张占斌主编的《中国经济强国梦》一书由河北人民出版社于 2014 年 9 月正式出版发行，该书已入选国家新闻出版广电总局"深入学习贯彻习近平总书记系列重要讲话精神主题出版项目"，并获得了国家出版基金的资助。课题组在《经济研究参考》、《中共党史研究》等期刊发表《"两个百年"战略节点与中国经济强国梦研究》等学术论文二十余篇，呈送内部参阅件《我国应该适时提出"建设经济强国"的战略构想》等五篇。

　　国家行政学院等单位的教授、副教授、博士生等研究人员共同参与了本课题的研究。在课题研究过程中，课题组组织多次专家研讨会，对研究方向、研究思路、研究方法、研究目标等进行了深入探讨和准确把握。该研究成果是集体智慧的结晶。

该课题研究得到了魏礼群、林兆木等经济学家的精心指导和热情帮助；中国国际经济交流中心的陈文玲教授、田青研究员等同志自始至终给予了极大的关注和支持，在此一并表示衷心的感谢！

国家行政学院课题组

2015 年 3 月 10 日

责任编辑：鲁　静

图书在版编目（CIP）数据

从经济大国迈向经济强国／魏礼群　林兆木　张占斌　等著．
　－北京：人民出版社，2015.7
ISBN 978－7－01－014855－7

I. ①从…　II. ①魏…　②林…　③张…　III. ①中国经济－经济发展战略－
研究　IV. ① F120.4

中国版本图书馆 CIP 数据核字（2015）第 102340 号

从经济大国迈向经济强国
CONG JINGJI DAGUO MAIXIANG JINGJI QIANGGUO

魏礼群　林兆木　张占斌　等著

人民出版社 出版发行
（100706　北京市东城区隆福寺街 99 号）

北京中科印刷有限公司印刷　新华书店经销

2015 年 7 月第 1 版　2015 年 7 月北京第 1 次印刷
开本：710 毫米 ×1000 毫米 1/16　印张：15
字数：225 千字　印数：0,001–2,000 册

ISBN 978－7－01－014855－7　定价：38.00 元

邮购地址 100706　北京市东城区隆福寺街 99 号
人民东方图书销售中心　电话（010）65250042　65289539